TO BE AN AD MAN

广告人第一课

从象牙塔到广告圈

丁海猛 连超 陈胜 著

厦门大学出版社
XIAMEN UNIVERSITY PRESS
国家一级出版社
全国百佳图书出版单位

序

陈培爱

从事广告教育与研究这么多年来，一直有一个深刻的体会，国内广告教育发展不平衡，导致不同城市的学生对广告业的认知理解存在巨大差异，并由此产生诸多困惑。北京、上海、广州、厦门、武汉等地高校，或者得益于所在城市的广告产业优势，或者得益于学校较早介入广告专业，积淀深厚，使其无论是在师资、教育科研方面，还是学生接触广告行业的机会方面，都具有优势。这些优势，使这些高校的学生有机会在进入广告圈之前就能近距离观察、了解到真实的广告行业，他们对广告行业的困惑可以通过老师或者丰富的校友资源得以求解。

但也有许多求学于二三线城市高校的学生，他们对广告感兴趣，他们也渴求了解这个行业，也面临着诸如这个行业究竟如何、作为一个广告人有着什么样的酸甜苦辣、作为一个广告人应该具备什么样的素质、如何获得去广告公司实习或工作的机会等一系列问题。只是由于师资以及当地广告氛围等现实环境的制约，他们对问题的求解过程与这些优势高校、一线城市高校的学生相比，始终会受到更多的制约，缺少一个了解这个行业的窗口与有效的渠道。

其实，这又涉及中国广告教育当前面临的问题，就是广告专业师资配套的相对滞后。虽然全国有近四百所高校开设了广告专业,但由于广告专业发展速度较快与学科体系完善相对滞后的不协调原因,国内很多广告专业教师缺少学科的训练。此外,广告教师毕业后直接进入高校从事广告教育与科研,缺少与实务界的互动和交流,所以对广告这个行业缺少直观切实的感受与认识,对广告专业本身的认知与理解局限于教科书。在这样的现实状况下,对广告感兴趣并可能以此为职业的学子该如何寻找答案呢?我认为,专业师资水平与力量的迅速提升是一个现实而迫切的问题。

在《从象牙塔到广告圈——广告人第一课》这本书里,作者回答了学生对广告行业感兴趣的诸多问题。作者并不告诉读者是否应该选择进入广告圈,只是真实客观地告诉读者广告是这个样子的,在广告公司实习是什么样的,工作又是什么样的,广告人是什么样的……然后让读者自己选择。如果读者愿意选择,书里又告诉读者如何为这个选择而准备和努力。

本书作者之一海猛是我指导的研究生,在业界工作之后来到厦门大学就读,毕业后选择进入浙江师范大学从事广告的教学与科研工作。在我的印象中,他善于结合理论学习与工作体会,对广告的现实问题反映敏捷,分析问题的能力与写作能力都很强。从广告专业的学生、广告人到广告教育科研工作者一路走来,使得他有机会能够较全面系统地思考、回答关于这个专业的诸多问题。这次邀请我为该书作序,欣然允之。本书的另外两位作者——连超、陈胜也都毕业于厦大广告学专业,拥有在国际4A和本土广告公司的从业经验,对于这个行业有着自己的切身思考与认识。这些经历及作者对诸多广告人的访谈,保证了这本书在行业探讨方面的真实可信性。

　　此外,本书采用轻松诙谐的语言风格,摒弃教科书式的说教,使得阅读轻松许多,这些都使得本书具有很大的可读性。对广告圈有兴趣却又缺乏途径了解的诸多学子来说,本书非常值得阅读。此外,书中专门针对学生探讨如何认知广告圈、如何为从象牙塔进入广告圈进行准备,这也弥补了目前广告类书籍在这方面的空白。

　　厦门大学作为全国最早开办广告学专业的高校,非常重视学生的基础训练和创新潜力的培养。学生不仅在广告业界表现出超强的实战能力,而且善于在理论上总结和创新,从而体现综合性大学人才培养的优势。本书由三位厦大广告学专业的毕业生联手推出,正是我们所希望的。

中国广告协会学术委员会主任

厦门大学教授博士生导师

陈培爱

2011 年 2 月 18 日

三人序

丁海猛·多一度热爱

2011 年那个冬夜,与一帮学生小聚之后,热血涌上心头,写下一段文字——

一个学期就这样过去了,没有给学生们很多,却收获了很多。学生们对于广告这个行业的兴趣与热爱,对于未知的职业生涯的憧憬,让自己很感动。记得初入大学校门,我们都怀揣着梦想,对大学的一切都充满了好奇,而随着时间的流逝,在对自我肯定与否定的焦灼中,对自己选择的犹豫与彷徨中,理想渐行渐远。时至今日,在面对生活的现实时,我们又有几人能坚守自己当初的追求,工作成为谋生的手段,理想变成逝去的记忆,慢慢地被生活与被定义……

不希望这样絮叨的故事在学生身上重现,真心地期望,在有梦的时候,还能做梦的年纪,一定要勇敢地去做,去尝试,无所谓成败。

对于广告行业,出身真的不是那么重要,不会因为你学历的高低、你毕业的学校、你所学的专业而如何如何。一名优秀的广告人,需要的是你发自内心的热爱,甚至狂热,当然还需要综合素质,USP。我们的茫然,也许是由于所在城市的安逸或大学教育的不尽如人意,但实际上更多的是因为我们慢慢失去了对广告当初的热爱,或者说你从一开始就未去爱过,所谓的理由也只是掩盖这些的说辞而已。无论做什么，要学会去热爱，你们真的不比任何一个人差，勇敢一些，自信一些。给自己一个期限，三十岁之前，亦或三十五岁之前，勇敢地去践行心中的每一个想法，无论成败，只要我们真的去努力过，去追求过。有一天在回首时，不会去说什么"我原来实际上可以怎么怎么，而因为什么什么没有怎么怎么……"这样扯淡的话。你们真的可以。

多一度热爱。

连超·光荣的广告人

传统中国人认为，教师是最光荣的职业。但我更认同西方人的观点：每个行业的翘楚是那些在前线拼搏的人。也就是说，那些正在广告圈中痴狂、奋斗的广告人，远比我们教职来得珍贵和光荣。

贝聿铭若一毕业就进大学教书，想必很难成为建筑大师。所以，同我一样的广告学教师（或其他从事非对口工作的广告毕业生们），很有点"尚未功成，即身退"的遗憾，大都因为生计或其他原因，或无奈或自得地走上了背离广告实践的"不归途"。参与这本书的全过程，如同重新读了一次大学，带我回忆起最初的憧憬，反思对时间和现实的妥协。

所以这一本书，对我们来说，非常真实，真实得残酷。书里头涉及的人和事，都是我、我们、我们的朋友亲身经历的。

希望能对热情、坚毅的"准广告人"，有些微的启蒙、鼓励并警示。

陈胜·陌生人,我离你只有33公分

你好,陌生人:

想必你已经二十出头了吧,这二十几年来你有过许多理想,但是你在不断地成长,越来越了解这个世界的疯狂和现实的力量,那些曾经远大的抱负和满腔的激情,被现实一次次击倒。后来,你学着自欺欺人:别跟我谈理想,戒了。

二十出头的年纪,是最想出人头地的年纪。可是回首这二十几年,你发现自己只是在上学、毕业、上学、毕业……即使你曾经以为是自由王国的大学,也在一点点磨灭你年轻的激情。四年前,你用青春所向披靡的热情高唱 BEYOND 的海阔天空与光辉岁月;四年后,你沉溺于颓废的许巍和愤怒的汪峰。曾经的你拥有想要怒放的生命,被现实这颗残酷的子弹击倒在遥远的 Paradise。

是的,我们曾经都一样,一样的幻想美好时光,一样的感到流水年长。所以,我知道你的迷惘。

你是不是觉得在这四年里你一无所获,眼看别人的工作一个个有了着落自己却不知道能做什么?又或者你不甘心继续被安排想要自主做一次选择却又不知道该选什么?如果工作只是为了养活自己,那是多么容易,这个世界这么大,捡垃圾也饿不死你,可是你又不愿意。想想吧,这个世界人这么多,为什么你选择了身边这个人恋爱,因为你喜欢。同样,书店里那么多书,你为什么选择了这一本?你书架上还有那么多没来得及看的书,你为什么现在打开了这一本?是不是因为你对广告抱有某种向往,或者你对某个对广告抱有向往的人有向往？

朋友，想必你应该知道在这个世界上，一个人要坚持做自己爱做的事是多么难能可贵和值得骄傲。如果爱广告，就请深爱，把工作当作爱情来经营，把广告当作女友去追求。

好了，路怎么走，你自己选吧。我无法帮你作任何选择，因为只有你自己选的路你才会坚持走下去。我只能以过来人的身份告诉你如何才能走得顺利和走得更好。至于这个如何到底是如何，就是这本书的初衷，希望它会是一盏路灯，照亮你前方的路。

最后，在你离开这个学习和生活了四年的学校前，你会有很多不到最后一刻绝不说再见的朋友，会有一个即使到最后一刻还舍不得吻别的恋人。也许，这里还有因为让你挂科而被你记恨的老师。当你论文答辩结束后，离毕业的最后一天只剩下这么些日子，你应该明白从这一时刻起，你要珍惜和他们在一起的每一分每一秒，因为很多你以为说了再见还会再见的人以后再也不会见了。许多年以后，无论你在任何地方，当你回首往事的时候，这个城市都会因为这些人而显得十分可爱，你会怀念它，直到老去。无论是喝酒、打牌还是暴走，都要陪到最后；还有你没来得及表白的姑娘，找到她，告诉她你爱她，如果不能得到一个拥抱，那就潇洒地说拜拜。

当你确定离开这里不会再有任何遗憾的时候，就买好车票收拾行囊，潇洒地离开吧。找一个可以承载自己年轻梦想的城市，追逐一个广告人的梦想。

科学告诉我你现在眼睛与书的距离是 33 公分。所以，不要害怕，不要迷惘，我就在这里，距离你 33 公分的位置。

致 谢

谢谢李进对"广告奖"章节的鼎力贡献；

谢谢王丹热情无私地帮助我们搜集一手资料；

谢谢吴婷婷对广告圈鲜活的描述；

谢谢吴文喆、张强文、Emilie、Lycan、celice、Vanessa、Mina、双儿、杨灿、魏亚萌、杨斐、李朵朵、王冠华、Emilie、许慧芳、小松、姜建超、王东熙、胡冰、宋津津、徐榕泽、姚佳辉、马良、冯咏薇、谢洋等诸多认识或不认识的朋友；

谢谢黄欣、李竞男、林经丽、SAMI、LVV，你们的意见很珍贵；

谢谢来自台湾的漫画家马克，无偿让我们使用他优秀的漫画；

感谢我们的师长，感谢陈培爱老师百忙之中作序；

感谢厦大出版社王鹭鹏编辑对我们的宽容与支持。

感谢父母的养育与关怀，你们的理解与不理解都很重要。

最后，感谢低调协会伴随我们走过这些年。

没有你们，难以成文。

ADVERTISING
目 录

第 2 章　近距离看广告公司

你是否好奇,有些广告公司分工详细而明确,而有些广告公司却是一肩挑;你认为客户对广告人而言,是上帝,是司令,还是奴隶主;你是否清楚,广告人嘴里时不时蹦出来的那些英文单词、字母、缩略语,到底是什么意思;各类广告奖真的能衡量创意的高低么,它们对广告人而言又有哪些特殊的意义呢?

第3章　墙内墙外看广告人 ……………………… 83

有人说，广告行业也像一个围城，外面的人想进来，里面的人想出去。外面的人看广告人：

时髦、光鲜＝收入丰厚？

有趣有情调＝工作清闲、生活悠闲？

殊不知，这两个等式暗藏着广告人心中最难以释怀的"痛"。

第4章 "菜鸟"不是一日养成的 ················ 129

说到"菜鸟",其实在读大学的你们连"广告菜鸟"都算不上,充其量是个"准广告菜鸟"吧。在大学四年中,应该做些什么,来把自己从"准菜鸟"培养成"菜鸟"呢?

对于别人所给你描绘的广告圈种种,是否想要亲身尝试一番呢? 这一章,我们将告诉你如何才能争取到广告公司实习、工作的机会。

第 1 章
广告·广告公司·4A

　　你是否为光鲜亮丽的广告所吸引？是否想要就读广告专业？但仍不太确定"广告"是否是自己的"那杯茶"？

　　你是否是就读广告专业的学生？是否觉得课本上的知识，不能给你一个广告圈的 3D 甚至全息图像？是否学校里的锻炼，难以让你体会广告行业的血与汗？

　　你是否刚要开始在广告行业打滚了？可你还是没办法很清晰地告诉父母自己为什么干这一行？也无法跟他们解释，你的工作为什么与安稳的"铁饭碗"如此不同？

　　希望以下的内容可以帮助你理解广告，理解广告公司和广告行业，理解广告人。带给你一些美好或残酷的体会，足以让你这样说服自己和亲友：

　　广告，是我的选择。

第 1 节

ADVERTISING
什么是广告

有个读广告专业的朋友,放假回家,父母的朋友听说他是读广告专业的,激动地说:"你是学广告的,那你一定会设计吧,改天帮我设计设计名片吧……"他爸妈还乐呵呵地添油加醋:"你叔叔说的话听到了,记得帮人设计设计! 当初答应他学广告啊,就寻思着毕业了最起码可以开个喷绘装潢店,有个一技之长嘛……"我的这位朋友听到这一番匪夷所思的精彩对话之后,简直不知道如何回复,也不知是该哭还是该笑。

还有一位同学,她自报了广告专业起,家里一直抱着不认同的态度。这是因为,她的家人一直都觉得,所谓"广告人",就是路上发传单的。毕业后她进了一家国际 4A,但家里仍无法理解何为"4A",何为"广告",只是一厢情愿地认为她已经发了三四年的传单。直到她跳槽进入甲方客户公司,家里大松一口气,觉得她开始"干正事儿"了。

说起这个现象,想必大家都有点儿体会。也不能全然怪父母和他们的朋友,毕竟这和老一辈人的世界观、他们平常生活所看到接触到的环境,有莫大的关系。

在中国广袤的大地上,不论是城市,还是城镇、农村地区,都不难见到印刷、喷绘、海报设计工作室,即便只有一爿小店面,摆台电脑连上打印机,就敢挂上"XX 广告"、"XX 设计公司"、"XX 广告制作公司"的招牌。相对于那些神秘莫测的专业广告公司,父辈们接触到更多的是这些所谓的"广告公司"。

而广告呢,他们倒是不难理解。看看下面这几幅几年前在网络上流传的图。可以说,我们生活在一个品牌的世界里,从早上睁眼开始到晚上睡觉,无论你有钱没钱,有文化没文化,品牌已经布满生活的每个角落。

那这些品牌又是如何闯入我们的生活呢?

"广告"功不可没!

外国白领的一天	
7:00	CASIO
7:00 - 7:30	Colgate Oral-B Gillette Old Spice
7:30 - 7:50	NESCAFÉ GREAT IDEAS COME FROM GREAT COFFEE Hochland Orbit
8:00 - 8:30	TOYOTA
8:30 - 13:00	pentium 4 EPSON NOKIA CONNECTING PEOPLE
13:00 - 14:00	McDonald's Coca-Cola Orbit
14:00 - 17:00	pentium 4 EPSON NOKIA CONNECTING PEOPLE
17:00 - 17:30	TOYOTA
17:30 - 20:00	TUBORG BEER TUBORG BEER TUBORG BEER
22:00 - 22:05	Colgate Oral-B
22:10 - 23:00	durex durex durex

图 1.1 品牌一天——外国白领

电视上广播里每天滚动播出的、在专业人士眼里看起来良莠不齐的广告;报纸杂志上难以躲避的广告;路上随处可遇的公车广告、路牌广告、灯箱广告······这些生活中常常看到的画面,就构成社会上大多数人对广告的理解。

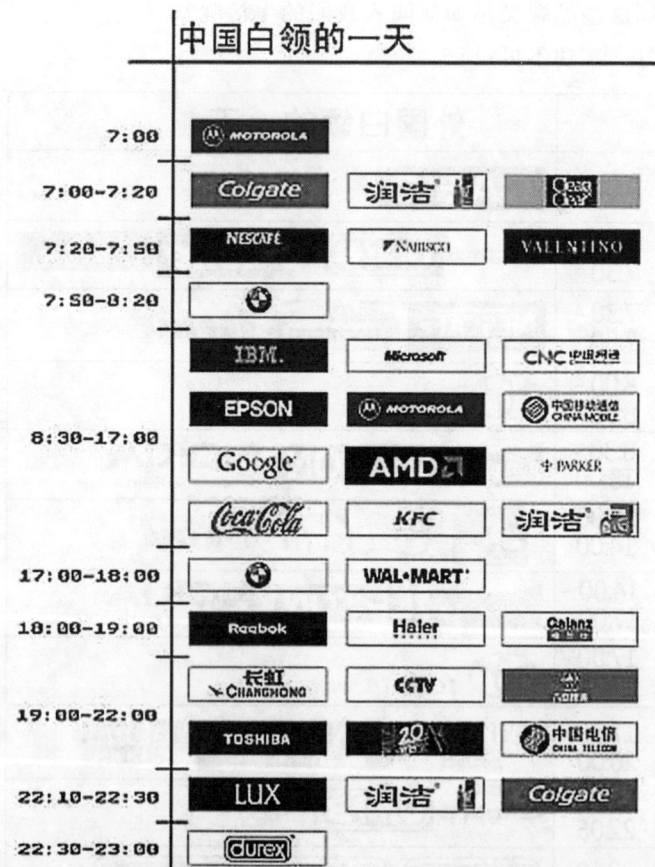

图1.2　品牌一天——中国白领

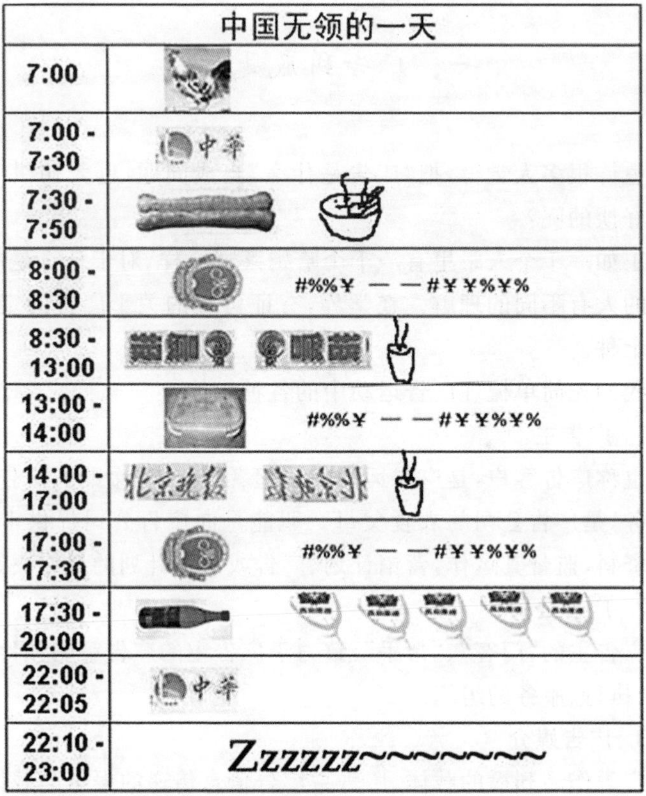

中国无领的一天	
7:00	
7:00 - 7:30	中华
7:30 - 7:50	
8:00 - 8:30	#%%¥ — —#¥¥%¥%
8:30 - 13:00	
13:00 - 14:00	#%%¥ — —#¥¥%¥%
14:00 - 17:00	北京晚报
17:00 - 17:30	#%%¥ — —#¥¥%¥%
17:30 - 20:00	
22:00 - 22:05	中华
22:10 - 23:00	Zzzzzz~~~~~~

图 1.3 品牌一天——中国无领

　　实际上,对于进入广告业工作的人来说,这些只不过是广告的"皮相",甚至是不太光鲜的那部分皮相,完全不是"广告"的全部。在这些每天可见的"广告"背后,藏着更多的内涵与解释。

一、广告到底是什么

也许很多人觉得，把"广告是什么"当成问题，也太初级了，有什么好谈的呢？

正如一千个人眼里有一千个哈姆莱特一样，对于什么是广告，不同的人有不同的理解。在学界，有证可查的关于广告的定义就有几十种。

我们先简单梳理广告运动中的各种主体。

1. 广告主

也称广告客户，是广告运动的发起者，付出资金购买广告公司的服务，是广告公司的衣食父母。职能是向广告公司提供市场及产品资料，监督其运作，营销计划、广告或促销计划的最终决策者。

2. 广告公司

广告主的"门客"、"帮手"，致力于广告主的广告策略和计划的规划、执行、服务的组织。

3. 广告媒介

广告作品刊播的载体，广告主广告信息传递的渠道与载体，广告活动有形部分的主要承载者。

4. 广告受众

广告运动的终极对象，广告主的衣食父母。

广告严格意义上是一场营销传播运动，是一场由广告主发起的，广告公司、广告媒介参与的，针对广告受众的营销传播运动。

这场营销传播运动的发起者是广告主，广告主针对一定的目标消费者，希望卖出一些东西，这些东西可能是具体有形的商品，也可能是无形的服务，甚至可以是观点、生活态度、信仰等精神层面的内容。他们想赢得广告受众(即目标消费者),希望通过广告刺激受众对这些东西产生兴趣,钩住他们,告诉他们我们的东西如何好。最终广告主最乐意看到的,是消费者为了得到这些东西,"屁颠屁颠"地把口袋里的钱放到广告主的口袋中。

在"不怀好意"地盘算如何收钱的过程中,广告主会召集得力"帮手"来为自己出谋划策,这就是广告公司扮演的角色。当然,想扮演"帮手"角色的广告公司太多,怎么办?广告主把一众广告公司召集起来,相互之间先"小试牛刀""厮杀一番"(即比稿),胜出者就出任共同"宰割"消费者的帮手角色。

在与广告公司一番"相互交底"之后,被聘为"帮手"的广告公司很快进入角色,认真"揣摩"广告主的"小算盘",深入了解广告受众,纵览广告主所处的市场"江湖",看看还有多少像自己的客户一样,对同一批广告受众"暗送秋波"的企业。然后广告公司要做的,就是为广告主整理出与对手抗衡、抢夺消费者的整套策略"秘笈"。在这套"秘笈"里,广告公司要告诉广告主,目标消费者应该是哪些人,他们都有些什么特性?比如他愿意在什么样的产品上花钱,买这些东西时内心是怎么想的,他们在哪里可以购买到这些东西……并据此告诉广告主,我们应该抓住他们的哪些心理,如何对症下药地向目标消费者表达心声,表达哪般心声,如何表达?通过哪些形式、借助哪些媒介来表达心声会更有效,有哪些具体的营销手法和套路可以用,才能尽量让消费者"自投罗网"。

当然这些工夫都不是免费的,广告公司毕竟本质上还属于服务行业,广告主需要对这些"帮手"提供的服务"有所表示",真金白银钞票地表示。而这一系列服务的有形部分,就是我们平常接触到的、发布在媒体上的广告。

这几乎就是一场完整的广告运动了。在这场运动中,广告主是甲方,广告公司是乙方,甲方花钱享受乙方的服务,乙方通过服务甲方赚取利润,帮助甲方实现目的。当然需要说明的是,乙方只在甲方实现目的过程中扮演其中的一个角色而已。至于甲方能否实现最极目的,还受其他因素的影响。我们在日常生活中接触到的广告,只不过是这场运动的有形产物,它们准确的名字叫广告作品,而不是广告。这些有形的产物,也不过是广告主实现终极目标所借助的手段。我们日常生活中看到的各类喷绘装潢店铺,也只是广告运动中的一个个螺丝钉,是广告产业链中最下游、最朴实、最常见的部分。如果将广告公司按兵种分类,它们大多属于"工兵"。

二、广告的意义

黑格尔说:存在即合理。

任何事情的存在都有一定的道理,有道理就有意义。集万千唾骂于一身的广告之所以能在数十亿吨口水中生存并壮大,说明它的存在有意义。只是人们习惯用"瑕"来掩"瑜",如果一件事情存在某种不足,那么这件事情便是不可接受的。如果一个人身上有一个毛病,那么这个人就是有毛病;你有毛病呢,你们全家就都有毛病。只有伟大的人才能真正了解残缺美,而这种伟大的意识也会为他们带来伟大的成功,比如乔布斯,就故意把 Logo 上的苹果弄一个缺口,就是为了告诉世人:残缺的苹果也是苹果,它比完整的苹果更有价值。

我想如果你愿意拿起这本书,说明你对广告保持着一定的兴趣或是好奇,又或者你对某位对广告保持兴趣的人感兴趣。那么我想告诉你:广告是世界上最美好的东西之一,正如同你爱的那个对广告感兴趣的人。爱情和广告是这世界上最美好的两种东西,没有之一。

通常听到人们骂广告,其实他们骂的不是广告,而是虚假广告。那些虚假广告都不是广告人做出来的,虽然他们也在"做"广告,但我们不屑与这类人同行。因为他们连做"人"都成问题,又怎么称得上是"广告人"呢?

关于广告的意义。首先声明,以下的文字可有两种用途:一是你拿来满足自己;二是你可以借去忽悠对象/父母/一切需要向他们解释自己职业意义的人。

广告的意义大致可以分为四类:首先,广告是社会发展的产物,所以它必然对社会有意义;其次,众所周知,广告是传递信息的产物,所以它必然对它的传递对象——消费者有意义;再次,广告是广告人做出来的,所以它必然对广告人有意义;最后,广告是那些准广告人的理想,所以它必须对准广告人有意义。

那么,以上所谓的"意义"到底是什么呢?

1. 广告对于社会的意义

(1)广告传递信息。这是广告最本质的功能,也是广告存在的最大意义。在这个商品化与快速消费的时代,"酒香不怕巷子深"已经是一个遥远的传说。现在的人都闻香识女人去了,如果你的酒香不通过广告传递给消费者,谁还来你的巷子闻你的酒香。

除了企业需要通过广告来打入市场,政府也需要广告来树立新形象。那些把城市拍得美轮美奂的城市形象宣传片,恨不能把每格画面都拍得跟张艺谋的电影似的。因为他们知道,美是最能打动人的东西(他们总是认为风景美最能吸引人,实际上美的东西有很多),别人看到城市的美,就会产生向往,就会产生去旅游的冲动,最终就会来旅游来消费。在为城市创造 GDP 的功勋章上,有你的一半,也有广告的一半。

无数的城市旅游营销中,最成功的莫过于毛主席当年挥下的那一笔——不到长城非好汉!就凭这句文案,毛泽东也算是中国最顶级的广告大师了，外国有奥格威，中国有毛泽东。罗斯福当年感叹不做总统就做广告人，最后选择了做广告人，毛泽东可是既做主席也做广告人。"不到长城非好汉"无需任何画面渲染，只需一句广告文案，多少中国人及国际友人都千里迢迢来到长城，为了证明自己是"好汉"。再看看每一轮美国总统大选，竞选者都为自己投入上亿美元广告费用，你就该知道，在传递信息方面，广告创造了丰功伟绩。

（2）广告是最市场化的创意产业。当前，各个国家都说要发展创意产业，而创意产业似乎总在那一头，消费者则远远在这一头。对普罗大众而言，艺术品总是高高在上，即使摆在面前，你也很难分清那是大师级作品还是垃圾级废物。创意产业里，只有广告才离你如此之近，近到你去趟厕所也要看上好几个广告。它又是如此的坚持，在你等待电视剧的时间里，它经受住你的谩骂、牢骚，它破坏了你看电视剧的情绪，它依然坚持挺立在你面前，直到最后一秒。即使你所骂的广告的创作者就坐在沙发上陪你看电视，他也只会对你的埋怨一笑置之，多么可爱的广告人，多么大方的广告。

（3）广告创造了大量的就业机会。当然，这是社会发展分工细化的结果。市场经济催生广告业，形成产业链，从客服到创意到制作到媒体，这个产业链的每个环节都提供就业机会。看看每年夏天有多少大学生找不到工作吧，你就会了解提供就业机会是多么重要。

（4）广告让免费娱乐成为可能。你不想进电影院看大片，买正版DVD也要花一笔钱，即使是天桥上卖的盗版光碟，也要6块钱一张。如果你想免费看一场电影，那就上网吧，无论是在线视频还是下载网站，都可以免费看到你想要看的电影。除此之外，无数的新闻和视频短片，还有那些供你开心一笑的冷笑话，都是免费的。免费提供这些的网站，靠什么生存，靠什么才能一直为你提供免费服务？

正是广告。

所以，当你看到电视或是网页中那些突如其来的广告，请别烦恼，如果不是它们，你无需付费的娱乐就会少许多。当然你也用不着感谢，因为有你，广告才能生存。这是共存关系，谁也离不了谁。

2. 广告对于消费者的意义

(1)广告为消费者提供信息指导。当你走进商场，同一种商品会有几十种品牌摆在你面前，高端的、中端的、低端的，还有路边摊的和山寨的，你怎么选？

好吧，你还可以通过价格来选择，可同样的商品同样的价格也有十来种吧，怎么办？除了朋友推荐的品牌，你似乎只能靠记忆里的广告了。面对琳琅满目的售货架，那些有明星代言或者有历史积淀的品牌总是能让你消费得更放心，广告为你提供关于品牌的信息，比如品牌的特性、外观、品质、价格和形象等，这些都是你选择的依据。所以，许多本土企业都采取"广告 ＋ 央视"的组合，因为中国人始终愿意相信：能在央视做广告的企业，应该是值得相信的。

国内媒体审查机制的漏洞和不良企业的不良手段，近几年给消费者带来许多困扰，也使他们质疑媒体。站在广告人的立场，只能对这种现象表示无奈，因为对广告人来说，广告只是传递信息的工具，广告就好比武器，武器本身并没有错，错的是使用武器的人。有的人用广告来拯救地球，有的人用广告来毁灭人类。虚假广告不是广告的错，是人的错。

抛开广告人的身份，作为普通消费者，大多数广告是值得信赖的，如果你非得去买什么"藏秘减肥药"之类的神秘产品，不如先想想，如果真那么有效，那代言人怎么自己没先减个肥？

（2）广告节约消费者获取信息的成本。有一部电影叫做《每天爱你八小时》，里头有一句台词是这么说的：一个人每天用八小时上班，八小时睡觉，剩下八小时用来谈恋爱。当然一边睡觉一边谈恋爱或者一边上班一边谈恋爱的不算数，现实中可能你并没有八小时那么充足的时间去谈恋爱，这就是现代生活高节奏的一种表现。你通常并没有足够的时间，去一一比较超市里某一类商品，而广告却会在无形中帮助你选择出最需要的。你要去屑的洗发水，广告告诉你有海飞丝；你要柔顺的，广告告诉你有潘婷；你要专业一点的，广告告诉你有沙宣。人生苦短，时间最重要，广告就是在帮助你节约时间成本，你去一趟超市原本需要花两小时，现在 30 分钟搞定。

男孩子们一定会问：那么为什么那些女孩子逛街，还是一逛就是半天一天的呢？你还是去问那些姑娘们吧，问她们到底是想逛街呢还是想买东西？又或者她会俏皮地告诉你：女孩的心思男孩你别猜。到头来还是广告在猜。

（3）广告降低了消费者的购买风险。对于消费者而言，每次消费都要纠结许多事情，比如买化妆品时，除了考虑这款化妆品是否贵了，还要考虑这个化妆品功能如何、有没有副作用。

这诸多的纠结，实际上都是消费者要面对的金钱、功效、心理等购买风险。如何降低这些风险呢？这里可以想一想，对女士而言，是倾向于买那些不知名的、没做过广告的化妆品，还是购买那些知名的、做过广告的化妆品呢？很明显，大多选择那些知名的、做过广告的。因为在消费者潜意识里，做过广告的，特别是有大牌明星代言的，在那些中央级媒体、知名媒体做广告的产品自然是有实力的，质量自然有保障。你敢做广告，大家都知道你，万一有啥事最起码跑得了和尚跑不了庙啊。再说了，广告的产品大家都知道，都用，用起来也不跌份啊。想啊想啊想啊，还是买个在广告中常见的吧。所以,如果你对于同类等价的产品不确定时,还是选择相信广告吧,这会大大降低你的购买风险。

3. 广告对于广告人的意义

广告对于广告人最大的意义,很现实的,在于它提供了一份养家糊口的工作。这个世界如此之大如此包容,要养活自己实在太容易,捡垃圾也饿不死你。所以广告对于广告人,还有一个更重要的意义,就是它让我们做自己爱做的事。看到这里的这位老兄/姑娘,看来你已经二十出头了吧,这二十年来总有些人是你不愿意再见,有些事情你不愿意再做,想必你也应该明白,一个人能做自己喜欢做的事情是多么难得和重要。所以,如果你热爱广告,请你别放弃!

吴文喆,一个非广告人

我眼里的广告人:

他们的生活中,也许有 70% 的时间都是在赶提案、交提案中度过的。他们就像吉他上的琴弦,总被绷得很紧,所以他们随时都有被绷断的危险。

他们是铁人,可以完成铁人三项——不吃饭、不睡觉、不休息。只要是客户要他们完成的任务,他们无论怎么艰难都可以按时完成,拿出最给力的成果。

他们很关注时尚潮流,总是把自己打扮得很有创意,就如他们很有创意的办公桌或办公环境一样,他们总是不愿落伍于最新潮流。街上随处可见的时尚达人,也许十人中就有一人是广告人,屡试不爽。

他们一定有几本固定捧场的杂志,可以在他们的书包里看到,或者一定是散落在他们的哪个办公桌上。他们总是和音乐、艺术、设计、创意、营销、电影这些话题离不开。

他们跳槽的频率不会低，可能每一年就会换一个公司，理由各不相同，也许是为了呼吸新鲜空气，也许是不满意当前的客户，也许是不满意公司文化，或者直接点是为了晋升更好的职位。

客户的各种不是，提案中遇到的不公，与团队合作出现的问题，肯定是他们茶余饭后，会见朋友不可缺少的话题。

他们对生活充满了热情，也充满了许多无奈。对广告业的热情让他们进入了这个圈子，而其中的各种现实又很快让他们跌进谷底。于是他们就在热情和无奈中苦苦挣扎。

有些广告人希望可以转换角色，祈祷自己有一天从乙方变为甲方，从而脱离这种苦甜交加的生活。但也有那么一群广告人，会苦苦追求广告梦想，期待着遇到天使般的客户，能允许他们自由发挥创意和团队合作精神，做出骨灰级的方案，获得天堂级的成效。

他们就是这么矛盾的个体，在苦甜交加和绷弦般的危险境界中过着属于这个圈子的生活，这就是我眼中的广告人。

很多时候，支撑广告人如发条般工作的，是在广告中体会到的成就感，这种成就感让我们欢喜让我们忧。这里可以跟大家提前分享一些，让你没事儿的时候可以意淫一下：

(1)"无与伦比"的成就感。在广告行业，最为浅显也来得最容易的成就感，当然来源于工作。当你倾慕的广告公司通知你上班，当你的新公司为你提高薪水，当你的稿子过了、出街了，当你的提案获得客户的认可……都能为你带来非比寻常的成就感。

(2)交际层面的"虚荣满足"。不要看到交际就想到交际花，正如你听到厦大芙蓉湖的清风姐姐别想到芙蓉姐姐一样。我们生活在这个世界上，从来都不是一个人，你总有些亲人朋友陌生人来构成你的生活圈。而当你身边的某人在电视上看到一支广告：

"这广告,挺好。"

"我做的……"

"牛逼。"

是不是很有成就感?

"我做的"这三个字,借给尚未有广告成品出街的你们用一下,念一念,怎么样,是否体会到了。

(3)市场的直接反馈。客户的认可,并不足以证明你的广告是成功的,市场对于广告的反应,那才真正决定你广告成功与否。

若你是一个广告人,当你在商场逛街时,总会特别留意你客户的店面,因为有可能你的广告就是为这个店面里的产品量身定做的。不是经常但偶尔会发生这样的情况,两名消费者在产品面前讨论:

"你觉得这个怎么样?"

"挺好的,他们的广告做得不错。"

相信这时你一定会极力保持面部平静而内心无比澎湃。没错,这的确是一个广告人值得骄傲的时候,因为你的广告确实影响了产品销售和消费者心理。事实上,我们在商场里经常碰到的情况是这样的,两名消费者在产品面前聊天:

"你觉得这个怎么样?"

"靠,那广告太恶心了,走吧。"

如果你这时有勇气走上前去说:"谢谢,那广告就是我做的。"别人一定会很佩服你。如果你敢迈出这一步,你一定会成为优秀的广告人,因为人都喜欢听自己想听的,如果你能保持客观地与消费者聊一聊这个广告失败在哪里,他们对于产品和广告的理解,也许能帮助你此生不再犯同样的毛病。下一次你会遇见前面一种情景,这就是广告人的终极成就感。

4. 广告对于准广告人的意义

对于准广告人来说，广告是一个缥缈的绮色之境，是一个稍微有点远的江湖。准广告人通常还没有柴米油盐、养家糊口的压力，也不受老板、客户、截稿日期的压榨，他们接触的，只是广告纯粹而美好的那一面。学校里的准广告人，需要修习大量周边课程，所以也容易生出烦躁心理，忘了最开始为何对广告有热情；他们刚上手做的广告，大多学生气过重，难以通过市场检验。但凡能克服认知落差，对广告保持热情洋溢的准广告人，大多很容易脱颖而出。

XRZ，一个大一广告学生

选择广告为终生奋斗的事业，是源于对美剧 Mad Men 的狂热追捧，主人公 Don Draper 是某广告公司的创意总监，他每每能在关键时刻三句两句就给出最佳创意，为广告主的产品找到最佳诉求点，让我完全为他个人魅力所吸引的同时，心中也萌生出成为一个广告达人的疯狂念头。

初次接触专业课，远没有麦迪逊大道上的生活那么声色犬马，只觉得枯燥无味，成为一个广告人要精通美学、营销学、公关学、心理学……天呐！原来成为广告人需要如此强大的内心，但是，对行业的喜爱，使我对广告有了更深的信心，自己是一个对各种事物都很有兴趣，因为这个专业，可以尽情接触各种事物：绘画、摄影、写散文……因为广告，接触了更广阔的自我，尽情地享受广告带来的快乐。

总而言之，广告即广而告之，通过广泛地传播信息使每个人都了解事物。但我更喜欢 Don 的那句话："Advertising is based on one thing：Happiness."

的确，Happiness！

YJH，另一个大一广告学生

我个人认为广告其实挺简单的，就是一群思维活跃的人聚集在一起，讨论自己的奇思妙想，把一件商品吹得天花乱坠，让消费者相信夸大了的事实。广告只是一种促销手段，它本身也只是一种商品。很现实，也很梦幻。现实的是广告的目的——促销商品；梦幻的是广告的创意——任凭思维飞翔。

乔治·路易斯说过："如果广告是科学，那我就是女人。"很叛逆，很不循常理，他一直称自己是个坏孩子，的确，广告应该是坏孩子们调皮捣蛋，任性妄为的杰作。

广告是创意的具体体现，不去实践创意，那创意就如同废纸，只是没有任何实际意义的空泛想像。奇特的创意一旦实现，它将无所匹敌。

中国现代广告要受太多的约束，法律的制约、广告客户的过度干涉、消费者的认知不足等使得中国的广告作品一直没有太大的突破，精彩的广告作品往往只能胎死腹中。国外众多大胆的广告制作往往是我最向往的，只可惜现实很残酷啊！

最喜欢的是现代广告媒介的多元化，广告更是突破各种媒体范畴，以活动策划方式进行的广告行为让广告充满无限的活力。每一个活动策划的流程、细节都考验着广告人的思维与谨慎性。我觉得广告就该朝这个方向发展，与消费者互动，创造热点话题，推动广告宣传，这才是广告应有的活力。

对，说的就是你，盯着书看的你。书店里成千上万的书为什么你会选择这一本？你书架上还有那么多来不及看的书为什么要先看这一本？你是想做广告人还是想追广告人？想追就追吧，广告就是你心爱的姑娘，她就是你前进的动力和方向。当然，是不是你最后的归宿，这还得两个人说了算。

很多事情来不及思考，就那么自然发生了，当你真正去做的时候才会发现它是多么有意义。广告亦是如此，我所认识的大多数广告人，并没有想过广告有多少意义，只是单纯因为喜欢，就好比你喜欢一位姑娘，你不会因为她能给你带来什么才去追求，你追求她，只是因为你喜欢。而当你真正喜欢一个人的时候，你会发现那是多么美好而快乐的事。

第 2 节

ADVERTISING
什么是广告公司

前面我们在谈论什么是广告时，都涉及广告公司，那么到底什么是广告公司呢，广告公司到底做些什么呢，不同类型的广告公司之间是如何分工的，你有兴趣进哪一类型广告公司？人们一提到广告行业，总是先想到北京、上海、广州这几个大城市，这又是为什么呢？这一节我们来谈论这些内容。

一、广告公司的分类

广告公司，如果说学名的话，人家正儿八经地叫"广告代理商（Advertising Agency）"，指专门从事广告经营活动的企业，业务范围涉及市场调研、策略定位、创意表现、媒介选择及执行、促销配合以及最终广告效果评估等与广告运动有关的服务。广告公司属于智力密集型的服务性企业,它们上联广告主,下接广告媒介,直面受众和消费者,在整个广告运动中,起承上启下、沟通衔接的作用。

至于广告公司到底做些什么,这个需要分不同的公司类型来谈。那么广告公司到底有哪些类型呢?

很多老一辈一想起广告公司,就想起街上的喷绘、装潢店、名片设计店,它们确实也是广告公司的一种,但仅仅是一种,不是全部。根据服务功能和经营范围,广告公司主要可分为综合型广告代理公司、行业型广告公司、互动广告公司、媒介购买公司、设计制作公司等儿种类型。接下来,我们逐一介绍。

1. 综合型广告代理公司

这类公司能为广告客户提供广告运作全过程、全方位的代理服务,包括市场调研、策略定位、创意表现、媒介选择及执行、促销配合、活动策划执行、品牌建设与管理、CI 导入与建设、广告效果评估与反馈等与广告相关的服务。

这类广告公司,大多不限于服务某一行业的广告客户、不限于提供某一业务流程的服务。我们所熟知的奥美广告、盛世长城、智威汤逊、梅高、平成,都是这一类型的广告公司。综合型广告代理公司应具备相应的人才、专业、资本,能够为客户提供全案服务。

2. 行业型广告公司

行业型广告公司指专门为某一行业提供广告代理服务的广告代理公司,例如专门服务于房地产行业的广告公司(黑弧奥美、深圳风火广告),专门服务于金融行业的财经类广告公司。

这类广告公司在某一行业内积累了丰富的行业经验,深刻洞悉该行业品牌营销传播的特点与规律,这些行业通常具有足够的市场潜力与价值。

3. 广告媒介购买公司

这类公司关注媒介业务,专门从事媒介研究、媒介购买、媒介策划与实施等,提供广告媒介相关业务服务。从具体的经营方式上来看,主要有三种。

(1)受广告主委托购买广告媒体,为广告主进行广告媒体代理投放,收取一定比例的代理佣金。这类媒体购买公司多脱胎于国际4A广告公司的媒介部门,与这些国际4A广告公司保持密切的业务联系,有些还与这些广告公司同属于一个广告集团。比如,实力媒体就脱胎于盛世长城媒介部。这类媒体购买公司经营的广告媒体都不是自有媒体。

(2)从各类媒体处购买广告媒体资源(比如从电视台购买电视广告时段,从报纸杂志购买广告版面),获得购买广告媒体的经营权,然后进行广告媒体的再销售,从中获取利润。这类媒体购买公司经营的广告媒体都不是自有媒体。比如,北京未来广告公司购买央视的广告时段进行销售。

(3)主动开发尚未为人所用的广告媒体,进行系统的规划之后,独立经营与管理这些媒体。比如众所周知的分众传媒、白马广告就属于这类公司。它们拥有的媒体多自主开发经营,并不是简单地从其他媒体购买广告媒体。

对于媒介购买公司来说,较强的媒介购买能力、雄厚的资本实力、专业的媒介策划与实施的经营能力是必不可少的三大条件。

4. 互动营销公司

这类公司随着互联网的兴起逐步发展、迅速成长起来,主要为广告客户提供互联网上的营销传播代理服务,如为广告客户提供网络广告技术服务、互动营销咨询、线上营销服务(策划、创意、投放)、效果营销服务(监测)。好耶广告、华扬联众等都是具有代表性的互动营销公司。

这类广告公司适应数字媒体的快速发展和普及,适应新传播环境下广告客户的新需要,深刻洞悉新传播环境的特点,迅速聚集互动营销领域的人才、资源,获取专业优势,是极具成长性的新兴广告公司类别。许多传统的综合型广告代理公司也专门成立互动营销公司,或者并购相关企业,以进入互动营销服务领域。

《2009—2010 年度中国广告业生态调查报告——广告公司急需自身价值》一文指出:"在数字媒体快速发展和普及的形势下,互动营销领域越发成为广告主和广告公司看好的领域,互动营销行业逐渐发展壮大,以华扬联众、好耶等为代表的专业互动营销公司也日渐成熟。2009 年,国内数字互动营销行业形成以本土专业互动代理公司为先锋和中坚,大型综合代理公司及国际广告公司为新生力量,以规模小服务费低的专业小公司快速成长抢占市场的格局。"

5. 广告设计制作公司

这类广告公司主要提供广告设计与制作方面的服务,其业务来源一般有两种:一是接受广告主的委托,为广告主进行广告的设计与制作服务(比如广告物料),直接从广告主获取费用;一是受广告公司的委托,广告公司完成广告主的创意设计服务之后,委托设计制作公司进行广告的具体设计与制作(比如代为进行影视广告的拍摄),从委托的广告公司处获取费用。

对于广告设计制作广告公司,根据服务的内容又可进一步细分为以下三个小类:

(1)影视广告制作公司。主要从事影视广告的拍摄与制作。这类广告公司拥有专业的影视广告拍摄器材和创作团队,有较丰富的影视广告创作经验。

(2)广告设计公司。主要从事广告的设计,比如品牌标识的设计制作,CIS 的导入,平面广告的创作与设计,海报、POP 等的创作与设计。这个类别中也包括个人设计工作室。

(3)广告制作公司。这类广告公司主要从事广告物料的设计制作业务。比如最常见的灯箱、路牌、霓虹灯、户外广告牌、喷绘、海报的印刷及特制品等的设计制作。在街上经常能看到的喷绘装潢、霓虹灯广告制作公司等都属于这个类别。这个类别中的广告公司规模大小不一、水平参差不齐,但却是数量最大、最常见的广告公司类型。广告设计制作公司对人员专业技术的要求非常高,专业设备的投入费用也较高。

以上分类,只涉及行业中最常见的广告公司类型。实际上,客户要求日渐多样化,广告公司竞争日趋激烈,新的类别的广告公司正在悄然涌现。

广告公司的类别,除了按照服务功能与经营范围划分外,还可以按照资本构成方式划分为外资广告公司、中外合资广告公司、国有广告公司、民营广告公司;也可以按照业务区域划分为国际性广告公司、全国性广告公司、区域性广告公司、地区性广告公司;国家工商管理总局、中国广告协会还对国内广告企业进行了资质等级标准认定,将广告公司划分为一级、二级、三级广告企业。

二、广告公司与咨询公司

咨询公司也叫顾问公司,在广告界,指那些为企业提供市场咨询或营销咨询服务的公司。他们的工作,就是基于大量的市场调查和数据分析,得出市场及营销方面的结论和建议。这些市场调查,比起你在学校里学过的任何类别的调查都要复杂。

咨询公司通常与广告公司共同服务于某个客户，在这种情况下，咨询公司提供的市场数据，是广告公司拟定策略的依据。只有建立在市场分析和消费者调查基础上的策略，才真正有说服力，才真正有效。

还有一些所谓的营销传播公司、XX 传媒公司，它们的数据分析比不上咨询公司，创意比不上广告公司。它们的核心优势是资源整合，也就是传说中的"整合营销传播"。企业的市场推广，必然要通过各种媒介的资源整合，集中所有资源来为品牌或产品传播信息并在市场上保持同一种声音，这是大多数本土企业的最佳选择。因为它们并不特别重视市场数据，很多企业产品都批量生产出来了，还没有市场定位和受众定位，创意方面没有那么高的要求，它们认为只要多花点钱在央视多投点广告即可，它们需要的只是找一个乙方，给你代理费，就得替我办事儿，把所有关于市场推广的事全干了。

三、广告公司不"广告"

何谓广告公司不"广告"呢，这里不是说广告公司不做广告业务，而是说很多广告公司的名字里面已经没有"广告"两字，特别是诸多本土广告公司。

单凭名字来判断这个公司是不是广告公司，特别是综合型广告代理公司，有时候比较难。实际上，许多广告公司，特别是本土广告公司，名字里甚至都没有"广告"二字，不直接以广告公司的名字示人。这一现象主要集中出现在本土广告公司身上。

对许多本土广告公司来说，出于业务发展、差异化竞争等方面的考虑，它们的名字较多样化，可谓"不拘一格"，比如"整合营销机构"、"品牌传播机构"、"品牌营销咨询机构"、"创意咨询公司"、"营销策划公司",简直是琳琅满目。就这些名字看,似乎它已经"超脱"出广告公司的层级。实际上,大多数不过只是换汤不换药,名字改变了,但仍做着原来那些业务,当然还是广告公司。

为什么要起这些五花八门的名字,也可以理解。毕竟现在广告公司的业务已经不仅仅局限于广告,越来越拓展到品牌整合营销传播的层面,越来越多的广告公司,将广告活动放在营销传播的框架和视野下来思考和布局。当然,这很大程度也是由于很多本土客户要求广告公司提供超出广告的服务,广告公司为了彰显自己能够满足这个要求,更好地告知自身的业务范畴,在名称上进行相应的变化。

四、关于"广告重镇北上广"一说

如果你稍微了解广告,你一定听过一句话:做广告一定要去北京/上海/广州(北上广)等一线城市。

为什么非得是一线城市?

中国市场按照城市级别分为几大类,北上广(深)属于一线城市,大多数省会城市属于二线城市,省会之外的县市属于三四线城市,这样的分类也可以参照现在最热门的房价体系。众所周知,广告公司依赖于企业客户生存,一线的企业几乎都集中在一线城市,因为无论是城市经济还是国家政策导向,北上广都拥有无可比拟的优势。这也是很多外企将中国总部设立在一线城市的重要原因。中国广告业现在较为正规的作业规范和流程都来源于国际4A,而国际4A也几乎都是跟着那些全球客户来到中国的,4A都集中于北上广,并不难理解。

　　当然,国际 4A 的员工,并不都来自境外(虽然职位较高的几乎都来自境外),也有本土人士。这些本土人士从 4A 走出来,自立门户,他们所开的广告公司就叫本土广告公司。这些人在一线城市成长,很多就会留在一线城市发展。中国最优秀的本土广告公司,近 80% 都分布在北上广。众多的优秀广告人,也云集北上广。

第 3 节

ADVERTISING

关于 4A

　　上一节谈到的 4A 是广告圈里提及率非常高的词。4A 究竟作何解,却不甚明了。特别是广告专业的学生,常常在还搞不清楚 4A 是什么的时候,就在师长引导下,对其心生向往,恨不能马上为 4A 抛头颅洒热血、燃烧青春。到底什么是 4A 呢?

一、4A[①]

　　4A 这个词,最早是美国广告公司协会(America Association

------

　　① 资料来源:美国广告公司协会官网,http://www. aaaa. org/Pages/default. aspx。经编译

of Advertising Agency)首字母的缩写。美国广告公司协会，1917 年成立于美国的圣路易斯，是全世界最早的广告代理商协会。现今拥有 111 个会员，平均都有 20 年以上历史，其中有 12 个会员广告公司可以追溯到协会成立时的 1917 年。

作为一个代表美国广告公司利益的全国性管理机构，4A 会员每年的广告额总量占全美广告总额的将近 80%。尽管很多大型的、跨国性的广告公司都是 4A 的会员，但实际上 60% 的会员年营业额少于 1000 万美元。感觉上 4A 的成员，都是些大型的广告公司，但实际上公司的规模大小，并不是成为 4A 会员的标准。那些规模中等、较小的广告公司，每年也能从 4A 组织处得到项目、咨询、研究服务等方面的帮助。

可以说，那些加入美国广告公司协会的广告公司，常被大家称为"4A 广告公司"。80 年代改革开放初期，美国 4A 中的一些广告公司，随着它们的国际客户进入中国大陆市场，顺带把"4A"这个洋词儿带进中国。

最早进入中国大陆市场的 4A 成员多是具有一定国际影响力的综合性跨国广告代理公司，譬如盛世、奥美、灵智。对当时正处在恢复期的中国广告业来说，4A 成员在操作流程、专业技能、优秀代表作及国际客户的声誉方面，都给市场带来很大的影响与冲击。随着广告业的发展，这些 4A 成员在业界的影响越来越大。久而久之，大家慢慢习惯了用"4A"这个词指代那些规模较大、实力较强的综合型跨国广告代理公司，"4A"也就意味着规模和专业，成为有实力的国际广告公司的代名词，而不再特指"美国广告公司协会"。目前活跃在中国广告市场上的国际广告公司，主要集中在北京、上海、广州等地。

美国广告公司协会的成功，对整个行业产生广泛影响。除了促进广告行业的发展外,还引发比较有意思的现象:有些国家和地区,借鉴美国广告公司协会的相关经验,由当地的广告公司组成本土的 4A 组织。比如新加坡 4A(The Association of Accredited Advertising Agents Singapore)、马来西亚 4A(The Association of Accredited Advertising Agencies of Malaysia)、中国香港 4A(The Association of Accredited Advertising Agencies of Hong Kong,即香港广告商会)。

中国大陆地区也有自己的 4A,还是两个,一个是中国 4A,一个是广州 4A。在这里我们给大家也介绍一下。

二、中国 4A[①]

中国 4A,是英文"The Association of Accredited Advertising Agencies of China"的简称,中文名称是"中国商务广告协会综合代理专业委员会",即"综合代理专业委员会",其主管协会是中国商务广告协会。

中国 4A 成立于 2005 年 12 月 17 日,是中国广告代理商的高端组合,由一流服务、一流创新、一流实力和一流诚信的合资、独资及本土综合性广告公司共同组成,是公开、公正、公平、透明、自发自律性、非赢利性的行业组织。成立旨在设立行业标准与规范,提高行业价值与地位,培养行业人才与能量,成为最具社会影响力的广告组织。中国 4A 几乎包揽所有在国内运作的大型国际广告代理商,占总数的一半以上;下设公关组、创意组、社团/学校/工会组、培训组、法规/政府组、媒体组、会员组、广

---

① 资料来源:http://www.china4a.org/cn/。

告主组等八个工作组,在理事长的领导下开展一系列有益于广告业发展的工作。其会员包括广东省广告公司、奥美、盛世长城、分众传媒、黑马、同盟等合资、独资及本土综合性广告公司。

三、广州 4A[①]

广州 4A,英文是"The Association of Accredited Advertising Agencies of Guangzhou",中文名称是"广州市广告行业协会综合性广告代理公司委员会",于 1996 年 11 月 1 日由广州地区 18 家知名广告公司发起,经广州市广告协会批准成立,是国内最早成立的 4A 组织。该协会由广州市广告行业协会的高端会员组成,是广州综合性广告代理公司(包括国有、民营、合资及外资等)以及相关研究机构组成的自律性、非赢利性的专业委员会,是一个地区性的行业组织。其宗旨为"让广告更专业",加强行业自律,促进广州广告事业的健康发展,促进广州广告业逐步向符合国际惯例的广告代理制迈进。

广州 4A 的入会申请很严格,有完善的会员制度及明确的分工。加入这个组织的都是综合性广告公司。

这里需要说明的一点是,中国 4A 与广州 4A 都是行业性组织,并不是上下级的关系,而是各自相对独立、平行平等合作的关系。只要符合各自的组织要求,两个组织可以同时加入。唯一的区别在于,中国 4A 是全国性的行业组织,广州 4A 是区域性的行

---

① 资料来源:http://www.gz4a.cn/index.asp。

业组织。

其实不管说什么,4A并不是神话,不管是外资还是本土,时至今日,更多时候只是考核广告公司能力级别的标尺、参考标准。

四、关于一级、二级、三级广告企业之说

除了4A之外,我们还会看到一些广告公司称自己是中国一级、二级、三级广告企业。那么,这个一级、二级、三级是什么意思,究竟从何而来?

一二三级广告企业,是中国广告协会①依据一定的标准对中国广告企业实行的一种资质认定。中国广告协会为推动广告产业的专业化、规模化,加快培育大型专业企业,提高中小企业市场竞争力,根据每家企业的成立时间、注册资本、固定资产、人员构成、营业收入、服务客户、行业影响、社会影响等标准,将广告企业资质等级分为三级:中国一级广告企业、中国二级广告企业、中国三级广告企业。

这些一级、二级、三级广告企业又具体划分为综合服务类一二三级广告企业、媒体服务类一二三级广告企业、设计制作类一二三级广告企业。所以,一级、二级、三级广告企业,指的就是该公司的资质,是中国官方认可的一种行业资质。在参与投标时,资质能发

---

① 中国广告协会创立于1983年12月27日,是国家工商行政管理总局的直属事业单位,是经国家民政部登记注册的非营利性社团组织。协会由全国范围内具备一定资质条件的广告主,广告经营者,广告发布者与广告业有关的企、事业单位、社团法人等自愿组成。协会代表中华人民共和国参加国际广协组织。

挥一定的积极作用。当然,这种认定,是广告企业自愿的。

感兴趣的话,可以登录 http://www.cnadtop.com/xiehuifu-wu/guanggaorending/index.aspx。看看相关文件和已经通过认定的广告企业名单。

第 2 章

近距离看广告公司

　　你是否好奇,有些广告公司分工详细而明确:文案就只是咬着笔头写文字,设计黑着眼圈点鼠标;时不时需要外出的,总是那些几乎每天要去跟客户报道的客户执行。但有些广告公司,从调研到策划到设计再到提案、执行,却几乎都是某几个人一肩挑服务,这是为什么呢? 客户对广告人而言,是上帝,是司令,还是奴隶主?

　　如果你是广告专业学生,你是否清楚,广告人,尤其是 4A 广告人,嘴里时不时蹦出来的那些英文单词、字母、缩略语(比如甲方乙方、飞机稿、Brief、提案、PPM、VO……),到底是什么意思?

　　你们在课上课下接触的优秀案例,想必大部分都是各类广告奖/广告节的胜出者;或许你自己也曾参与过相关广告奖。这些奖项,真的能衡量创意高低么? 它们对广告人而言又有哪些特殊意义呢?

　　这一章我们将讨论这些问题。

第 1 节

ADVERTISING

解剖广告公司

广告公司是一个"有机体"。

"有机体"这个词很官方。不同地区的不同公司,主营方向不同(赚钱的领域不同,譬如有综合的广告公司、房地产广告公司、只做活动的广告公司等,包括路边神秘无比的打印店),老板智商高低不同,存款不等(有时还要参考老板的妻管严病症程度)……往往只能称为"无机体"。

但是,就如男人和女人再不同,也共有一些人的基础机能,比如心肝脾胃肾和脑子(当然,现在这个社会很多人并不是真正有心肝和脑子)。同理,广告公司也有基本的组成(部门),各部分之间有分工有配合,共同完成生存使命。

接下来,请一起来"解剖"广告公司,了解其构成、运作及利益来源。

一、广告公司各部门

从部门区隔来说,4A 公司普遍是行业内部门比较健全的公司。不同的 4A 公司或许拥有自己的特色,但总的来说,它们的总体特点就是分工细致。用中国的老话说就是,一个萝卜一个坑(大部分萝卜可能烂死在这个坑里);用现代的话说就是,广告公司就是一个机器，一个部件只管一个部件的活儿，"越位"就代表着可被替换。

1. 行政部（Management）

实际上，广告公司行政部的职能、人员构架与其他类型的公司大体相似。最显著的不同是广告公司的行政人员自以为身在广告公司就是广告人，拥有广告人的基本特点：爱装、爱时髦、爱装时髦。

（1）首席行政长官（Chief Executive Officer）。这就是神秘莫测的 CEO。一个首席就可以把大部分涉世不深和涉世很深的人镇住，没错，CEO 基本上是广告公司的第一把交椅，他掌握员工的生杀大权，他点个头就能决定你的去留。有时点头只是因为下巴痒痒，但总有人吓得心肝俱裂。不过，通常 CEO 不会管人事这类小事，他处理的是大事，譬如公司的合并和收购、公司间最高层的外交。广告公司最大的公关就是 CEO。

（2）董事总经理（Managing Director）。"董事总经理"其实就是"董事兼总经理"。如果说 CEO 是总舵主的话，那么董事总经理应该就是分舵的舵主（红花会）或者堂的香主（天地会），董事总经理掌管的可能是上海分公司或者北京分公司的一切事务，所以，他点头也会是很恐怖的一件事儿。

董事总经理的升迁调职和公司内部的政治风向有莫大的关系，譬如他可以将一个大客户牢牢拴在公司里，也可以随手带走一个决定公司命运的大客户去自立门户。

（3）总经理（General Manager）。在职位上，广告公司的总经理和其他公司的总经理没什么区别，一样的有派头和震慑力。不同的是，有些自命不凡或者着实不凡的总经理，喜欢插手创意部或者其他有表现空间的部门，来让自己看起来更不凡。结果当然是让创意部的兄弟们无比头痛，很多时候，他们必须要蒙住良心夸赞总经理的创意"出神入化",换来的结果往往是自己出生入死地来"擦屁股"。这是广告圈里一件很普遍的难事,人在屋檐下,不得不低头,是不是这么说的?

(4)人事/行政经理(HR & Admin Manager)。我也不明白这世界怎会有如此多生生不息的"经理"。其实,这个经理就是管人事的,他负责面试和联系面试,电话是他最忠实的居家伴侣,手机是他最可靠的外出使者。HR,这名头在江湖上更响亮,网络上流行有 N 系列对付 HR 的秘笈、宝典,这都从侧面上烘托出 HR 的神秘和不测。其实,HR 只是个人,你只要简历出色,打扮对他的味,就基本可以过 HR 这一关,因为他们基本不会从技术和专业上来考核应聘者,他们只是一扇门。

(5)人事督导(HR Supervisor)。无论从字面还是内涵上来理解,这都是让人很费解的一个职位。他的事基本上人事经理都可以做,或许他就是人事经理手下的一名小兵,漂亮一点的可以称为小秘。所以很多公司就把他给合并了,那些还设立有这个职位的公司,就多少显得人浮于事了。甚至有人谈笑,在这个职位上的应该都是公司里某位老大的亲戚。

2. 信息技术部门(Information Technology)

它的洋名就是 IT,有些公司把这个部门设在行政部门里。这是科学的,因为 IT 部不过是电脑层面上的行政部,它负责管理公司有关电脑、网络的所有事情。员工有一切电脑上的问题都可以和 IT 部门打交道,甚至包括死机。很多公司,IT 部门也是"独掌特权"的,因为他们控制着你电脑上可以或者不可以安装哪些软件,你被允许或不允许浏览哪些网页。他们最中意的事情是电脑的采购,其中缘由,想必是个不需要说的秘密。

4A 公司往往是一个集团只设立一个 IT 部门,因为现代的电脑质量要经常碰到问题也是一件有技术困难的事情。所以,IT 部门有时是个很漂浮的部门,你不想他们出现的时候他们绝对不出现,想他们出现的时候也不绝对出现。因为以上这些原因,其他部门那些"不羁"的广告人,就常与 IT 部门有些"宿怨"。

(1)信息技术经理(IT Manager)。就是 IT 部门的头。这个职位上一般坐着经过多年煎熬而升上来的普通信息技术人员。那些与 IT 部门有宿怨的部门经常挖苦:他做 IT 头头,并不意味着他的信息技术一定是最出色的,他有可能只懂得让员工碰到问题就重启,哦,不,是 Restart。

(2)信息技术管理员(Information Technology Administrator)。"他"就是当你电脑出现问题时,在你鼠标旁的那位帅哥哥,可以简称为"鼠标哥哥"或者"鼠哥哥"。他往往是个电脑高手,若在电影里,他就是那个咬着个棒棒糖,鼻尖上挂一副黑框树脂眼镜的角色。很多时候,他能解燃眉之急。

3. 创意部门(Creative)

创意是灵魂。

如果说客户部是广告公司的火车头,那么创意部就是发动机;如果是客户部是餐厅里的前台服务,那么创意部就是后厨;如果说客户部是躯壳,那么创意部就是灵魂。广告公司说到底就是卖创意的公司,而创意部就是做创意的。

有些小本土广告公司里面,根本没有创意部,只有设计部,而有时设计部又神奇地能做客户部的事情,再仔细了解一下,发现这个客户部竟然有老板的架势,最后才发现这个有老板架势的客户部就是老板……总的来说,这样的公司是个很玄幻的广告公司,严格说起来,它不能算是个广告公司,顶多是个设计公司或者活动公司。当然这些都能和广告沾上很大的一个边,于是它自欺欺人地在门口挂上"XX 广告公司"、"XX 营销机构"的门牌。

创意的好坏在一定程度上关系广告公司的好坏,但不是决定性的因素,它还取决于策略的导向、客户部的贩卖技巧、老板的公关能力。反过来说,却是不成立的。一个公司的策略再好,客户部再能贩卖,老板比一个专业公关公司还能公关,如果创意烂得惊天动地,这个公司就算能撑也一定是惨淡经营。

几乎每一个热爱广告的人,都是从热爱创意起的。

一个很普遍的,客户部不愿承认、创意部却很乐意承认的现象是:几乎每一个热爱广告的人,都是从热爱创意开始的。时常是发现自己确实没有什么做创意的天分,但是还是死心塌地地热爱广告,只能调头去热爱客户部了。

这也是为什么很多客服人员有很深的创意情结,有时会站在创意后面口水四溢地指手画脚,有时会在自己电脑前偷偷地篡改创意,改完后还幻想着"反攻"创意部的得意。这些都是很不好的现象,也是挑起创意部和客户部矛盾很主要的导火索。

创意部要做的事情只有一件,就是出好的创意。他需要能听、能看、能说、能写、能画、能想,最重要的是能加班。能听,就是要能听懂客户部下的单子,知道客户部的意思,虽然很多时候客户部的意思并不一定是客户的意思。能看,要能看懂同事的创意,否则你怎么配合,怎么提意见,怎么开会?能说,就是能说服客户部和客户自己的创意是好的,起码是符合创意简报要求的。能写,是要能写创意,能写创意说明。能画,能画创意草稿,也能画押。能想,也许这是最重要的素质,就是能想创意,否则只是没有米的巧妇,只能对灶长叹。

总之,创意部是一个广告公司最风光,也最疯狂的部门。

(1)首席创意总监(Chief Creative Officer,CCO)。和首席记者一样,首席创意总监就是开会的时候坐第一把交椅的创意总监。他把握着一个广告公司,有时是一个广告公司旗下某个区域(譬如东亚、东南亚、大中国区)的所有分公司的创意。

首席创意总监的优秀与否,直接关系这个广告公司的声誉和生意。他拥有强大的权力和能力,他的职责已经不单纯是创意了,还有生意。他的政治性很强,广告公司里、广告公司间的政治斗争很多时候都会牵扯到他;而他会不会做生意,也牵扯到他旗下的所有创意人员。

说到这,你会想到军队里的三军元帅吧? 没错,他就是创意的三军元帅。现在的中国广告圈,这个位置通常是海外的人来坐的,原因譬如海内的人英语不够好,或者是不具备那种超人的能力。希望有朝一日这个局面能改变。

(2)执行创意总监(Executive Creative Director,ECD)。一个分公司里创意部的头,职责和权力同首席差不多,但他只负责某个公司的创意,譬如一个公司的上海分公司。同时,他差的就是首席这个头衔,不过这也只是时间的问题,只要你的命够长资历见长,迟早有机会坐上首席的宝座。

(3)创意群总监(Group Director,GCD)。他是创意总监,不过是群的创意总监,管理着几个创意小组,有时是以客户划分。一个广告公司可以有很多创意总监,也可以有很多个的创意群总监,但只能有一个执行创意总监。执行创意总监负责判断创意总监创意的好坏,创意总监又负责判断他手下创意的好坏。创意总监是裁判,执行创意总监就是裁判的裁判。

(4)资深创意总监(Senior Creative Director,SCD)。就是资深的创意总监,是创意总监做了很长时间后,又还不能做到很高的职位时的一个"调剂"职位。职责当然和创意总监没有本质的区别。

(5)创意总监(Creative Director,CD)。创意总监负责一个创意小组,有些公司以客户划分。他们主要的事就是判断手下的创意成果好坏,所以他最重要的感官就是眼光。好的创意总监不在于能想多么好的创意,而要能发现好的创意。眼光差的创意总监有时会害死整个创意小组,有时会害死整个创意部,有时会害死整个客户部,有时会害死整个公司,归结起来,就是个"四害"。

每个行业都有属于行业内部的沟通词汇,CD 是广告行业最典型的一个。曾经有一个非广告圈的人问我 CD 是什么,他把 CD 理解为光盘或者唱片了。后来我觉得这个问题很有意思,就跟一个作文案的朋友讨论,如果 CD 是唱片,那么 ECD 是什么,朋友说 ECD 就是电子唱片。

(6)助理创意总监(Associate Creative Director,ACD)。ACD 就是创意总监的助理,体面的中文名是副创意总监。他的职责是想创意和判断创意,弊处就是自己判断自己的创意,自然都是好的,其实往往并没有多好。通常 ACD 的地位,比 GH 高一点点,但又比 CD 低那么一点点。而设立这个职位的广告公司,也是被逼无奈的,他们想招一个 CD 却又一时招不到合适的 CD,于是只好感叹:啊(A),CD,于是就有了 ACD。

(7)创意组长(Group Head,GH)。一个美术或者文案,做到"资深"都不够拿来形容他,但是又不够拿"副创意总监"来形容的时候,就是创意组长了。一个组可以有两个以上创意组长,他实际负责一个组里的一个客户,或者某个项目。有些公司,走实在路线,也用创意组长来替代创意总监,这样的结果可想而知,让功率不足的电饭煲来煮饭,这饭只能夹生或者夹死。

(8)资深美术指导(Senior Art Director,SART 或 SAD)。资深的美术指导,做的事情和能力却不是单纯的拼时间了。他要负责与美术相关的所有事情,例如画面的把握、故事板的监督、后期的控制。好的资深美术指导能让创意出色,差的资深美术指导只能让创意出事。

优秀的美指同样还得是个优秀的推销员,他要推销的是美,美的画面、美的后期、美的设计。广告圈里,美术往往比文案来得有"范儿",因为他更爱美、更懂美,有时更装美,而美就是"范儿"的一种。他们更关注艺术,文案则更关心文艺,一个偏艺,一个偏文,这就是"艺术青年"与"文艺青年"的差别。

(9)美术指导(Art Director,ART 或 ADA)。过去的美术指导是个很高深的职位,他指导着广告中一切有关美术的事宜。从草稿到出稿(现在专门有个职位负责出稿的完成,没错,就是"完稿"),据说还有个专门的办公室,想创意和美术是美指的两个基本工作内容。可在现在的广告公司里,美指和设计师已经很难分出界限,唯一的区别就是名片。实际上,美指的审美、技术、领导力都不是一般的小设计能比拟的,优秀的美术能带创意小组上天堂,差的美术只能带创意小组进食堂。

(10)资深文案(Senior Copywrite,SCW)。资深的文案和资深的美术一样,除了文案负责文案这块,美术负责美术这块(似乎是废话,但是有必要的)外,基本是职责相同的,就像门神里的秦琼和尉迟恭。资深文案的逻辑能力是个很重要的素质,往往提案的都做过文案。所以在广告公司有时经常发现这样的情况,经常提案的美术,慢慢的已经有了文案的灵魂,有时写出来的文案比文案写出的文案还更销魂,一个能判断好坏文案的美术就好比懂文化的流氓,是很可怕的。同理,一个懂美术的文案也是很可怕的。但此时,往往也只有这样,他们就快更上一层楼了。

(11)文案(Copywriter,CW)。外界经常分不清文案和文员,认为文案只是文员的马甲,这让文案们很纠结和痛心,这里当然没有对文员不敬的意思。广告界也闹过这类笑话,曾经有一家本土广告公司,在为文案印名片的时候把文案的英文写成"Record",虽然是一家本土,但也不至于这么土吧。

　　文案和文员真的有本质的不同,文案需要出创意,最重要的工作是思考,然后才是负责一切有关文字的事情,包括打字。而打字是文员工作的最主要部分。文案的工作包括 slogan、命名、内文、软文、旁白、故事描述、分镜头描述等,有时文案还要给美术提意见。世界上有两种牛逼的文案,一种是想创意特牛逼,有时他的创意牛逼到不用一个文字,就好像很多设计师都想做只有文案的广告一样;另一种是写文案特牛逼,任何创意在他面前都将化做一地春泥,滋润大地,开出一地牛逼的标题。

　　(12)资深设计师(Senior Designer-Integrated)。资深设计师,就是经验和技术都比设计师来得牛逼的设计师。

　　(13)设计师(Designer-Integrated)。设计师在广告公司是比较单纯的职位,他只要设计出摄人心魄的画面就行,前提是按照总监或者美指的要求,有时当然可以别出心裁,但是结果往往是别人裁。设计师有着很深的艺术情结,而美指是商业了的设计师,就如闺女和歌姬的区别,而歌姬都是比闺女吃香的,也比闺女香。很多设计师做得时间长了就很难跳出来了,他可能永远钟爱设计,从设计师做到资深设计师,再到资深的资深设计师,我想,这也是设计师可敬的地方,之一。

　　当然,除了以上罗列的职位,创意部还有插画师、完稿等职位,只是这些事美指或设计师都能完成,为了省钱和省空间,很多公司特别是本土的公司就省略了,这也未尝不对,节约是硬道理嘛。

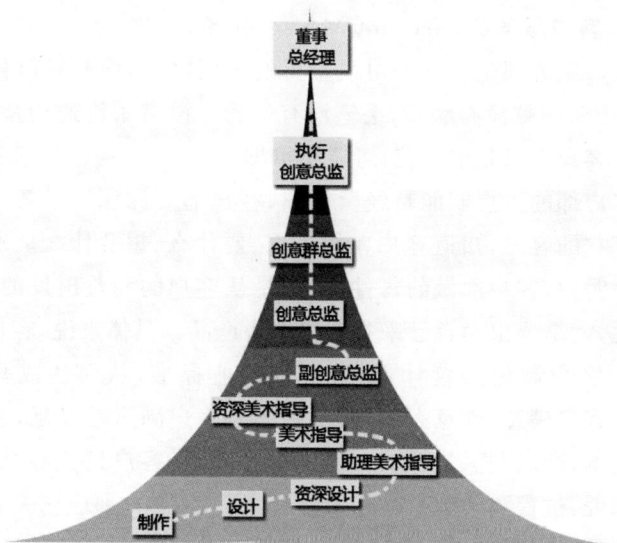

图 2.1　创意部职位晋升路线之美术

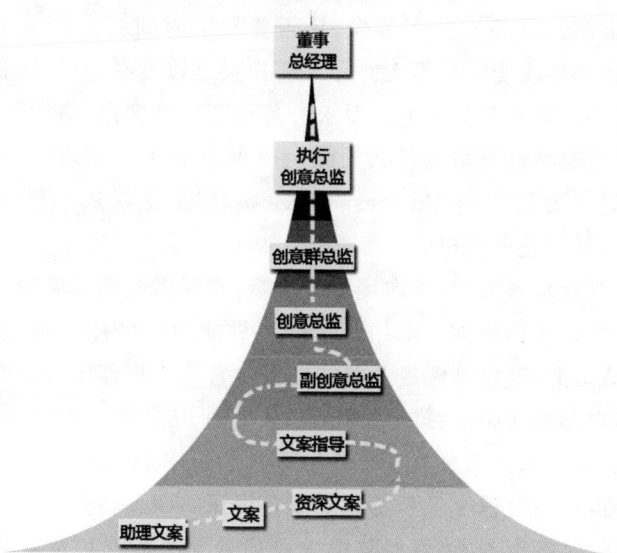

图 2.2　创意部职位晋升路线之文案

4. 客户服务部（Account Management）

客户服务部是广告公司最重要的部门之一，没有它就像汽车没有 GPS，蚂蚁没有触须，毛笔没有笔管。没有了沟通的桥梁，再大牌的客户也只是彼岸花，可望不可即。

客户部的主要职能是经营客户，客户部要深深地了解、理解、"肢解"它的客户，知道客户在想什么、要什么、想要什么。他们要让客户明白，客户部做的每件事，都是从客户的利益出发的，夸张一点说，就是要出卖自己来帮客户销售产品。具体来说，客户部要为每个客户制定经营计划表，形成作业标准，从而达成基本目标——客户满意、创意杰出、产出利润。客户满意是基础，创意杰出是资本，产出利润是目的。但一般情况下，客户只关心目的，对他们来说，过程和基础只是几团浮云。所以，客户部应该关心的具体问题是，今年的目标、阶段性的目标又是什么，如何制定完成目标的策略。通俗地说，就是今年我们要做哪些事，用哪些资源来做（如何压榨创意部），利润多少，是否要投资时间精力在这个客户上，还是今年改变机会不大？今年客户只是以效率为主，那我们是不是先满足客户在效率上的要求？是否要培训客户，培训什么，这些与我们的经营策略有什么关联……每一个客户，都要有个经营计划，更重要的是与 Business Director/MD 及创意小组达成共识，共同经营这个客户。

这些看起来简单，可内涵十分丰富，有时做起来很繁琐。这些繁琐恰恰极能锻炼客户部门员工的各种能力，对内的、对外的，智商上、情商上，这也是广告公司的老板常常是客户部出身的原因。

客户部构成如下：排名分先后，从上到下：

（1）客户服务部总监（Director of Client Services）。有一句戏言，总监，在一定程度上和总管太监有很深的内涵相似。它要处理客户部的所有事务，就好似总管太监要处理皇帝吃喝拉撒前朝后宫的大小事务。从部下的感冒,到客户对整体策略"感不感冒",原则上都要客户总监经手,或者"经耳"。

他要有很强的领导能力、沟通能力、交际能力。换句话说,就是他的能量、胆量和酒量,都要够海量。和其他很多总监一样,客户总监都从基层做起,摸爬滚打、"说学逗唱"地一步步爬上客户部金字塔的最高层。他要拥有客户部需要的一切基本技能和素质,然后发挥自己的聪明才智,百炼成钢地做到最好。

(2)客户事务群总监(Group Account Director,GAD)。同样是总监,GAD 只领导所有客户中的几个客户,就像只管理牧场中的羊群,牛群是不归他管的。他在他的羊群中拥有和总监一样的职责和权力。

(3)高级客户总监(Senior Account Director,SAD)。就是资深的客户总监,在中国,比较喜欢用"高级"这个字眼,因为资深只能表示你年纪大,而高级能表示你级别高,这是很重要的。资深并不说明你高,但是高级说明你真的高。

(4)客户总监(Account Director,AD)。只管理某个客户或者某几个客户的总监,他只负责这个特定客户的所有事务。不要被这个总监的名头震慑住,有时他手下只有一个人,或者根本没有人,他"监"的就是他自己。客户总监是比较做实事的职位,他要真正处理这个客户的所有具体事务,陪客户吃饭吃得最多的常是客户总监。

(5)助理客户总监(Associate Account Director,AAD)。顾名思义,他就是客户总监的助理,有时牛逼一点叫副客户总监,总监总比助理来得有派头,名片也可以印得大张些。

(6)客户经理(Account Manager,AM)。其实就是高于客户执行,快要到客户总监,又不够火候的时候的一个职位。AM 通常被客服人员看作跳板,有时是直接跳,有时是三级跳,一跳到

SAM,二跳到 AAD,三跳到 AD。AM 做的事情更多更具体更实用,通常他/她是带着客户执行干活的人,也算是师傅级别的。大多数时候 AM 是直接带一个客户的,他的职责在于彻底跟进这个客户,包括客户的工作安排、内部的工作进度协调。当然,他不是一个人在战斗,他还带着 SAE 和 AE。

(7)高级客户执行(Senior Account Executive,SAE)。同样顾名思义,SAE 是资深的客户执行,就是客户执行的熟练工,工作内容和职责与平凡的客户执行没什么区别,有时只是资历比较高级一点,工资数字稍微大一些。

(8)客户执行(Account Executive,AE)。客户部里面最基本的职位,最实干、最累、最受气,也最能锻炼人。基本上客户的大小

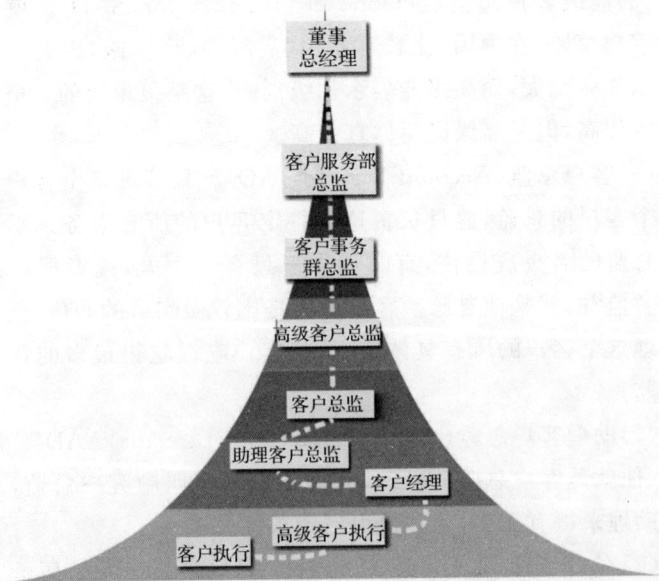

董事
总经理

客户服务部
总监

客户事务
群总监

高级客户总监

客户总监

助理客户总监　　　客户经理

客户执行　　高级客户执行

图 2.3　客户部职位晋升路线

事情都是他们亲手执行的,所以叫客户执行,包括预定出租车和做开会记录,一般熬上一两年就可以加上高级头衔了。如果你熬上三年还没有"高级"起来,还是反省一下自己适不适合这一行吧。

（9）助理客户执行（Associate Account Executive,AAE）。有时公司是不会设立这个职位的,犹如军队有了卒,难道还要有个副卒么?设立了 AAE 的公司,他们做的事情想来也是 AE 做剩下的事情,更基层、更琐碎,当然也更能锻炼人。

5. **策略策划部门**（Strategic Planning）

这个部门有时叫策略部,有时叫策划部,里面的人员有时叫策略,有时叫策划,其实都无所谓,做的事情都是一样的,好比老公和丈夫的区别。策略部处理的是广告宣传的策略问题,上面说了,有时好的策略创意无限,比好的创意更加来得有魄力和惊天动地,创意只是策略的一个表现,有时要很多创意来服务一个策略,策略就像象棋里的进攻路线,而创意是里面的一个卒子的走法,所以还要记住一句话:策略第一,创意第二。很多时候,外人常常觉得文案就应该在策略部里,为了区别,所以有创意文案和策略文案的不同叫法,一般说的文案其实是创意文案。

许多公司的策略由客户部负责,而无独立的策略部。当客户部里面忠于策略的人员觉得自己的翅膀硬了的时候,就想"策独"了,这个时候,客户部的人会坚定地说策略是客户部不可分割的一部分。

客户部做策略的一个好处是,客户部的人员能更深入地了解客户和产品,更理解市场,更明白创意部能否把他的策略呈现出来。反过来,这也是要求策略部的人经常与客户接触的原因。

（1）策略策划总监（Planning Director）。把握广告策略的人,一般也是具体策划的那个人,策略在一定程度上是不能随便改动的,牵一发而动全身,策略的小小改动就能把创意部的人改死。所以策略的坚定和一个说话有分量的人是至关重要的,这便是策略总监。

(2)策略策划助理(Strategic Planning Assistant)。处理策略部的事情有时也很繁琐,要求了解市场,了解竞争者,了解产品,了解客户,了解自己,当然,策略最后要由我们敬爱的助理来执笔。

策略往往不是有创意的人,而是极具逻辑思考和表达能力的人。每一种策略或者一个创意都不是独立的存在,它们的背后是无数的分析和思考,而在你的案子出现策略或创意之前,你要把头脑风暴里所有人说的话记下,筛选,整理成一条线,要体现强烈的逻辑。让客户看到我们整个思考的过程,结论很重要,结论是如何形成的往往更重要。逻辑对了,即使结论稍有偏差,客户也会认同你的案子。逻辑错了,结论再准确也不能令人信服。这就好比你看医生,如果诊断都不对,你又怎么相信医生开的药方呢?

以上部门是广告公司的基础部门,当然不都是必须的,根据具体情况可以重组和删除,本人就看过一个只有客户部的广告公司,这个客户部包办所有事情,谁要在里面找全才,是一找一个准的。当然,适者生存,没有绝对的对和错。除了以上部门,还有卖媒体的媒介部,做得好的都开媒介公司了;策划活动的活动部;近年极其兴盛的网络互动部,也有专门的网络互动公司;工作量大的公司还有完稿部,完稿部有时隶属于 Traffic。总之,广告公司就是个变形金刚,成千上万的广告公司有着成千上万的不同外形,但是无论变形金刚怎么变形,它都是金刚。

二、广告公司工作形式

1. 先说工作的基础

广告工作的基础是客户，获取客户有多种方法，就如找女朋友一样，有朋友介绍得到的，有比稿得到的，有公关得到的，当然有时可能是拜关公得到的。

有了客户，才能"磨刀霍霍"地开始工作。有了客户的意思——一般是和客户签合同，可能是按时间签，可能是按案子签。同时，"磨刀霍霍"的卖力程度和客户月费或案子费用的高低成正比关系。一般来说，一个客户都由一个专门的小组来服务，有些公司为了某些可以决定自己命运的大客户，甚至可以独立成立一个分公司。如果这个客户倒闭或关系终结，小组可能解散，部分成员需要承担失误责任，若是个小分公司，也就殉葬了。

2. 再说工作的阵营

阵营也就是工作的分组，形式也可以天花乱坠，只要老板能想得到，就能做得到。可以一个小组（比如创意小组或客户小组）负责好几个客户，这是 4A 的基本形式。榨汁机总不可能只榨一种果汁，否则叫香蕉机或苹果机就行了。但也有些情况下，一个小组只负责一个客户，说明这个客户有谱，财大气粗。甚至有时候，好几个组负责一个客户，那说明这个客户财大气粗得嚣张了，譬如麦当劳之类（麦当劳有好几个服务商）。更有一个公司只负责一个客户的，这个公司或者是隶属于这个客户，或者是公司太小，有时只有两个人，一个是老板一个是老板娘，房地产是最有这种可能的客户。

3. 接着说工作的流程

既然是流程，就是可以"回流"的。一个很无聊的矛盾是，往往回流才能出好东西，而广告人又最讨厌回流，回流意味着加班，而加班又不一定有加班费。

流程当然也是千变万化的，随着每个公司不同的情况而改变，不能墨守成规，不能因循守旧，不能循规蹈矩，但是一定要有规范，没有规范哪来的犯规？

4A 的流程不一定完全适用于本土的公司，本土的流程不一定不如 4A 的流程，这是废话，好比说女人不一定不如男人，男人不一定不如女人一样。但是这是很常见的问题，许多本土公司生搬硬套 4A 的模式，结果往往如中国人硬要染一身黄毛那么不伦不类。

但是，基本的流程，在 4A 和本土公司都是共通的。

首先，广告公司与客户接洽，就客户的方方面面互通有无，当然最重要的是了解客户那些或具体或笼统的或靠谱的或不靠谱的目标，如要打造什么样的品牌，要提升多少销量，要在几个月内赶超竞争对手。

接洽之后，广告公司会对客户感兴趣的问题表表决心，谈谈思路，聊聊工作安排，待客户无异议，双方"情投意合"之后，那就开工了：搜集资料（通过各种直接或间接的方法，搜集与产品本身、竞品、消费者等有关的一手或二手资料）——消化资料（当然不是用胃液来消化，要将资料去伪存真、去粗取精，分析提炼有用信息）——形成策略方向（经过头脑风暴，形成策略思路——下工作单（详名 Briefing，说明客户要什么，你要给什么以及 Deadline 巴拉巴拉）——创意开始（文案、美指、副创意总监等除了总监的创意同仁们，开始发想创意概念或叫 idea，总监负责挑选和杀 idea，这个时候都是创意同仁们最紧张激动的时刻，自己的 idea 或生或死）——内部提案（创意部向客户部、策略部和老板展示创意的执行，目的自然是商量如何搞定客户，连自己都觉得不满意的方案好意思见客户吗）——外部提案（外部，客户？YES！是向客户提案的时候了，或者是像客户 SHOW 的时候了，这时创意总监将领衔主演，光辉万丈，至于 SHOW 得如何自然是由客户来定夺，总之他们 YES 才 YES，否则改改改……）。

以上是 4A 广告公司内部的基本流程，有一定的代表性，本土公司可以有自己独创的流程，也可以从中汲取营养，然后改造，还是变成自己独特的流程。总之一句话，流程是死的，广告人是活的，灵活变通才是王道。

三、广告公司的收入来源

广告属于创意产业，除了人力成本和办公成本之外，基本上没有什么支出，业务费是比较具有中国特色的。要说广告公司的利润来源，就得先有一个简单的分类（这里为了便于说明，和前面广告公司的分类略有差异）。

广告行业本身有完善的产业链，大致分为代理型公司和资源型公司。代理公司通常指做品牌代理的广告公司，这类公司只卖创意，向客户收取代理费。资源型公司通常指媒介代理型广告公司，虽然都是代理都是广告公司，但一个卖创意，一个卖媒介资源。另外，也有专做活动的广告公司，做印刷、制作的广告公司，这就大致构成两个产业链：品牌代理公司出创意，创意通过制作公司制作成电视广告、网络广告等，再通过媒介代理公司上媒体；活动公司策划活动并做好物料设计，制作公司根据活动方案完成物料制作和现场搭建。实际这几类公司并没有严格意义上的分类，反而交叉更多，一家广告公司可以做品牌代理、活动策划执行、媒体发布等，这是一个多选题，就看老板想选哪一个或者哪几个。比如在活动策划执行方面,也不乏一些酒店类的场地方来与广告公司竞争。

1. 代理型广告公司

只做或者专注于做品牌代理的广告公司,你能叫得上名字的4A公司都属于这一类的公司,也是立志做广告人的人最想进的广告公司,因为这里才是真正出创意的地方,他们只卖创意,按月向客户收取代理费,这便是代理公司最主要的收入来源。按照国际惯例,代理费是广告刊播费的15%,户外媒介的比率是16.7%。在中国,根据《广告管理条例实施细则》,承接国内广告业务的代理费是广告刊播费的10%,承接外商来华广告的代理费是15%。但这些数据在现实中,基本不可能是固定的,一降再降,个位数都是常见,甚至"零代理"也不是没有。

代理型广告公司通常要与客户签订一定服务时间的协议,因此不可避免地要为客户提一些大型的如年度传播计划这类的案子,而这些案子又必须包括媒介计划,如果创意不出街,那还有什么意义?当客户认可案子后,再由媒介代理公司来完成媒体发布。有时年度案里还会包括线下活动,所以大多数广告公司都设有活动部,尤其是本土公司。

2. 资源型广告公司

这类公司通常拥有一些独特的资源,如媒介代理公司,能拿到各媒体的折扣价,华谊这种做电影电视的公司也可以向客户贩卖自己的电影电视资源,植入广告就是这么来的。

媒介代理公司的主要收入来源于媒体折扣。举个例子:某媒体给媒介代理公司的价格是刊例价的6折,媒介代理公司把这个资源卖给广告主是8折,中间的差额便是他们的利润。植入式广告则没有标准,全看演员阵容和平台了。春晚上刘谦表演魔术时喊一声XX果汁,就值6000万(据说哦)。植入式广告这趟水是深不见底深不可测,没有最高,只有更高。

3. 制作类广告公司

与前三类广告公司有所不同，这一类公司的运营主要靠技术和设备。海报印刷、活动背景板喷绘、易拉宝制作，这些都离不开设备。制作公司的成本支出大致分为材质成本＋制作（印刷）成本，还包括制作后期的运输、搭建等人力物力成本。以这些成本为基础便形成制作公司的报价，以物料种类为单位整体报价，不再细分材质和印刷等细项，如一张海报多少钱，活动背景板喷绘多少钱一平米。最终报价与成本消耗之间的差额就是公司的利润。

4. 活动类广告公司

这类公司以线下活动为主，为客户进行活动策划和现场执行。活动的报价通常不含策划费和设计费，更没有年度签约的月费。活动类广告公司的主要收入来自价格差，一个活动所涉及的物料制作等费用由制作类广告公司提交给活动公司，这笔费用相当于活动公司的成本，一般而言，在这个成本的基础上，增加 30％～40％，再提交给客户（这是比较平均的数字，也有加好几倍的），最后再加上 15％的代理费（因为他们也属于广告公司，收取代理费是广告行业的惯例，不收点代理费哪能叫广告公司呢）。

当然，如果客户坚持要降价，他们会毫不犹豫地把代理费给去掉，然后美其名曰为了表达诚意，我们不收取代理费。实际上，相对于活动本身报价的差额，这 15％真的不重要（此刻我是多么的希望这本书并不会受欢迎，不要让大多数广告主看到，否则那些以活动为主的公司的客服人员会骂死我。唉，做人真难，做一个说真话的人更难啊）。

当然，作为客服人员，你也可以告诉客户，我们的策划和设计都不收取费用。但天上不会掉下午餐，天下也没有免费的馅饼，试想如果项目上没有利润,广告公司如何运营,广告人如何生存?

四、广告公司常用词

1. 甲方乙方

冯小刚的电影《甲方乙方》一定看过吧,花钱买梦想一日游的就是甲方,受委托去完成这个梦游的就是乙方。

所以,客户是甲方,广告公司是乙方。

但有一点需要说明,甲方用人民币是为了买乙方的创意和服务,这是一种生意,不是心意。生意就是我花了钱,你就得让我满意,虽然我们经常花钱买东西买回来的是生气。我们是乙方,要让甲方满意,就必须提高我们的创意能力和服务质量。所以,不管自认为自己的创意多牛逼,如果客户不满意,请用"我们是乙方"来安慰自己。当然,众所周知,这种安慰多了于身心健康不利,那就把音乐声音开大一点,或者到 KTV 吼出来吧。

2. 线上

主要指依托各类传统媒体(如报纸、广播、电视、杂志)或各类新兴网络媒体等资源开展的相关宣传活动。

3. 线下

主要指依托各类终端媒体资源开展的相关活动,比如我们经常看到的很多大卖场前各大厂家搞的那些搭台子唱戏、商场里商家组织促销员搞的那些免费赠饮、街头巷尾发送的各类单页等。

4. 飞机稿

"飞机稿",英文名叫"Scam Ad",即假广告。这里先说一句,我们在媒体上看到的广告作品是广告公司依据广告主要求为广告主创作的,经广告主认可并为之付费得以出街的作品。而那些并非按广告主要求创作而由广告公司自行创作和制作的广告作品并非广告主真正批准出街的广告作品,即飞机稿。飞机稿带有很强的自 High 成分,很少考虑商业上的需要。具体可分成两类:

(1)自发稿,主要指广告公司在未经广告主要求和知晓的情况下自发为广告主创作的广告作品。依据广告主是否为之买单,又可分为客户付款的自发稿(得到广告主认可并为之买单的自发稿)和广告公司付款的自发稿(广告主不买单,广告公司自己承担制作费、媒体投放费等全部费用的自发稿)。

(2)广告公司版本,即所谓的"Agency Version",这类广告作品跟电影的"导演剪辑版"异曲同工。生活中,我们看到很多媒体上播放的广告作品,基本都是经过客户"指点"、"修改"过的,就像我们在电影院里看到的那些电影多是由于某些原因被剪辑过的版本一样。那些没有因为某些原因而被客户修改过的、更贴近广告公司原来意思的广告作品即广告公司版本。

5. 工作单

也叫简报,它的洋名是 Brief。它是客户部经过和客户的商讨,知道客户要什么,然后写在纸上告诉创意部客户要什么。工作单通常包括四个 W 和一个 H:即对谁说 Who、说什么 What、怎么说 How(是电视广告、平面广告还是什么,这里包括通过什么媒介说,即 Where)、完成时间 When。

创意部的工作必须按照简报的要求来进行,原则是有简报的工作才是工作,就如有户口的人才是人一样。广告公司时常有这样的现象,创意冲着客服叫嚣:"不要多说! 要我干活,拿老大签字的 Brief 过来!"这个层面上,简报是创意和客户部的工作证明,也是广告公司向客户要钱的依据。创意工作单是广告公司除了人之外最重要的工具,没有之一。让我们牢牢记住一句话:no brief, no job。

6. 比稿

顾名思义,就是几家广告公司在客户面前比一比自己的稿子。看似简单,实际上对广告公司来说,这是非常重要的事情,因为这直接决定了你能否签下这个客户。如果一家广告公司今年服务于这个客户,在年终比稿时没中标,就意味着原来服务于这个客户的团队(包括客服和创意)有可能被裁掉。所以每当比稿时,公司和员工都会拿着百分之一千的精力来做(陪标除外,陪标是什么?陪标就是陪着别人去竞标,只是配角,而客户只会把合同给最佳的主角,这是一场没有最佳配角奖的角逐)。

客户是否发起比稿,取决于上一家广告公司的代理合同,合同到期前便开始邀请或者请人推荐几家广告公司,就好比老师出题,学生应考,老师出的考题通常是客户品牌下一年的推广计划。有些大客户还会把比稿分为好几轮,像超女选拔一样,一轮接一轮地选。第一轮海选,第二轮前三强,第三轮总冠军,冠军的奖品就是一份广告代理合同。对于广告人(尤其是创意人)来讲,比稿是广告公司里最锻炼能力的事情。因为你接工作时,不再只是一张简单的工作单,还需要跟客服、策略一起,从市场、竞品、策略等各方面进行深入了解,才能保证创意在策略的路上,你们是在朝同一个方向前进。

比稿的最终体现形式就是提案。

7. 提案(Presentation)

提案,也就是提着案子去给客户看,提的是案子,展示的是创意和策略。这些都是你案子里的思想,也是各部门同事创作的结果。当今提案一般用 PPT,有时也会把稿子打印出来贴在 KT 板上,一幅幅展示给客户看,如同网络新闻无法替代报纸新闻一样,人们总是喜欢近在眼前拿在手里的感觉。

提案与比稿提案虽然形式上类似,但有本质区别,提案面向签约客户,比稿提案面向你想要签约的客户。当然不要以为客户已经是我们的,只要提一提就行了。如果你抱着这种想法去提案,你的提案一定会失败,如果你抱着这种想法上班,你的班一定很快就有人来代替了。

提案也需要很多技巧,提案之前像看电影一样在脑子里过一遍案子,直到每个环节都通畅,如果有不通的地方,一定是案子的问题,修改,直到你觉得通畅为止。再安静地想想,各部分内容的重要程度,最重要的地方一定要花最多的时间来讲,如果你的创意牛逼,就要不遗余力地去表现。其余部分都是为你最重要的内容作铺垫和引导。面对客户时要自信,即使案子不够完美,但无法再修改,此时你只能想:"事已至此,无论怎样,我的案子是最牛逼的!"然后想像自己站在世界最高峰,用最有力的表达说服面前的客户。偶尔观察客户的反应,因为有些你认为不重要的地方客户也许会很注意,这样你可以及时调整提案速度。总之,给客户最想看的,说服他,征服他。

8. **广告代理商**(Agency)

广告公司,传说中的乙方。

9. **广告主**(Client)

客户,传说中的甲方。

10. **广告活动**(Campaign)

有时称为"运动"或"战役",从"战役"二字你便可看出,这是客户品牌或产品的一次大型宣传活动。其实说白了,这样一次"战役"有四个关键:(1)确定你想说什么(广告信息);(2)搞清楚你想对谁说(受众);(3)你怎么说比较有效(诉求、表现);(4)什么时候花多少钱说最合适(媒体策略)。

11. 广告语（Slogan）

品牌层面的广告语，包括企业品牌和产品品牌，如丰田的"车到山前必有路，有路必有丰田车"。

12. 广告标题（Headline）

广告标题，广告作品里最重要的文字内容。标题通常是广告诉求点的表达，放在画面最明显但又与画面不冲突的地方，是消费者第一眼看到的广告内容。标题的好坏，决定消费者是否有兴趣看接下去的广告内容。判断一句话是 Slogan 还是 Headline，最容易的方法是，Slogan 与 Logo 放在一起，Headline 则在画面中。

13. 广告内文（Bodycopy）

就是平面广告里字体最小的那一部分文案。看广告的人不多，看广告内文的人则更少，所以它的可读性与信息传递的准确性显得尤为重要。

14. VO（Voice over）

TVC 旁白，就是你看电视广告时闭上眼睛能听到的所有文字。

15. Layout

通常意义上是设计稿，用于提案所用的广告稿。像素较低，无法用于印刷，仅限于电脑上观看。

16. 期限（Deadline）

字面意思是"死亡线"，从这你就应该知道这是一个很严厉的词，它代表着一项工作的最后完成时间。这个词在工作单里十分显眼，因为创意部要根据这个时间来安排工作，是否加班或者加多久的班，都基于此"线"来安排。通常这个时间由客户来定，但作为客服的你，请尽量为同事争取时间，这是客服的必备能力之一。如果每次你都只给创意几小时创作，创意怎么可能做出好创意，结局即是整个团队重复劳动，而重复劳动是广告公司最浪费资源的事情。

17. 完稿

能够出街的稿子,Layout 的最终形态。Layout 通过电子版形式经过客户认可后,即出完稿,高像素,能根据各种媒介需求出街的要求。

完稿也是一个职位,指制作完稿的设计师,从这个层面上讲,完稿是一份技术活,照着 Layout 的样子做,能做到一丝不差也算是完美。

18. 样稿

完稿出来后的第一站是四色打样出样稿,广告公司内部所有参与这张稿子的人员——客服人员、客服总监、文案、美术、创意总监都必须仔细校对并签字。然后由客户人员交由客户确认并签字。签字就代表着要对它负责,如果错了,哪怕是一个标点,所有人都脱不了干系,当然客户永远只会说是广告公司的错。这种时候你一定把客户当成女朋友,并且遵守以下三条守则:

第一条,女朋友永远是对的;

第二条,如果女朋友不认错,你还说女朋友错,那就是你的错;

第三条,就算女朋友真的错了,请参照第一条。

19. PPM

PPM 是 Pre-Product Meeting 的缩写,即制作准备会,是在电视广告拍摄前,与客户沟通整个制作流程中大小事项的会议。在一次 PPM 上,广告公司制作部向客户提交并详细阐述一套以上的制作脚本(Shootingboard)、分镜头图、导演阐述、灯光影调、布景方案、演员采用(casting)等内容,供客户选择与确认。若第一次 PPM 后无定论,在拍摄周期前根据时间弹性还将出现 PPM2、PPM3……直至最终确定制作方案(Final PPM)。

20. A-copy

A 拷贝,就是经过初剪,但尚未制作视觉特效、没有音乐和旁白的版本。当年金刚狼泄露版就被戏称"高级 A 拷"、"毛胚片",钢丝还未清除,打斗也无特效,三维动画与真入场景交替出现。广告片的 A-copy 就是类似的"未成品",用于提交客户以获取他们的修改反馈,然后再开始精剪和制作。你想,向客户提交这种无润色的"阶段性成果",他们有可能难以理解,甚至产生不必要的惊慌或提出计划外的修改意见。所以,很多制作公司或部门会将 A-copy 完善后才提交给客户。

第 2 节

ADVERTISING
广告公司与客户的关系

现在我们要谈谈广告公司与客户的关系。"关系"是一个很暧昧的词,提到关系就有点说不清道不明的神秘。把两个人弄进一个房间,关上门系在一起。关系也是一个很复杂的词,偶尔关心保持联系。关系还是一个很具挑战的词,你要攻破我的关,才能把我和你系在一起。关系更是一个很具中国特色的词,门开了又关关了又开,人来了又走走了又来,最后不知道你跟谁系在一起。

以上对于关系一词的解释,都可以用来理解广告公司和客户的关系。

首先我们再来看一组漫画。

图 2.4　马克《正港设计师解析之设计案执行过程》①

———————————

①　马克：《正港设计师解析之设计案执行过程》，http://blog. sina. com. cn/markleeblog http://t. sina. com. cn/markleeblog。

一、司令员与参谋长 or 上帝与奴隶

上面那组漫画,确实描绘了广告公司经常出现的情况,那些OS我们在心中也不时念着,它完美地体现了"客户难养"这一句感慨。

客户与广告公司的关系,一方面客户是广告公司的衣食父母,他们决定了我们能不能有钱养家糊口;一方面因为现代社会强调平等,"主子与奴才"这种形容理论上是不合理的,所以我们其实更应该是"平等"的战友关系,有广告人认为这就好像"司令与参谋长"的关系,发号拿决定的还是司令,但他怎么都得倾听、采纳参谋长的意见。

事实上,严格意义上的广告公司和客户间的关系应该是平等合作关系,各尽所能,各取所需。没有谁高高在上也没有谁低低在下。当然,这些都跟乌托邦一样理想,有空理的时候想一想,没空理的时候想都别想。实际上在广告圈中,"客户是上帝"的观念还是颇为盛行的。"我掏钱,我是你大爷,我让你干嘛你就得干嘛",有这样态度的客户也并不鲜见。广告公司的各大总监,更是被戏谑地称为:"总监、总监,总被'强奸'。"

在我们给客户的报价单里有这么一项:代理服务费。这一项列得很清楚,虽然我们是代理商,亦属于服务性行业。餐厅里的服务员属于服务行业,路边的站街女也属于服务性行业,从行业性质上看,我们都是同行,所以你经常会听到或看到很多"饱受摧残"、怨声载道的广告人把自己比喻成站街女。但周总理有一句送给广告人的话,他说,"工作没有高低贵贱之分,只是社会分工不同"。每当你觉得被客户"强奸"了的时候,想想周总理的话你会不会坦

然一些。

　　为什么广告公司与客户之间的这种本应"各取所需"的合作关系,总是剪不断理还乱,矛盾重重、怨念重重呢?或许主要的原因,一是客户占据了我们太多的时间和精力,二是耗时耗神的成果却时常得不到喝彩。

二、加班的恶性循环

　　广告圈存在一种恶性循环:广告公司把客户当成上帝,客户把广告公司当成奴隶。一个实际上需要五天的案子,为了赶进度,我们加班加点二十四小时不睡周末不休的,为客户做创意写案子赶在三天内完成(当然这都是客户逼出来的)。当客户三天后看到案子时对你说:"不错嘛,三天时间做出这么好的案子。"不要把这当成夸奖,要把它当作过眼云烟。因为接下来再遇上同样的事情,客户也许只会给你两天时间。如此循环,客户会把广告人加班看成家常便饭,似乎不让我们加几个班他们心里就不舒服。

　　在服务于某韩国电子品牌时,我就曾经遇到过这样的事情:客户周五上午通知我们下午去开会,会上简单说了项目背景后下达任务,补充说:"这样吧,我给你们三天时间,下周一上午 10 点前交方案。"看吧,我们的周末在客户面前就是工作日,还算上即使散会已是下班时间的周五。我无奈地发了声感叹:时间原来可以这样算啊。客户又理直气壮地说,你们广告公司不是都晚上上班没有周末的吗?

　　所谓明"贱"易躲,暗"贱"难防。很多时候我们认为客户太贱,实际上都是被我们的"贱"养出来的。但又有什么办法呢?这个行业已经是这样,如果你害怕加班耽误你的青春,苍老你的容颜,趁早离开吧。广告圈中因为没时间陪女朋友逛街吃饭看电影聊天发呆数星星的人大把大把的,亲爱的人儿啊,除了说声请你理解,我们只有无奈啊。

三、我们不是奴才,我们卖创意——沟通大于妥协

有一个客户坚决要求我们将他们产品描述成"万能神药",我们不干,他就离我们而去了。但没多久,在另一家广告公司为其策划的广告中,就出现了"万能神药"的字眼,明晃晃地登在一家大报上,看到此,心头不禁悲哀。客户终于胜利了,那家广告公司也勇敢地将自己的名字写在广告一侧,背地里说不定还在跟别人说:"你看,我们把采纳公司给打败了!"

——朱玉童,深圳采纳营销策划公司总经理

"顾客是上帝"这句话,在其他服务行业,确实是可行的,顾客通常消费的结果是感到方便舒适。然而客户消费广告公司的服务,通常是希望改善市场现状,这种改善需要通过共同努力、通过纠结痛苦才能达成。如果对客户一味盲从,提不出高于他们的建议或理念,不能为其闯荡市场提供利器,也就失去了我们身为广告人的创意性,失去了广告行业存在的必要性。

因此,在客户盲目摆"大爷谱"的时候,敢于"顶风而上"、敢说逆耳忠言是很重要的。当然,在说服客户采纳你的大体创意、策略之后,懂得在创意执行上退让一步,让客户感到他们仍然"大权在握",他们才是决策者,是维持良好合作关系的好办法。最理想的合作关系是客户热爱你的创意,不仅买单而且欢欣鼓舞,但这很不现实;现实中第二理想的合作关系是:卖出创意,然后各退一步。

　　毕竟客户也有权改我们的东西，我们是代理人，不是主子。这也是每一个广告人都纠结的问题：最好的创意往往得不到最终的执行。因为我们通常从宣传点出发，一心着眼于消费者、着眼于创意，忽略了客户。我们做创意表现的时候，通常着重于表达与创意相关的元素，所以提案后客户通常会要求把品牌的 Logo"再放大一点儿"，把这个产品"再突出一点儿"……这仅仅是一些小修改，对于我们熬夜加班做出来的稿子而言，已经算是最仁慈的改动要求了。更经常的情况是，客户并不接受我们的这一套创意，究其原因，有可能是我们忽略了产品或品牌的特性，而客户比我们更加了解；有可能是我们的创意过于前卫让客户难以接受，因为客户永远不会明白一个创意是如何诞生的，他们只看结果，他们是每一个广告要面对的第一批人，比我们更加站在消费者的角度来理解广告，如果我们的创意不能说服一小众人，又怎么面对大众？

　　这样看来，广告公司与甲方之间的纠结没有绝对的对与错，只有对味与不对味，这就需要通过沟通来提高效率，这就是为什么广告公司总是需要有客户部的原因，沟通嘛，广告本身就是沟通，如果广告人自己都沟通不好，又怎么能做出能与消费者沟通的广告呢？

　　当然，说了这些并不试图说服，有时候最需要的不是创意，而是客户最能接受的。如果你所在的公司和你的客户都持这种观点，那么你们的作品永远不会最有创意，作为广告人，这是最郁闷的事情。广告公司与客户签订的合同服务期限通常都是一年，这意味着每一年合同到期时都会有一次年度广告代理公司招标，也就是传说中的比稿。对于广告公司来说，比稿是最需要创意也是最有机会表现创意的时候，对于客户来说，他们将选择最有创意的广告公司。虽然合作时他们需要的并不是创意，但作为广告公司、创意机构，以创意胜出才是最大荣誉。如果创意表现平平，客户凭什么选择你？这就好比你新搬的家要安装网络，有几个同等价格的选择,你总是会选择最快的一家,虽然你平时上网不需要这么快,但在你最需要网速的时候,它能满足你。

四、不那么高明的"司令"
——中国客户的普遍素质

中国广告行业的确处在较低水平上,中国客户的普遍素质也是很令人担心的。很多企业,都是在改革开放后、90年代逐渐稳固自己的脚步,他们的品牌观念也正处于"市场经济发展的初级阶段"。很多企业看到同行竞争者在哪儿做了个什么样的广告、吃到了销量飞涨的甜头,也就看到广告的"可为之处";于是开始意识到做广告的必要性,但仍不能很好判断如何做广告才有效;他们的观念尚处于"效仿一个已经被证明有效的广告",或者简单的"重金砸央视时段"……

T,某国际 4A 广告公司 AM

客户……真是个头疼的问题。我在广告公司待了三年半,常常遇到一些"极品"客户。

首先是观念问题。

本土客户和国际客户最大的区别就于品牌观念的差别。国际大客户通常知道什么是品牌,本土客户往往只知道怎么卖货,至于如何可以"让自己的货卖得更贵"却从来都不会去想。打一个比方,有个客户为了面子,在央视投放广告,他们认为自己只要在这样的大牌媒体做了广告,就肯定会带来销量。可是他们花了3000万买广告时段,却只愿意花30万不到的资金来拍摄那支 TVC。他们不会关注广告的品质,他们只要求去"做广告",至于做得如何就无所谓了。"做了就 OK 了",就算最后央视上播放的广告画面都是糊的,他们也觉得 OK,因为"能省则省嘛"。这就是观念上的问题了。

其次是眼光问题。

本土客户很少看得很长远,往往都一直关注着眼前的小利益,不会想到放弃眼前的一点小代价,可能带来未来的大收益。

还有,他们个个都是创意总监!

这是广告公司经常遇到的情况。客户虽然决定用你做他们的代理商,可他们并不一定相信"专业",他们不明白什么叫"放手"、什么叫"专业的事给专业的人去做"。比如做一个很小的小稿子,往往从上到下很多个领导出马,每个人比手画脚一下,列出一大堆修改意见,只差没有说:我一定要红底黑字、对联类型的。这样对创意来说实在太痛苦了,见到对配色和版式的意见,很可能直接导致创意的流产,就算你怀的时候是个爱因斯坦,生出来的也只能是凤姐。

除此之外,他们个个怕事,个个怕责任。

出现问题,一定是广告公司的错,可能是广告公司没想到,可能是广告公司想错了,可能是怎样怎样……反正客户一定都是对的。经常遇到一种情况,约一个会议,让大家来定个东西,结果海聊几个小时,什么都没定下来,没人敢做决定,因为怕责任。好不容易找了大老板来决定了,按着决定去执行。结果出现了问题,就是广告公司的错误了,因为谁也不会说是大老板的决策错误,老板怎么会错呢?! 但是为什么会出现问题呢? 谁也懒得去辩解,只是想这次该轮到谁倒霉而已。

通常大多数客户的效率也很惊人,惊人地低。他们一般都比广告公司有更规律的工作生活,但任何事情指望他们在规定时间内提供回复是很难的。并且因为他们拖延,压缩了整体时间,最后我们的制作时间变短,但是结果呢,客户却会生气,为什么你们都没有早点提醒我!

还有一点是他们很容易虎头蛇尾。

一个案子刚开始总是豪情万丈、想法多多,越往后做越疲态百出。任何好的想法,需要的是执行,但是经常遇到的情况是有好的想法,但是却毁在很烂的执行上。为什么?费用问题、人力问题、执行力问题!这些问题都出在哪,大家应该想得到吧。

事实上,大可不用这么悲观。随着广告行业的不断发展,客户企业的媒介素养也有所提高,客户的广告部门也发展神速。随着越来越多广告人"退居"甲方,相信甲方将更能理解乙方的各种创意考量和个中辛苦,也更明白什么样的广告运动是有创意且能够切实致效的,甲方乙方的合作状态也可能更和谐。譬如前面这位遭遇"极品"客户的广告人,他最终跳槽甲方,也是去了一家自己的老客户,想必换一个视角干活之后,能带来大不同。

奥格威曾提出他挑选客户的10条标准(见下文)。[①] 虽然在中国,挑选客户似乎是一件很奢侈的事情。大多数的小规模广告公司,长期处于能逮到一个客户算一个的境况;好一些的4A才有资格看着小客户说:这家赚不到钱,算了!但看看大师接客户的原则,或许可以对我们看待客户有所启发。

(1)来找我们做广告的客户的产品必须是令我们引以为骄傲的。律师可能要为一个他明知有罪的杀人犯辩护,外科医生也可以为他不喜欢的人开刀。但是职业性的超脱在广告行业里是行不通的。一个撰稿员为某种产品创作的广告如果要有推销力,那么这种产品必须对这位撰稿员个人有某种吸引力。

---

① [美]大卫·奥格威:《一个广告人的自白》,中信出版社2008年版,第63~65页。

（2）除非我们确信我们会比客户的前一家广告公司干得更出色，否则我们不接受他们的聘用。

（3）我谢绝产品销售长期下降的客户。出现销售不良的情况，几乎总是因为产品存在缺点，或是因为厂家管理不善。这两种缺陷是不论多少好广告也补救不了的。

（4）搞清楚可能成为你的客户的广告主是不是希望他的广告公司有利可图是很重要的。拒绝那些会让你连衬衫都赔进去的客户。

（5）如果一家客户看来于你无利可得，他能促使你做出出色的广告吗？有些暂时不能从他那里赚到很多钱的客户，可以给你宝贵的机会大显创作力，从而带来众多潜在客户。

（6）接受一个客户之前，你需要弄清楚，你是否确实可以和他愉快地相处。

（7）我谢绝把广告看成全部营销活动中的边际因素的客户。拒绝那些每逢别处要用现钱，就从广告费上打主意的客户。

（8）我不接受实验室测试还未完结的新产品，除非这种产品是已经投放全国市场的另一种产品的必不可少的部分。

（9）如果你有创作有效广告的抱负，千万不要揽"协会"为客户（这里说的"协会"客户，其实有些类似政府客户。他们大多数活多钱少、话多点子少，嘴里政策条文一套一套，左一句 XX 领导认为，右一句 XX 长官高见，与他们开会，需要花大量时间将你们的对话提取主干，最后还不一定有内容；并且他们层级干预望不到头，随处可见管事儿的领导，即便这一位颇有远见，上面还牵着九十九位不知远见到哪儿的领导，这比一般企业还糟糕，起码一般企业客户你只是遇到装作领导的职员，而政府客户你需要服侍的，确确实实是一帮领导）。

（10）有时可能成为你的客户的广告主提出和你做生意，但有条件，要你雇一位他认为在管理他的广告方面不能缺少的人。这样做的广告公司的结局是,招来了一帮子政客搅乱公司的行政,导致部门不和。谢绝雇佣客户希望放在你公司的"政客"。

五、如何维系客户

奥格威认为婚姻中的"七年之痒"也存在广告公司和客户之间,他说,一般的客户每七年要换一次广告公司,他会腻味他的广告公司,和美食家会腻味他的厨师的菜肴差不多。事实上,在高速运转竞争激烈的时代,"七年"已经是个很难达到的数字,如前所说,广告公司与客户签订的合同期限通常是一年,除非这期间合作非常愉快,否则一年后将有一次新的招标,能否续任,各凭本事。

事实上,丢失一个大客户,对广告公司而言,常常是重创甚至是致命的,尤其是规模较小的广告公司,很有可能因为一个大客户合约的终结而丢失半壁江山甚至寿终正寝。这其实也是广告行业让中国父母一辈惴惴不安的一个原因,尤其是思想老旧一些的,总会担心孩子所在的公司哪天就倒闭赶人了。所以,对广告公司而言,套牢客户、发展新客户,就是有关命脉的大事。

维系客户首要的第一件大事,就是同客户保持紧密联系。这句看似废话的话,执行起来却颇为辛苦。

一般来说,广告公司按照客户将员工划分为一些小组,很多小组并不只服务那一个客户,所以要在紧张的工作之余同许多客户大爷保持紧密联系是一件费时费神的事。一般客户部的组长或者总监都通常与客户高层,或者是负责运营的主管,都保持比较紧密的联系,但其实双方职员之间千丝万缕的私交、"公"交,更是辅助套牢客户的"大网子"。也就是说,我们需要与客户每个阶层的职员保持联系。

比如你服务的客户有个脾气暴躁的总监,那么小 AE 同他的小秘书搞好交情,就可以知道其老板当下是不是正在火气上,是否适合过稿,是否适合提案,什么时候适合贩卖更冒险的主意?个别时候,会遇到夫妻双方一个在甲方一个在乙方的情况,他们在生活上我选择了你,你选择了我,这是我们的选择;在工作上,我们也选择了对方。当然两层意义上的夫妻关系和合作关系也会相互影响,比如生活上闹了点别扭什么周期来了什么生活不协调之类的,对工作都会产生一定的影响,起码在这种时候,乙方的过稿率会低很多。

客户是我们的主子,他的工作情绪、生活节奏,恨不得柴米油盐,都是我们要关心的事情,客户的大事就是我们的大事,客户的小事就是我们最重要的小事。夸张地说,你得随时跟他保持联系,以便知道他哪天失恋了、被领导骂了,然后根据情况适当调整应对策略。在他孤独的时候记得请他吃个饭陪他聊聊天;在他有喜事的时候,记得恭喜他,甚至送一束花;如果他对某个品牌情有独钟,在你外出旅游或出差的时候记得给他带点他所在地买不到的产品。就如大师奥格威认为的:对广告公司来说,最危险的事莫过于依赖单一的个人来联系客户。要是一家大厂商的总裁聘用你的公司做他的广告代理是因为他喜欢你们的总裁,那么,你必须马上采取措施,在低一些的层次上和他们建立关系。只有广告公司在各个层次上和客户都建立稳固的关系,你才能指望比较长期地代理这家客户的广告业务。

与客户紧密维系关系,还有一个很好的办法——变成他们的一员。有时候,人们很爱说"换位思考",要求广告人以客户的眼光看待问题、贩卖产品,这其实还是一个操作起来有些"虚"的方法。将其落实下去的一个好办法就是,购买客户的产品。当然这是有一定风险的,但它就使你不得不将自己视为客户一员,从内心深处实打实地想要贡献力量了。

六、如何搞定客户

接下来,我们来谈谈如何正确地处理好与客户的关系。当然,在这里我们不再讨论广告公司与客户的关系维护,而是讨论当你作为一个广告人,尤其是客服人员,在日常工作中应该如何更好地处理客户关系。因为作为客服人员的你,将是广告公司日常工作中与客户联系的最直接对接人,团队的所有创作结晶,都将通过你提交给客户。

1. 首要因素当然是你的专业

对于客户的品牌、产品和服务,你必须深入了解:与竞争对手相比的优劣势;当前的市场环境如何;客户目前最想做的是什么,是提高品牌知名度、还是提升产品销量;基于客户的目的当前最需要做的是什么……即使你无法提出好的建议,你的分析和理解都将为创作团队提供很大的帮助,团队的创作成果能更容易让客户接受,你也能获得客户的认可和信任。无论有多少客观因素,专业永远要放在第一位。在广告圈,不论是对客户还是对广告公司,专业的人才能受到尊重。当然,请你适可而止,别变成"砖家"。

2. 排行老二的是"尊重客户"

自恋是广告人的一大特征,突出表现在对自己作品的溺爱上——自己的作品好,很好,非常好……当客户对我们的作品"指指点点"时,总是会暗自不爽,感慨"客户不专业、外行、不懂"。甚至会出现轻视、应付客户的情况……无论客户对与错,大与小,我们都要记住一点,尊重——尊重客户的需求,尊重客户的想法、尊重客户的团队。在尊重基础上去服务客户,与客户沟通,实现与客户的共赢。

3. 排行老三的是"了解客户"

如果创意不能为广告目的服务，再好的创意都是浮云。而广告目的的明确，正是基于对客户的了解，对客户需求的了解，对客户现状和未来规划的了解。了解客户真正所需，提供客户想得不周全的环节和思路，"想为客户所想，思为客户所思，行为客户所行"，才能获得客户的尊重。把客户当成你的恋人，谈一场不谈感情的恋爱，了解她帮助她满足她。

如同你在大学四年并不一定比你在广告公司干上半年进步更快，任何纸上的理论都比不上实践。文字和语言只能帮助你少走弯路或者避免走错路，脚在你身上，路是自己走出来的。如果你非得往死胡同里钻，那我也只能为你送上街角的祝福。

也千万别把广告人的客服工作想得那么复杂，当你跨进公司着手工作，无论广告是你的理想还是噩梦，它都只是一份工作而已。唯一的区别在于，当你把广告当作理想，你就会从中体会到乐趣；当你把广告当作噩梦，你就永远活在噩梦中。如果非得把悲伤留给自己，倒不如换个世界观愉悦自己。

第 3 节

ADVERTISING
广告江湖广告奖

现代广告业在中国发展尚不算久，但洋快餐进了大陆都要卖豆浆油条，因此现代广告业不免沾有"中国特色"和国民特性。通俗讲来便是中国广告业可谓一个江湖，不时刮起血雨腥风；各大广告奖就如武林盛会,吸引各路人马前来比拼,企图在江湖中立足甚至扬名立万。

李安的电影《卧虎藏龙》里,玉娇龙偷了李慕白的青冥剑,在江湖上惹出许多是非,事后各位侠客均在李大侠面前委屈哭诉玉娇龙"不懂道上的规矩"。这里的"道"不是老子一生二二生三三生万物的"道",其实只是"江湖"的别称,用现在的流行词汇来讲,就是"圈子"。别以为武侠小说、影视剧里闹腾得欢,打尖住宿遍地是悦来客栈,看见小二张口就喊一坛女儿红两斤酱牛肉,妓院赌场里必定有镇场子的狗腿护卫,其实啊,真正混江湖的人少得很,大碗喝酒、大口吃肉的基本上是土匪流氓无业游民。"道上的"就是一个小圈子里大家一起玩,"规矩"就是大家想正经玩了制定一个规则,好比玩"三国杀",张三想砍李四,李四一个"闪",张三就砍不了李四,大家坐下来一起和和美美或者钩心斗角地玩儿。

中国广告业便是这样一个圈子:

江湖里有魔门正道,广告圈里有甲方乙方;

江湖里有鹰犬六扇门,广告圈里有十二部门;

江湖里有少林和武当,广告圈里有奥美和分众;

江湖里有易筋经和葵花宝典,广告圈里有 360 度品牌工具和 TTB(全方位品牌传播);

江湖里有武林大会和英雄帖,广告圈里有各大广告节和公司的飞机稿……

一、奖项之于广告人——"比武招亲"的利器

百晓生是古龙虚构的一个人物,此人擅长整理各类排行榜,在信息交流不通畅的情况下为各位"道上的"朋友提供一个简单了解

江湖情况的渠道。与此作用相类似的是经常出现在其他平行江湖里的"武林大会"——文无第一武无第二,好嘛,大家一起打一场不就知道谁牛逼谁怂货了?

而在广告圈子里,甲方们的情况基本一目了然,通过市场盈利情况以及愿意付出的月费说话,乙方们就比较复杂,毕竟有的广告公司擅长代理电器类的,有的擅长代理化妆品类的,还有的压根只会做媒体代理,不可能站在一个场地上竞赛。所以甲方们想出"比稿"这种方式,就像"比武招亲",邀请或公开征集几家广告公司一起出方案,从中择优录取。

比稿时,乙方的公司简介是很重要的资质文件,这个公司简介通常包括公司曾经荣获某某广告奖之类的说明,这是为什么呢?

老丈人面前站了两个求婚者。甲老老实实地说:"本人王大牛,家住城西王家庄,良田二十亩,老水牛一头,父母双亡家中独子。"乙手举一束稻穗说:"本人田忠辉,人送外号会种田,一亩地收成顶别人一亩半。"你们说,老丈人会选谁做女婿?

甲方选择乙方是因为相信乙方能给甲方带来好的创意,提高品牌价值或增加产品销量,乙方要想证明自己足以胜任,显然以过往的优胜成绩作为例证更具说服力。而在某广告节擒获重要奖项,则是终南捷径。《天龙八部》里苏星河摆下珍珑棋局数十年,小和尚虚竹无意中破之便鱼跃龙门成为逍遥派传人乃至坐上灵鹫宫之主的位置,这应该是投入与产出比值最大的一次飞机稿。

二、飞机稿的含金量：意淫的缝隙

广告圈子与江湖相比还是有些小小的不同,表现在,江湖规矩讲究尊师重道,不得随意变更门派,而广告圈子里则跳槽频繁,因为跳槽＝升值＝加薪。很多时候，作为创意人员，获得广告奖项在跳槽谈薪水时能起决定性作用。

大学时就可以参与金犊奖、金铅笔等专门针对学生或者设有学生项目的奖项（详见后文），不想当将军的士兵不是好士兵，参加比赛就是要拿奖，这样的话，即使最终不获奖，也可以让自己全力以赴。多参加比赛，一方面，可以积累经验，另一方面，如果有机会拿奖，将是你简历上精彩的一笔。

真正进入广告公司之后，是否参与广告奖就不再是你一个人的决定。这主要取决于你所在的创意团队平时的创意作品积累，如果有特别好的创意作品，CD 或者 ECD 会主动提出拿去参加比赛，而你将是创作团队里的一员。大多数广告公司平时都会抽出时间来作飞机稿，作飞机稿的最主要目的是锻炼创意人，有些公司甚至会专门在公司内部设立一些比赛，以创意小组为单位进行比赛。像 BBDO 这样的 4A 公司，还会有一些跨国的内部比稿，设在全球各个国家的分公司以同一个客户为标的来进行创意比稿。

每到广告节征稿季，创意人员更是趋之若鹜，甚至有公司专门组织内部攻关小组、全力以赴批量生产飞机稿。飞机稿的署名作者则是郑而重之地从 CD 到 CW、从 AD 到 AM……依次而下，完美地体现屁股决定脑袋。

H，某企业文宣部门策划

我刚一进公司的时候，恰逢"中广节"征稿契机。某一天设计部主管突然找我过去，递给我一个 U 盘道："中广节到了，你回去研究研究这个，找找灵感，想出一些个创意与文案后回来找我，如果创意不错，我们碰一碰把你的想法做出来。"我打开 U 盘一看，装满历届广告大奖获奖作品，原来主管是打算让我将这些消化了，吐出一个新点子……

这种"为拿奖做飞机稿"的目的性行为,想必每个公司都有,难得的是,我们这个企业,往年还确实拿了几个小奖项回来。

不过千万别把飞机稿跟足球点球"打飞机"相提并论,很多时候飞机稿的创意性极佳,蕴含了一批创意人员的灵感表现,但再好的飞机稿即使获了奖,也很难入甲方的法眼,得以真正大范围出街。飞机稿的创意人员最后只能把打印出来的作品折成纸飞机,吹口气,掷出窗外,这也正是"飞机稿"的由来。毕竟,创意和商业价值很难划上等号,其关系可参照电影圈文艺片与商业片的关系。

但是广告人创作飞机稿,可远比电影导演创作文艺片来得轻松自在多了。做飞机稿时,再放肆、再嚣张的创意,都可以不考虑完稿时间、客户喜好及预算。所以,做飞机稿是经年被催稿之余的放松、体验之旅,这个时候的团队合作都格外和谐畅快,因为只有一个原则——创意为王。有人说广告人总是无休无止地意淫,意淫那些远在天边的广告大奖。这话真有点辛酸,通常只有在创作飞机稿时,广告人才可以畅快地发挥,颇有点夹缝中"意淫"一片广袤蓝天的意思。

三、飞机稿与广告实效

广告的最终目的是产品的销量,而不是获奖。评判广告效果的唯一标准是销量,只要这一点成功,广告具体使用什么形式都是不重要的。

——罗瑟·瑞夫斯

现在业内有一个现象，几家 4A 关起门来，就可以搞出一个广告奖。这种为了得奖而设的奖项，从一开始就针对极小的受众。也就是说，这些获奖广告，多是为了创意而创意，时常"创意"到了玄乎的程度，不但普罗大众看不懂，广告主也看不懂，甚至广告同行、创意团队的另一个人也不一定能看懂。为了"光明正大"地参评，或许广告公司自己掏点儿钱，把这些被客户淘汰、pass 的稿子，拿到小媒体上亮亮相，再回去评个奖。这就背离了广告以消费者为导向、以市场为衡量的本质。那些创意人，也越发陷入自娱自乐的窘境。

这种现象，与中国广告行业的发展阶段及国人的媒介素养不无关系。广告是经济基础的衍生物，社会的经济发展水平，直接决定同时期的广告所处的阶段，决定同时期消费大众的广告审美能力和接受水平。由于经济发展有初级阶段、中等发达阶段以及高等发达阶段，所以经济社会的广告发展，也要经历民族（政治）性广告、纯经济功能广告和艺术（意识形态）广告三个阶段。目前中国尚处于"基本渡过了'省优、部优、国优'满天飞的混沌初期，开始从纯经济广告走向艺术（意识形态）广告阶段发展之中"。① 我国消费大众对广告的理解与审美水平，尚需要一段时间的发展，广告主也深切明白这一点。他们对广告的要求，是能让自己的目标受众理解，能让更大多数理解与鉴赏能力有限的大众接受，更注重实效。这种实效，与现在各类广告奖项追求类似"纯艺术"创新要求有偏差。这其中的偏差，就是令广告人纠结、在飞机稿的夹缝中求创新的原因。等中国现在的年轻一代成长为中年人后，相信大众的审美情趣可以达到西方广告行业发达国家的水准，届时这种窘

① 迟竹强：《创意人你要获奖还是吃饭》，http://baike.baidu.com/view/2065029.htm。

迫的状况应该可以缓解。

当然，现在有一些大奖，尤其重视广告的实效，重视广告在现实市场中的销量与影响力，例如艾菲奖就特别设立"实效广告奖"。一些更清醒的广告人指出：幽灵作品（飞机稿）获奖，其实是广告奖褒奖美中不足或者略偏颇之处。毕竟所有的广告奖，建立与推广的初衷，都是鼓励实战，加大广告创意交流，而非邀请全球各广告公司进行飞机稿大创作。

当今广告赛事明显有一个变化——顶尖的广告赛事禁止飞机稿参赛。从 2009 年开始，戛纳广告节、克里奥广告奖、One Show 等几大国际广告奖加大打击飞机稿的力度，制定了严厉的惩罚措施。比如 One Show 规定，用飞机稿参赛的广告公司，一旦发现将遭到长达五年的禁赛。

引起全球各大广告奖清剿飞机稿的源头事件是巴西 DDB 制作的 WWF 飞机稿参加 2009 年 One Show。当时这个飞机稿（如下图）拿"9·11"事件做噱头，一下子捅了马蜂窝，把美国人民彻底惹恼了。的确这一话题太过敏感，广告时代（adage.com）更是连续一周在头版头条的位置由 5 位专栏作家对此事进行批评，搞得 One Show 组委会也难以下台。虽然 DDB 和 WWF 老老实实地低头认错，但此事还是引得各大国际广告赛事纷纷警惕，开始对飞机稿的"大围剿"。

近年，国内有一个令人兴奋的"创意功夫网青年例赛"，秉承"实战为王道"的理念，旨在帮助毕业 5 年以内的青年创意人和相关专业在校学生接受正规的实战训练。例赛以网络征集的形式，针对青年创意人开放，每两个月一期，免费参加，全程在线投稿。每期都邀请重量级品牌客户，如移动、联想、雅虎等，由资深创意总监撰写 brief，并由行业顶尖的创意总监们轮流担任评委、评审。青年例赛入围、优秀和优胜的创意人，将获得资格参加创意功夫网

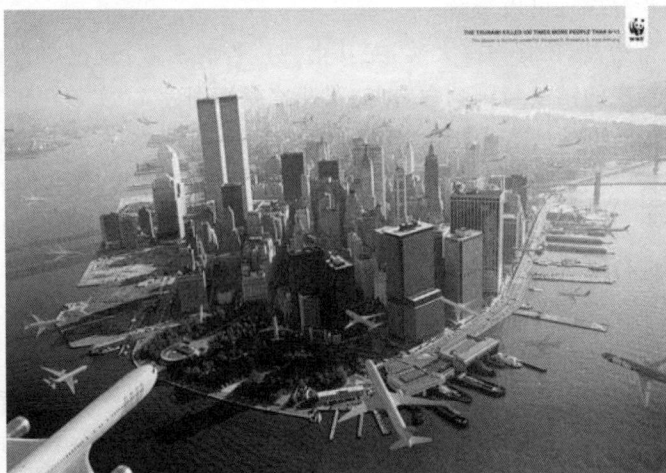

图 2.5　2009 One Show 平面入围作品，
右上角文案为"丧生于海啸的人比 9.11 多了百倍"

的设计类、创意类比稿，直接面对客户和比稿对手，赢取奖金。参加这种以实战为目的的比赛，有助于广告新人认识"实效"的重要性。

创意功夫网网址为 http://www.adkungfu.com/index.php。

四、奖项这块"饼"：
命里有奖终会有，命里无奖莫强求

广告圈里林林总总的广告奖项并不少，国际 4A、本土 4A、自由广告人各有目标。一般说来，国际 4A 的眼光主要盯在具有世界影响力的奖项上，这是由国际 4A 特殊的地位决定的。只要是奖项，当然会有评委，评委自然也是由活生生的人来担当，或者是传媒学者,或者是传媒行业大腕,总之都是圈内人。一堆圈内人聚在一起评奖免不了有些私心,这一点,全世界都一样,所谓Guanxi。

既然国际4A们眼光都挺高的,本土4A们自然免不了俗,几家公司合在一起作为顾问,再联合几家媒体,一个本土的广告节即可新鲜出炉。一般来说,广告节就是分赃大会:又一年过去了,不管做得好还是差,总之骗到甲方的钱啦,哥几个凑一块儿分个蛋糕庆祝一下吧!

但是,不管"大饼""小饼",明面上每个广告奖项肯定是公平、公正、公开评选出来,所以还是具有一定象征意义,尤其落到具体参赛作品的作者身上,无疑是实力的代名词。

很多飞机稿本就是为了参赛,所以经常会在获奖作品中看到飞机稿。不要为此有任何不平,即使是飞机稿,别人也是有创意,即使是不够有创意、主要靠"关系"获奖,也必定是具备一定创意水平的,毕竟走后门也是要讲实力的。对待所有的获奖作品,我们都要用平和的心态去学习,想想自己怎么就没有想出这样的创意。你还可以兴奋地大喊:我靠,这创意太牛逼了。

奖项也代表广告人的能力,是要求更高职位更高薪水的一大筹码。拿奖越多,代表你的能力越强,在人才密集型的广告圈,你会获得更好的待遇。

但是拿奖也要讲缘分,因为这个圈子内跳槽现象比较频繁,很多创意人作品还没来得及参赛就已经离职。你的作品是你的工作成果,工作的成果当然属于公司。也许你的名字会出现在创作名单里,但这个奖是属于整个团队属于公司的。所以即使我们拿过奖,我们也不能像那些影帝影后那样,把奖杯集中展示在家里的某个位置,所有的奖杯都会被摆在公司的荣誉墙上。

第 3 章

墙内墙外看广告人

有人说，广告行业也像一个围城，外面的人想进来，里面的人想出去。

外人看起来我们怎样：

各种时尚趴、beach 趴、夜店趴、各种西方节日趴……这些时尚热情的场合，总是广告人的必往之处。

新上的艺术展、音乐会、话剧、首映活动、品酒会、奢侈鉴赏会……各种艺文活动，也少不了广告人的身影。

他们看起来时髦漂亮，对自己穿什么怎么穿很有主意。女生通常妆容细致，每天都是 head-to-toe look 武装出门；男生也很多低调闷骚，要品味耍个性。

他们讲情调，而那些看着有点个性有些小调调的咖啡馆、艺廊、酒吧、工作室，常是广告人闲时的聚集地，甚至工作开会也会找个非办公室的地点找一把 feel。

有时候，憋在自己的电脑上看个长而沉闷的文艺电影；或者跑去大学礼堂看一场生涩的话剧；跑去摇滚音乐节甩甩头发喊几嗓子；听 mp3 里头不知道什么语言的世界音乐；看书架里摆的那主题不拘天文地理八卦流言的书；礼数周全地端着架子品着贵死人的酒，换个地儿拧开一罐红星二锅头也可以往胃里倒。

外行人看起来，广告人：

时髦、光鲜＝收入丰厚？

有趣有情调＝工作清闲、生活悠闲？

殊不知，这两个等式暗藏着广告人心中最难以释怀的"痛"。

第1节

ADVERTISING
理想主义广告人的
"保鲜"执著

"小资"、"文青",这些字眼,请不要轻易用在广告人身上。因为或许大部分广告人"清高自傲"地认为它们变味了,变成变相损人。广告人那些所谓"小资"、"文青"行为,其实就是他们过日子的方式,不是矫情做作给别人看的。

为什么要这样生活呢?

一、工作的一部分

首先,其实这是工作的一部分。那些时尚、艺文、公关活动中,能看到广告人再正常不过了,每一个活动都是广告行业同仁们策划、执行的。出现在这样的场合,当然也是为了吸取经验、观摩学习。由于工作关系,广告人会通过各种传播途径和广告创意,担任起"意见领袖"的角色,创造和引导流行文化。所以在很多时候,怎么传、怎么玩、怎么传播信息,看看广告人就知道了。很多商家,尤其是新兴产品和服务的商家,特别看重广告人群体,除了找寻广告代理商,他们还很知道如何与广告人保持良好的关系,有吃的喝的了,有活动了有派对了,招呼一下广告同仁,对自己的品牌总是有好处的。

　　我认识的一个学妹,毕业第一份工作是唱片公司的宣传人员,其后经历过几家公关公司、咨询公司,现在正在为一个自己做创意文化品牌的咖啡店老板做策划。她就是外人看起来最典型的那种广告人:外形新潮漂亮,在人群中很"跳"很显眼;说话洪亮有条理,自信满满;办事不亢不卑,专业可信。只有在很亲近的朋友面前,她才会突然像个小孩子,让你看到她幼稚可爱的一面,展示真实的年龄。她说:"在我们这样的行业,必须用这样的外表、谈吐武装起来,强悍起来,才让我觉得是在工作。"

　　当然,这样的生活不是工作强加给我们的。我们其实甘之如饴,甚至是我们踏足广告圈的原因。

二、广告人必须要有趣

　　某一次面试,A 君与面试的 AM 仅仅简单聊了 20 分钟。后来托人打听面试结果,该 AM 的反馈是:A 君什么都好,各方面能力都不错,但看起来不够有趣……

　　"不够有趣?"这在广告的圈子里,似乎是个很严重的指控。有趣,是广告人很重要的特质。总是把"创意"挂在嘴上,又貌似过着潇洒风光的生活,怎么可以没有趣味?

　　怎么样才算有趣?

　　很粗浅地看,风趣幽默、知情知趣;见解独到、善于表达……经常表现为一个人谈资的丰富和个人讨喜的程度。而丰富的谈资,自然来源于见得多、想得多、接触得多。韦伯·扬认为,有创意的人的共性包括"对阳光下的一切都感兴趣"、"广泛涉猎各个领域的信息,汲取营养"。

　　通常如果你在广告公司工作或者学习过,你身边的同事们,很可能是你接触到的最有趣的人了。他们涉猎广泛,脑袋里也天马行空;有点艺术家脾气,不能接受死寂的生活和平淡的灵魂。同时,有很多现实因素,比如客户的要求、预算的限制,又让他们必须很市侩。所以,尽管"戴着脚镣",但在能够活动的范围内,他们都愿意尽可能扩展思想,施展创意。如果有一天你离开了广告圈,就很难碰到这样大群有趣的人了。你的同事可能很放肆很有趣,可能很市侩很圆滑,却很难兼备这两点,很难是一个"丰富有趣的小市民"了。

比如,年会是广告人最放肆的时候,每到年初,你就会在网上看到各个广告公司的年会视频和照片,比较受欢迎的是盛世长城的广告人曾经拍过的一段年会视频,将陈奕迅的《K歌之王》改编成《加班之王》,无论是歌词、视频还是中间出现的小道具,都特别能引起广告人的共鸣。我们将这一年中所有的不快乐都集中在这个时候,也将这一年中所有的快乐也集中在这个时候,你想怎么恶搞就怎么恶搞,甚至把客户和上司作为调侃的对象,也不会有任何人对你有意见,娱乐自己娱乐别人,只怕你不够恶搞不够让人开心。

广告人必须有趣,这也是工作的需要。保留那一点童真和放肆,才能"拒绝老去,永远年轻",保持大脑刺激不断、灵感不断、鬼点子不断。

三、坚持学习才能"保鲜"

17世纪,曾有个艳名远播的女伯爵,相信用处女的血沐浴,可以永葆年轻美丽。

或许阅读这本书的你,尚风华正茂,并未受到年华老去这件事的困扰。但事实上,惧怕老去,的确是全人类最大的恐惧之一。我相信广告人内心深处都是最害怕自己老去的那一批人,即使年纪还很轻。

这里说的"老去",不只是容颜外貌的衰老,更主要的是,我们害怕自己内心的"衰老",担心自己在惰性很强的世界里,逐渐失去年轻人那种对什么都好奇、总是怀抱希望、很贪心地吸取信息的热情。所以广告公司经常有些"人精",他们什么都懂,懂吃懂玩懂喝酒,可以和你聊麻将也可以和你聊 high fashion,他们玩起 3C 产品丝毫不输年轻的 Geeks。他们知道时下什么最当红哪里最热闹,但又深谙人生精髓,不似年轻人浮躁,正是最最金贵的"白骨精"、"钻石王老五"。所以说,坚持学习是才是保持年轻、保持"新鲜有趣"的终极之道。

广告这行做得越久,越会觉得自己的贫乏,时时刻刻都觉得自己处在临界点上。因此,学习是每个广告人一辈子的功课。做个贪心的"广告人",而不要只是一个广告人。

——叶茂中

四、灵感不间断，创意自然来

韦伯·扬认为,创意就是老元素的新组合。

前人留下来的精神文化遗产,以我们触手可及的方式,与我们共存这一时空。那些电影、书籍、音乐、建筑中包括人间万象,像是浓缩提炼的世界精华,里头有很多你可能没机会见到的人生和历史,没机会经历的故事和思想。这些都可能成为你灵感的来源,成为你 Mind map 上的叉枝,成为点亮你新创意的"老元素"。因此,当你走进广告圈,如何保持"新鲜",如何保持灵感源源不断,有效且享受,这就需要拓展所涉猎知识的广度和深度。

工作中,我们可能遇见各种客户,汽车、化妆品、房地产、快消品……这要求我们尽可能多尽可能快地了解各个行业的信息,不断地获取、筛选,再有选择性地记住。学无止境,只有不断学习,扩展知识面,才能不落人后。

1. 电影

广告人必须要喜欢看电影,很多广告人家里都有一面墙的DVD,这面墙上可能没有当下最受欢迎的商业大片,但最经典的类型片、剧情片必不可少,也许我们没有特别喜欢的演员,但我们一定会有特别喜欢的导演。电影和广告一样,都通过媒体向大众传播,所以我们看电影和普通人看电影是有区别的,我们要习惯用电影语言、镜头语言来解读那些经典之作。《无耻混蛋》就充满创意,每一段剧情的发展都在你意料之外,但又在情理之中。创意有时不需要尊重现实,甚至可以颠覆历史。《阿凡达》的剧情基本上只能用来调侃当前的"拆哪",它最大的亮点是电影技术的革新。昆汀·塔伦蒂诺、盖里奇和吕克贝松等类型片导演的电影是必看的,很多国内没有上映过的电影都值得一看。也许某一天某一部电影的某个经典桥段就能为你的大创意带来创作灵感。同样,一些大制作的广告片就是一部电影,宝马曾经集结盖里奇、李安、王家卫等八位国际级电影导演,制作了八支无与伦比的广告大片。每一支短片都保留了导演一贯的风格,但无疑都充分表现宝马车优越的操控性能。耐克、百事可乐也利用自己庞大的代言明星群体,制作投放此类广告大片。单从传播的角度,便会有很多人会主动搜索观看,然后收藏。对于一支广告,观众主动观看就是最好的回馈,比起被动接受的效果好无限倍。广告和电影有很多共通点,很多电影导演和演员都是拍广告出身,也有很多优秀的广告人投身电影事业。

事实上,对电影的涉猎可依据自己的喜好,大可不必如网上流传的"北影大三学生必看 100 部电影"按图索骥。多关注那些时下正热的电影电视剧,那些鬼马精灵、想像丰富的影人。那些比较小众,却能触及你私人内心,启发你的创意的电影,更是展示个性和品位的选择。

2. 音乐

在广告圈内,有两种音乐最受欢迎:一种是摇滚,因为我们当中大多数人都是文艺青年,甚至都保留着一点愤青;一种是乡村民谣等小众风格音乐,最近几年陈绮贞的大红大紫就代表主流小资群体的嗜好。另外,很多广告人喜欢的音乐来自电影配乐,如《秋日传奇》、《花样年华》等的配乐。迷笛音乐节、摇滚音乐节也都有不少广告人的身影。电影和音乐一个都不能少。而最近娱乐圈什么新闻最热门,没事的时候当然也要八卦一下。另外,广告人基本上都是麦霸,同事生日、提案庆功,KTV 是必不可少的。当你走进包间,你会发现人人都是 K 歌之王,你要不下手快一点,恐怕连话筒都碰不到。

3. 话剧

广告人酷爱话剧,对于他们来说,花 100 块钱看一场话剧比花 80 元看一部电影要值得多。作为全依靠现场表演没有 NG 的话剧,演员的状态、剧情和创意缺一不可,才能获得观众认可。从创作的角度,它比电影的难度大。比起电影界,参与话剧制作的广告人更加多,因为小成本制作的话剧比电影更有趣,不用考虑那么多商业元素。目前最成功的当数由著名广告人陈格雷、林小能等创作的张小盒系列,由最初的漫画逐渐进入广告代言、出版和话剧形式。以张小盒为主角的系列话剧在北上广等广告一线城市已经连续演出多场,深受广大上班族喜爱。

4. 艺术

在北京,798曾经是众多广告人钟爱的地方,那里是艺术和创意的集中营,许多购图网站经常邀请各大广告公司创意人来此参加酒会活动。艺术涉及范围广,大到大师作品,小到草根漫画,都是广告人需要汲取的营养。传媒大学一位04级的女学生在大三时创作的兔斯基是较为成功的草根漫画形象,从最初的单一形象延伸到兔斯基漫画、兔斯基语录,后来进入 MSN 表情和 MOTO 的手机广告代言等。

5. 书籍/杂志

书籍和杂志涉猎范围就更加广泛,从人文历史到现代都市文学,从进化论的生物学到侦探的逻辑学,都可能激发灵感。当然,广告专业书籍是必不可少的,网络上随便一搜就有让你看不完的书,理论教材可以让你了解广告;广告人编写的广告书更加注重实用,可以让你知道怎么做好广告;营销类的专业书可以让你更懂得与消费者沟通;这些都是值得广告人阅读的书。广告专业书籍之外,可以多看历史、悬疑一类的书,有人曾经把《毛泽东选集》作为广告人必读书之一,因为毛泽东时代的口号是中国历史上最广泛传播的,今天的许多交通口号和环保口号都逊于当年。也有人认为《鲁迅全集》是提高敏锐度的好读物,学学前辈如何惜字如金却又余味深长。

杂志方面,除了市面上发行销售的《国际广告》等专业类杂志,还有如《意》这一类小众发行的专业杂志,通常广告公司都会订购,上面最主要的内容是国内外最新刊出的各类创意广告。话题类杂志如《新周刊》、《三联生活周刊》,它们都会从不同角度解读近期热门的社会话题。时尚、旅游、地理类杂志都是广告人的养分。

6. 网络

国际 4A 广告网、The ads of the world 等网站是创意作品较为集中或是更新较快的广告网站。各大 4A 公司的官网除了提供公司创意作品，还会提供招聘信息，BBDO 和奥美的公司网站就做得不错。Youtube（被封了就翻墙吧）、Youku、Tudou 等视频网站上内容更加广泛，没事的时候可以关注一下各大视频网站最受欢迎的视频是什么内容什么类型，许多热门视频都有广告的隐形植入，这些都是正在流行的病毒视频，这些视频都是通过广告公司创意和制作出来的，也许你的客户也会想要来一条，如果你平时有看视频的习惯，创作起来会容易许多，因为你知道当前网络最流行最受欢迎的视频是哪一类的。另外，平时浏览新闻、上门户网站也要留意网络广告，是些什么客户在投放，是否有新意的网络广告或者网络活动。

五、从别的创意人那里学习"如何表达"

让我们来直面一个现实——我，你，通常都不是天才，甚至，在广告这个聪明人济济的圈子里，我和你很可能连"聪明人"都算不上。于是，模仿是让自己看起来聪明的好办法。

电影人、作家、艺术家、建筑师……各种搞艺术的人，都有一个共通点——他们都是创意人，都是通过媒介来表达内心、传播讯息，试图唤起共鸣、影响别人。美国广告学家克劳德·霍普金斯（Clande Hopkis）将广告定义为："将各种高度精练的信息，采用艺术手法，通过各种媒介传播给大众，以加强或改变人们的观念，最终引导人们的行动的事物和活动。"从大师们，从那些已经得到认可的、已经对世人产生影响的创意人那里，最可以学习到的，就是表达艺术。

从画家那里学习，什么样的画面唤起什么样的情绪？

从作家那里学习，如何讲述一个故事；用不同的说话方式，可以达到什么样的说服效果？

从音乐人那里学习，如何营造氛围，怎样跳过理性直达内心？

从电影人那里学习，如何把庞大的现实和虚幻压缩在有限的影音情景中？怎样绕过政策、文化的限制，告诉人们一些事。

这都是广告人需要具备的珍贵的能力。

如前所言，你我大概都不是天才，所以从"同行"身上借鉴逻辑和展示的方式，是比较容易走的捷径。况且，这大概算得上是最具趣味的学习了。没有老师、没有教鞭，没有咬着你屁股跑的作业、任务和指标，我们需要做的，只是从万千的文字、声音、影像中，选出你有兴趣的，认为会让你开心难过或陷入沉思的，and Dig In! 甚至，我们也没必要抱着学习的负担去读书看电影，那些你希望培养的能力，在享受这些艺术养分时就能习得。放轻松，让自己成为被影响被说服的对象，这也是学习表达艺术的方法。

此外，作为广告人，生活中随时随地都要留意各类广告，电视、户外、写字楼宇、电梯内无处不见的广告，都是别人的创意成果，都值得你学习。我有时看见户外广告甚至会想这些广告除了广告人之外似乎没有人看或者看电视的时候拿着遥控器不是在找节目，而是在找广告。你可以把这理解为广告人的职业病，但学无止境，好广告都值得你学习。

除了主动学习之外，有时间多出去逛逛，即使是陪家人买菜，也有可以学习的地方。有时他们不经意间的一句话也许就可以用来作为你某支广告的标题。有一次陪家人去买卤菜，她尝了一个鸡翅后说："啊，想像中的味道。"当时我就想：这真是一句好标题啊。广告的终极目的不过是为了打动消费者，那些来自消费者的话当然就更容易打动他们。所以,请不要宅在家里,多出去走走,看看普通消费者购物时如何进行选择的,听听他们最近关心的话题,关于某些商品他们说了些什么。这些都是广告人创作灵感的来源。

实际工作中也许你并没有时间真正接触消费者,那创作灵感如何激发出来呢?曾经有一次夜里两点多我们在想一张 DM 的创意,当我们绞尽脑汁一无所获的时候,想起 ECD 说过的一句话:创意来得最多的时候是走路和洗澡。因为在公司,洗澡是不可能了,但北京的冬天深夜这么冷,也没办法出去走路。最后我们决定爬楼道,从一楼到顶楼共 22 层,爬上去再走下来,回到公司半小时内将创意搞定。所以当你觉得思维便秘的时候,就站起来走动,思维会随着你的身体运动,就会迸发出创意的火花。

甚至有些创意人传授经验:有一个不太健康但能够较快较多地想出创意的办法,那就是失眠。因为失眠的时候大脑保持高速转动,此时如果你再集中思考某件事情,会得到很多白天没有的想法。当然这样的结果会使你的大脑更加兴奋而难以入眠,但失眠本身就是不可控制的事情,所以,失眠的时候,不要烦恼,不妨想想你的 Brief,说不定会有很好的 Idea。

六、广告是个圈,创意摆中间

在决定进入广告这个圈之前,你必须弄清楚一个问题——你靠什么在这个行业生存?

社会通常把劳动者分为两类:体力劳动者和脑力劳动者。体力劳动者,较为科学的解释指主要依靠人的身体器官从事劳动,更为大众的理解是出卖劳力。想想自己,这二十年来你除了念书还做过什么。读书并不是一项太耗体能的事情,四年的大学生活,除了吃喝玩乐,就是睡觉上课。与那些没上大学直接进入社会从事真正体力劳动的人相比,你在体力方面没有任何优势。即使你可能通过锻炼获得八块腹肌,但你觉得运动和劳动是一回事吗?

我之所以费尽口舌说上面一段话,是为了让你加深一个认识:你将是一名脑力劳动者,在广告圈,智慧就代表创意。所以,当你走出校门跨进广告圈,你将依靠自己的创意生存。

也许你会认为在中国办事有关系就行,如果你真带着这种想法进广告圈,我可以很负责任地告诉你:出来跑,迟早要还的,一个靠混过生活的人,最后总是被生活混。没错,假如你是某种二代,或者与某个甲方企业的某个高管有某种关系,你可以不费吹灰之力跨进广告圈的门槛。但是关于广告公司你还必须知道一点,广告行业是一个相对比较纯净和真实的行业,没有外企那么多无形的条条款款,也没有国企那么多政治上的明争暗斗,因为这里的每个人都是一个纯粹的人,一个脱离了低级趣味的人。也许他们有些愤世嫉俗,但是他们更加敢爱敢恨。他们不善于为了生存掩饰自己虚伪地活着,也不屑于那些混天过日碌碌无的人。他们热爱创意,更热爱有创意的人。这些都是广告圈最珍贵最美好,也是最吸引人的地方(还在犹豫的小朋友们,内心怀抱一点清高不舍放弃的孩子们,用金钱利益与这一点权衡,或许可以省去你的一些纠结挣扎)。试想一下,如果你通过某种非正常途径进来,却每天无所事事一事无成,你将面对怎样的眼光?事实上,任何一家公司都有一小撮混天过日的人,广告行业中也确实存在一些尚未被证实的却也薪水较高的广告人,对于这些人,我们通常觉得即使是给薪水也不愿意要。而他们能够在这个行业谋生,是因为没有被人逮住。做什么被逮住?滥竽充数做不好广告。

广告更不是一门技术活。那些优秀的广告人,论设计软件的运用,他们也许不如教你们设计软件的老师;论咬文嚼字的能力,他们也许不如中文系的一个本科生。为什么他们能够在这个行业里取得成就获得认可,答案只有一个,因为他们有智慧,因为他们有创意。但是另一方面,熟练的软件操作和基本的文字表达是一个设计或者文案必备的基本能力,而这些极有可能成为你进入广告圈的敲门砖。在工作初期,不要期望自己会在头脑风暴会议上提出多么牛逼的创意,因为在这个阶段你很有可能连 Brief 都不会看也看不明白,也可能你还不知道创意是什么。你能将自己的砖抛出去,引出同事们的玉就已经是你最好的表现了。

创意是什么? 创意是基于品牌或产品卖点最有力的表达。它建立在产品之上,就如米开朗琪罗说的,好的雕刻被囚禁在大理石中,只有伟大的雕刻家才能将它释放出来。

1. 创意的出发点是品牌或产品的卖点

所以你要看客户部的 Brief(一份连广告宣传的卖点都不能清晰表达出来的 Brief 不是一份合格的 Brief),然后呢,要对比客户的品牌或产品与竞争对手的差异。同为可乐品牌,百事可乐和可口可乐的品牌调性就完全不同,无论是品牌广告、产品广告还是促销广告,它们都必须遵循品牌自身的调性。

2. 快准狠

一个优秀的创意不用太费力去表现,如果不能用一句话表达出你的创意,那就请你放弃,重新再想。受众对广告创意的反应应该是在情理之中和意料之外。所谓情理之中,指广告创意是对广告信息的合理表达,你不能用一双脚的画面去宣传一个汉堡加大了的信息。意料之外就是创意的精髓,它可以表现为广告内容本身,也可以表现为对媒介的创新运用。前者你可在诸多广告节获奖作品中看到,后者你更可以在生活中去发现,杂志、地铁和户外媒体上就可常见这种"意料之外"。耐克就曾经在北京地铁一号线上进行过地铁广告的创新,将一个简单的动态广告分解连续的单一画面,待地铁高速前进的时候,单一画面便连续起来构成动态广告。坐在电影院,是电影胶片的高速转动让你看到动态画面,是你不动胶片动,耐克的这种创意形式则完全反其道而行,你动胶片不动。

3. 情绪来不得半点假

作为文案,如果你不想写,更没有人愿意看。创意人是最追求完美的人,每个画面中的任何细节,每一文案中的任何一个字,哪怕是一个标点,通常都要纠结到临交稿的最后时刻才会撒手。如果写不出来,就先说出来,然后再写。我个人的窍门是,要动笔,而不是动电脑。就像网络新闻永远无法代替传统报纸一样,白纸上的黑字总是更能激发你的智慧和灵感,更何况是你亲手写下的文字。写作态度要积极,不要将生活或者工作中任何的消极带进你的创意,把自己放进产品里,用你的生活或者你了解到的生活去活化你的文案,如果有什么感动了你,你就有机会去感动别人。有时过分的理性反而会阻碍你情感的东西,在没有感觉的时候,试着与产品培养感情并发生关系。消费者绝对不是傻瓜,尤其是买贵重的东西,除非产品打动他,否则他怎么能掏钱呢?广告不能改变产品滞销的本质特点。人们买杂志为的是读文章而不是广告,在大多数广告中,无论插图多么精彩,标题都是最重要的。大多数读者在读过标题后,便会因对其感兴趣或不感兴趣来决定是否继续读下去。人们愿不愿意读文案和文案长度也没什么关系,不要相信那些广告标题最适合的长度是几个字的理论,简洁与表达内容的多少没有关系,简洁取决于对元素的安排是否有逻辑性。如果你想成为收入优厚的文案,取悦客户;如果你想成为很会得奖的文案,取悦自己;如果你想成为伟大的文案,取悦读者。

奥格威认为广告是为销售服务的,大多数人也都认同这一观点。要知道客户花掉大笔大笔的宣传费用,无论是打造品牌形象还是宣传产品特点,最终目的都是提高市场销售量,如果客户没有在市场上盈利,又怎么会有钱来做广告? 但广告也仅仅是为销售服务而已,广告改变不了产品滞销的本质特点。消费者不会对任何品牌有所谓的忠诚度,他们只有消费习惯,能改变这种习惯的因素有两个,一是产品本身的创新或产品真正投其所好,二是大力的促销政策,如果产品确实无法突出,以同类产品一半的价格总是能吸引消费者购买。这些都不是广告可以改变的,广告只是让消费者知道这两种信息的工具,并不能带来任何实质性改变。试着把自己想像成销售人员,在面对消费者推销你的产品,而广告是你唯一的销售工具。每则广告都应该是一件推销你的产品的完整作品。设想消费者会读有关同一种产品的一个又一个广告是不现实的,你应该把每一则广告都做得很完整,设想这是你把产品推销给读者的唯一机会——机不可失,时不再来。

要努力做广告才能得到第一眼的关注,要更加努力才能引起消费者的兴趣,要加倍努力才能做到让人相信。

七、小白领,低收入,誓要"蝼蚁撼大树"

会玩不等于总是在玩,有情调不等于有钱玩情调。

不要认为广告行业是暴利行业,广告人就是收入丰厚的"中产阶级"。《广告狂人》里头那种西装革履、威士忌雪茄的绅士派头,不是所有广告人都有的。

广告人的收入,基本上和普通白领没什么差别,固定月薪+

年终奖,通常年终奖的标准是一个月的薪水。大公司会大方一点,给上两三个月薪水的年终。甚至很多公司,没有年终奖这回事儿。福利方面,较为正规的公司每年都会组织全体员工外出旅游一次,国内或国外,这主要取决于老板的心情。在这个方面,我们通常只能被安排,有即是好事,出国游即是惊喜。毕竟要是公司没有这玩意儿,你也只能看着同行朋友干眼红,不能怎么着。你一打工的跟老板较什么劲啊,去听听《我是一只小小鸟》解闷吧。

真正在广告行业淘到金的,大多是身处资源垄断型广告公司的广告人。从事户外广告、电视广告、报纸广告等媒体广告销售的广告人,虽然提成很高,但底薪低、业绩压力大,收入极不稳定。真正可以算得上收入丰厚且稳定的,是国际 4A 公司的高层。现阶段,这部分人基本是外籍人士或香港、台湾同胞。而人数占绝大多数的广告公司小职员们,其实是收入微薄的一群人。

一般的广告公司,尤其是 4A,都有比较严格的薪酬制度。刚入职的小朋友通常收入很低,平均月薪大约 2500 起,打拼两年才加个 500~1000 意思一下,即便升职,薪资的增长也极为有限。所以很多广告公司底端职员的收入,很可观的一部分来自加班费。许多设计、文案、策划,都私底下接一些外面的活,行话叫"炒炒私单",一般不会告诉同事,但大家也都心知肚明并不明说。还有些自己或家里有些本钱的,会开片酒吧、咖啡馆、茶馆、创意小店之类的,做做小生意,当当小老板,尽量多赚一些,也说不好他是专职做广告兼职做酒吧,还是广告其实是兼职了。

当然,从 AM 开始,薪资就开始不错了,加个级别一般都可以翻一番。但也有人抱怨:等你熬到那个时候,"有钱也没有地方花了,没有时间花,没有体力花了"。

有些业务不太稳定的广告公司,会采用另一种计薪方式:基本工资＋业务提成。不要看到"提成"你就 happy 了,有些业务不稳定的广告公司,公司不稳定,员工收入当然也就不稳定,这跟坐电梯一样是上上下下的享受。公司鼓励员工积极发展业务无可厚非,这能为公司和个人都创造利润。个人去拉业务,看上去也挺能锻炼人,但我觉得大多数广告专业毕业的学生,或者立志于做一个好广告人而不是把广告当成一份糊口的工作的人,都不会愿意从这样的公司起步。在中国特色的社会里,如果你没有关系,初出茅庐就想拿下某个客户的业务,基本上我会佩服你是一个理想主义者。所以,请尽可能去正规的广告公司,慢慢提高自己的专业素质,等到你牛逼的一天,会有客户指名点姓要把业务给你做的。

　　客观地看,我们还都算是都市白领一族。初进广告圈,你从事着基本工作,拿着基本工资,过着基本生活。随着你的能力和职位不断上升,待遇也会慢慢增加,拿的薪水与你为公司创造的价值成正比。总体看来,这与大家对外企待遇的理解是一样的。我们都是挣辛苦钱的人,如果你想靠做广告大富大贵或者一夜暴富,基本上白日梦都不用做了,做了也白做。

　　来看一首网络上流传的打油诗《文案苦命诗》:

当了文案以为不累,不像设计加班受罪,
比起客服不用跑腿,趴在电脑轻松应对,
打打稿子挣生活费。其实行行都有眼泪,
想起来会撕心裂肺,每月工资令人心碎,
拼死拼活刚到四位,吃吃喝喝花个干脆,
买啥东西都觉得贵,老婆父母难以面对。
文案实在没啥地位,写字打杂统统得会,
一篇稿子胃口不对,老板客户都来怪罪,
改到最后实在崩溃,文案生涯如此颓废,

只好写诗自我安慰。还是猪头有滋有味，
睡了就吃吃了就睡。①

誓要"蝼蚁撼大树"！

为什么说"蝼蚁撼大树"呢？

广告人，尤其是刚入圈子三年内的广告新人，在收入金字塔上占据相对底层的位置，地位同中国一般大众没有什么差别。但有点讽刺的是，我们所做的事情却大有志气！区区一群小白领，我们的工作却常常是为富人构建理想的生活形态呢！

尤其是那一些客户是做房地产、汽车、奢侈品客户的广告人。比如卖别墅的，每天琢磨用什么样的语汇来描述极尽奢华，打造什么样的梦幻空间可以吸引有钱人中的"战斗机"……但加班结束，还是拎着沉重的公事包回到自己狭小简单的小公寓，幻想着有天中了彩票能买一栋自己正在卖的别墅。比如卖跑车的，满脑子响着极品发动机美妙的声音，算计着如何用美丽的文字解释顶级功能；事实上他们连驾照都不一定有。

我们卖别墅不代表我们住得起别墅，我们卖跑车却可能永远开不起跑车，难免心有不甘。有个深圳的资深广告人说："看透了最具诗意的一群人，打着积极的生活态度的幌子去尝试改变富人们的生活，自己却躺在人生的边上遍体鳞伤……"这种脚踩在地面上，眼睛却需要能看到云端的工作方式，实在需要阿Q精神来平衡自己的虚荣心与自尊心。

我们的精神胜利法就是：燕雀不仅知鸿鹄之志，还构造鸿鹄之

① http://swordwon.ycool.com/post.2752034.html.

志呢!

事实上,真正让我们克服心理落差的,还是对广告的热爱,以及伴随而来的成就感。当你的一个 idea 经过千锤百炼,脱胎成为一个优秀的广告出街,那种可以看到自己的智慧和灵魂在画面背后闪耀的满足感,可以抵消一切的"不甘"。这种"蚂蚁撼大树"不可言传的快乐,等你真的进入了广告圈,平衡了"燕雀"与"鸿鹄"的落差后,就能体会到了!

很多想学广告、做广告的学生,都是因为看到了广告人光鲜、有趣的光环,而在学习广告和真正投身广告之后,却对墙内墙外的落差感到大为惊讶,甚至落荒而逃。我们现在赤裸直白地谈苦乐辛酸,就是为了让你们看到虚荣的光环之下,广告人是如何生活的,让你在选择入行时,更全面地考虑;为了在直面"残酷"的现实之前,就给你们打一注防疫针,让你在选择生活还是理想时,可以更坚定地不为自己的选择后悔。毕竟到最后,Those who didn't kill you make you strong! 那些没有击垮你的,可以让你更坚强。

第 2 节

ADVERTISING
广告公司加班谈

事实上,那看似"光鲜""有趣"的墙内……
其实墙这一头的我们,快乐辛酸自己知道。快乐很简单,没有

那么光鲜时尚,没有虚荣的光环,大都是些上不了大台面的"阿Q"乐子,比如:

今天加班的时间没有太长,可以回家拥抱自己的大床。

大伙一块吃的午饭很香,宵夜点的鸭脖辣得很够呛。

公司谁和谁偷偷好上了,有新的八卦可以在QQ上传传。

找图只花了半小时,就连打印机都很够意思没有卡纸!

遇上办公室女同事也抽烟,男同事就庆幸不用躲去洗手间或走廊。

头脑风暴会议上虽然拍桌子吹胡子,哥俩晚上还是可以毫无芥蒂地干一杯再干一杯!

对面格子的女设计,讲了个带色儿的笑话全公司都笑倒了。

头儿今天又刷绿漆装嫩黄瓜了……

这个客户还不算太farmer耶……

……

为什么这些嘻嘻哈哈小打小闹就让广告人很快乐?因为有沉重的压力让我们不得不苦中作乐。最直观的压力,就来自相对较低的收入,无止境的加班、加班。

一、广告公司＝加班?

即使你还没有在广告公司工作过,你大约也知道,在广告行业,加班跟吃饭一样普遍。在各广告公司办公室,每天临近下班时间,就会听到不少同事打电话回家,通知晚上又挑灯夜战,不能回家吃饭了。遇见这样的通知式电话,我们常常觉得很无奈,

但很多广告人也自得其乐。比如一位当爸爸的同事打电话回家,场面温馨又有趣:

"你是旋风小飞侠吗?你跟女超人说,无敌铁金钢今天不回家吃饭了,拜拜!"

有人把广告公司的加班总结为"快乐白加黑"、"非常5+2"。就是说工作日每天晚上加班,周末两天加班,这是比较极致的加班状态,却是广告公司"非人"生活的真实写照。

来看一则网上流传的漫画《广告人的一周》。

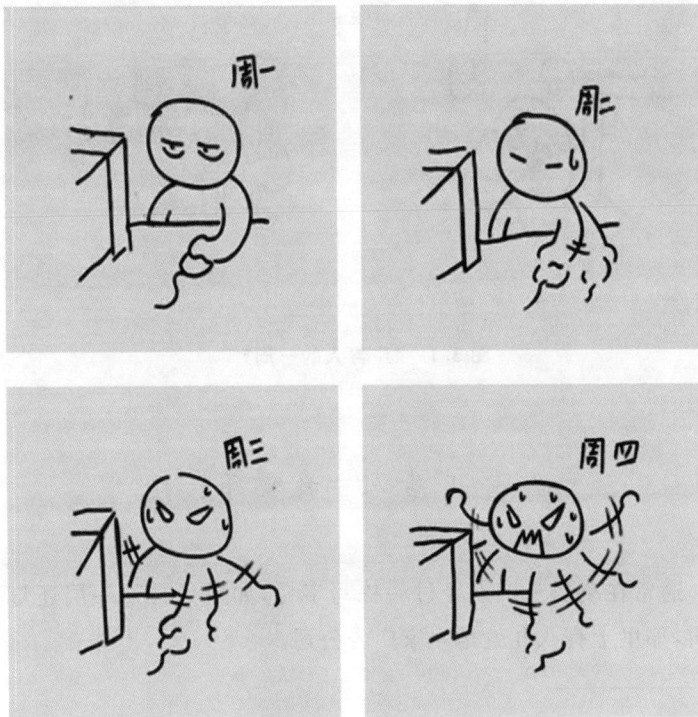

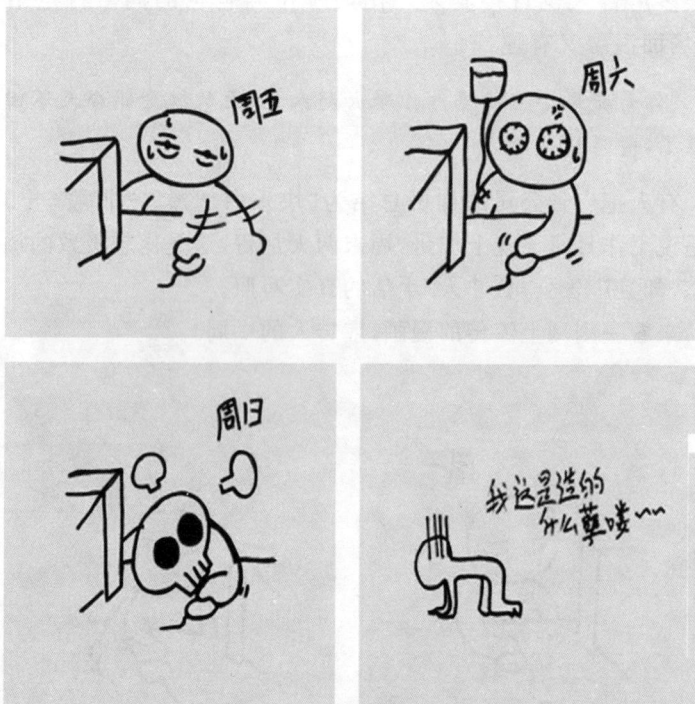

图 3.1 《广告人的一周》①

二、广告人＝夜猫子？

通常在凌晨三四点经过一栋写字楼,如果只有某一层还灯火通明,那里十有八九就是一家广告公司。

---

① http://user. qzone. qq. com/450514461/blog/1217316261。

有人说，出租车司机或许有个共识：夜深的路人只有三种人——妓女、嫖客和广告人。虽是说笑，但北京上海真有深夜在高级写字楼底下等着接广告人的出租车。

广告公司的上午，常常只有行政、财会人员与寥寥几个业务部职员在工作，大半个公司都是空座。直到过了中午，才有人陆陆续续来上班，晃晃悠悠地开工。这些人看起来像在打混，看电影听音乐神游发呆逛论坛……无所事事消磨时间。等到夜幕降临正常人都下班回家共享天伦之乐时，他们才突然开始眼睛发亮精神抖擞，进入工作状态。

对这些夜猫子而言，他们或许只是受环境所迫，每天不自觉将下班时间往后延，也将生物钟向后拨动了五六小时而已，是一种"被习惯"，并不是什么异类举动。事实上，这样无止境的加班，正是许多人离开广告圈的最终原因，对这些人而言，再多再大的理想，在"没有自我和生活"面前，很难站住脚。

我们再来看一组漫画，其中设计师角色，精准概括出创意部的工作状态，与大家同乐。

想像中設計師的工作環境

高檔收藏品
酷炫電腦
貴死人的檯燈
專業書籍
香醇研磨咖啡
聽著優雅的音樂
時髦音響
數位筆
手繪草圖
人體工學座椅
連垃圾筒都很有質感

©i'm mark　www.wretch.cc/blog/markleeblog

105

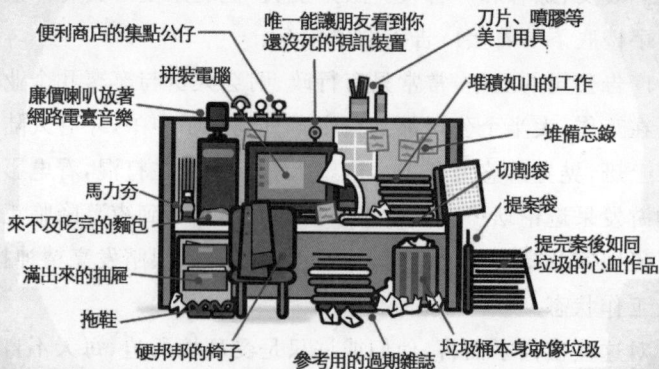

正港台灣設計師的工作環境

便利商店的集點公仔
拼裝電腦
廉價喇叭放著網路電臺音樂
馬力夯
來不及吃完的麵包
滿出來的抽屜
拖鞋
硬邦邦的椅子
參考用的過期雜誌
唯一能讓朋友看到你還沒死的視訊裝置
刀片、噴膠等美工用具
堆積如山的工作
一堆備忘錄
切割袋
提案袋
提完案後如同垃圾的心血作品
垃圾桶本身就像垃圾

©i'm mark www.wretch.cc/blog/markleeblog

想像中設計師的形象

詼諧幽默、熱情有活力、
一身名牌、品味高雅脫俗、充滿人文氣息

正港台灣設計師的形象

佈滿血絲的眼睛、黑眼袋、
病厭厭、易怒、遢遢的頹廢仔

想像中設計師的代步工具

就算不是開敞篷車至少也是個拉風的跑車

正港台灣設計師的代步工具

很機車…

想像中設計師的社會地位

真是太棒了！
這次的案子好在有你！
呵呵，
這也沒什麼啦。

受到肯定的專業人士

正港台灣設計師的社會地位

靠腰~
logo要大！商品要大！
model胸部要大！
揹…

毫不被尊重

【夜晚較為活潑之物種對照圖】

吸血鬼

僵尸

設計師

共同點　脾氣不佳、面色蒼白、面無表情、黑眼圈、僵硬的軀體、皆曾擁有過健康。

來！要不要吃點…

靠…

沒錯，就是COW

图 3.2　马克《正港设计师解析》①

三、我们为什么总是在加班

为什么广告行业会如此普遍加班？

客观来说，一部分原因是客户给的时间通常比较紧。在竞争激烈的市场竞争中，客户为了更快地推出产品与服务，经常需要赶在销售旺季前在对手之前投放广告，这就决定了身为服务者的广告人处于更短的工作周期内，因此常常必须一秒掰成两秒用。

更主要的原因是，广告人大部分是最追求完美的人。创意常不知在什么时候会从我们当中的哪一个人脑子里蹦出来，即使当时已经定了一个创意，我们也会犯强迫症似的推敲是否新点子更

---

①　马克：《正港设计师解析》，http://blog.sina.com.cn/markleeblog
http://t.sina.com.cn/markleeblog。如需转载，请与马克联系。

好呢？即使此时已经凌晨三点而早上九点客户就要看到稿子，我们还在想有没有法子更完善一点。我们总是把规定的时间充分利用到最后一刻，只是为了让成果更加完美。每个创意都是我们的孩子，谁不想让自己的孩子尽可能优秀呢？

怎样经营广告公司①

我欣赏刻苦工作、能啃硬骨头的人。我不喜欢上了船但却不肯尽本分的过客。工作超量比工作量不足更来得有趣。刻苦工作中包含有经济收益。努力工作的人越多，我们的盈利也就越多。盈利越多，我们大家能得的钱也就越多。

我想，如果我比我的雇员们工作的时间更长，并且他们就不大会拒绝加班加点。一个新近脱离我的公司的经理在给我的告别信里这样写道："你在把准备工作带回家去干方面给大家树立了榜样。星期六的夜晚，我们在你家旁的花园里玩乐消遣四个小时，而你却在窗前伏案一动不动地干你带回家去做的工作。这是多么不协调的事。不需要用语言，你的身体力行影响了我们。"

四、加班的效率与氛围

加班时间，一般分为两大阵营，创意和业务。

创意加班大多是在做稿、写文案，整个 Team 的工作基调常与创意的心情好坏正向相关，其工作顺利与否通常一眼就可以看出来。点子已定在做执行的那些，面色缓和神色自在，有时还有心情

---

① ［美］大卫·奥格威：《一个广告人的自白》，中信出版社 2008 年版，第 26,23 页。

听音乐,或商量着叫些什么宵夜来慰劳下肚子;挠头皱眉、咖啡不离手、烟蒂堆着漫到桌面的那些,没事最好离他们远一些,免得无辜受牵连变成出气筒。

业务加班一般都是跟稿,与创意一起头脑风暴,期盼灵光一闪,甚至单纯只是等着创意人员做完稿。需要催促、监督或引导创意人员时,难免出现争执。创意人员一般更具有艺术家脾气,但业务人员的主要工作是沟通,所以常见的情况是业务人员以扮乖恳求的口气谦虚地恳求创意人员修改。碰到创意人员心情不好,业务人员就可以扮演前面说的"出气筒"角色。若是双方都在血气正旺的当头,不小心还会擦枪走火,制造紧张。但通常创意人员与业务人员的革命情感就是在加班时的这些摩擦和契合中建立起来的。

加班的其实还有一种人,浑水摸鱼赚个加班费的。每家广告公司总是难免有些这样的人,大家心知肚明。

五、加班苦乐谈

以下是关于加班的正反方观点:

Simon,曾任职 BBDO 文案

曾经有人问我,怎么看待广告公司里的加班。

我告诉他加班是我最快乐的时候。

请相信这些都不是我们在自欺欺人,我们对此当然也会有无奈,但这种无奈跟我们在当中获得的快乐相比,就显得十分渺小。尤其是那些刚出道的人,所以常常以加班为乐趣,恨不得整天泡在公司里看看这个,学学那个,对一个新人来说,任何事情都是新鲜的，很开心地加着班。事实上，在大多数人正常上班的时候，我们确实很少想创意做设计写文案，表面上来看确实无所事事，我们在做什么呢？我们在想刚接的工作单，这是一个什么产品、它有什么特点或者优势、它以往的广告风格是什么、它竞争对手的广告是怎么做的……或者我们是在学习，哪里又出了一些新的好广告、最近一次的某个广告节有些什么获奖作品……这些往往都是我们在白天时间在做的事，如果没有这样一个过程，即使关在会议室一天也不能想出什么好的创意。

除了工作本身给我增加的快乐之外，最重要的是与你共事的人。在广告公司，永远要记住你是团队里的一员，任何一支广告都是你们团队合作的成果。如果没有一个拥有良好合作氛围的团队，是永远无法做出好作品的。所以与同事之间的相处变得十分重要，我们什么时候最放松最不去伪装自己呢？加班的时候。这个时候老板已经不在公司了，事实上即使是白天，我们也照样无所不八卦随意开玩笑，但下班后我们更加自由，因为没有了上班时间那种心理上的约束。即使还有好几张稿子连想都还没开始想，所以你会经常发现。我们总是在下班后才开始生龙活虎。

现代的城市生活给年轻人带来人很多夜生活的娱乐方式，如果不是想到第二天还是按时上班，他们也许天亮才入睡。但是我们却不必每天把早饭时间也省来睡觉大清早挤地铁赶着去公司打卡，正是因为我们这个行业存在"晚上工作效率更高"的认知，早上我们通常可以睡到自然醒，路上不用太赶，因为那段时间也是很宝贵的，沿路有什么新鲜事、公车站地铁站又有什么新广告、别人都在关心和讨论什么样的话题、关于购物关于某类产品他们都持什么样的观点……这些都是上天为你安排的学习机会也是你绝不能错过的。如果确实没什么可看没什么可听，那就发发呆吧，发呆也不失为一种沉淀思想酝酿创意的好方式，让你的思维偷偷地在脑子里高速运动起来,如果有什么好的想法,请拿出你包里的笔记录下来。未来有某一天,也许你会因为你的某一次记录诞生出一个伟大的创意,即使这一天永远没来。当有一天你的女朋友追问你每天都在想些什么的时候,你可以拿出这个本子给她看,告诉她你每天想的都记录在上面(前是你要时不时地想想她并记录下你想她的感觉)。因为我也没有说一定要想跟广告的东西,如果你连自己的家人爱人和朋友都不想,那就太不是人了,又怎么当广告人呢。

所以,也请你尽可能抽出时间给你的家人爱人和朋友们。如果不能陪他们,就请多关心他们;如果不能多关心他们,就多想想他们。因为也许你深深地理解并无比的热爱你的工作,但不是任何人都能理解这个行业所要承受的压力付出的努力。如果你的爱人抱怨你没有足够时间陪她,请不要责怪她,她说的都是事实,我们干着上班日加周末的"5+2"和白天加夜晚的"白+黑"的工作,把太多的夜晚和周末都献给了广告而不是她,你不能像普通情侣那样每天去接她下班,也不能经常陪她逛街。所以当你们在一起的时候,要想尽一切办法对她好让她知道她对你是多么重要,当然永远不要给她机会问你:是工作重要还是她重要,这种问题就像老婆和妈妈同时掉下水你先救谁一样无聊和无知。尽可能的爱她并她付出,尽可能争取她的理解和支持。广告人也是人,即使广告是我们的理想,但理想也不能脱离现实生活。对理想的追求与对现实的责任是不矛盾的。

爱广告,别让它耽误你的爱情。

爱广告人,即使他伤了你的心。

TT,曾就职于一家国际 4A⋯⋯

TT,曾就职于一家国际 4A,毕业三年,从 AE 升为 AM。终跳槽甲方,结束广告乙方生涯。她这么描述她的加班——

周一到周四,是我的"法定加班日",平均每天晚上 11 点下班,周末一般也会有半天加班。若是遇到客户的订货会之类的大事,加班就得按照连续几个通宵来算了,电影《六天七夜》其实是讲的我们的加班故事……

怎么可能有人喜欢加班? 加班的时候通常没有好的氛围,大家黑着脸、头冒怨气地工作。如果创意的心情特别恶劣,我们业务就要倒霉,尤其如果在这种时候下 brief 或者补单,就是找死了……

我认为这种情况下,加班的同事们脑子大部分不清楚,怎么可能有工作效率。白天很多的时间,都花在被客户"骚扰",不停与他们沟通协调事情上了;所以,需要脑子清醒、正常运作时才能完成的事情,都得到晚上才够精力来处理。尤其是头脑风暴、或者开什么会,需要大家的脑子都清醒的时候,就只能在晚上进行了。

再来就是,如果遇到喜欢晚上下单早上要的客户,你的 Team 最常做的事情,应该就是一边怨声载道,一边加班到天明了吧……

有一次,大概由于是客户的失误导致了很大的错误,为了弥补错误我们必须通宵加班,那种生气的程度是平时的数倍,气氛超级紧绷。有人提议放瑜伽音乐舒缓一下,结果一不小心太过舒缓,大家居然都快睡着了……这种时刻,就算是加班里头的乐趣了。

有些时候,只有我一个人加班,或者是加班的同事都先走了。偌大个写字楼,只有我一一个人,我连厕所都不敢去……公司在 32 楼,可通常保安都只在一楼待着……还遇到过电梯故障,要在一个人在凌晨走下 32 楼,我简直是用跑的,超级惊悚……有时候半夜回家,还能遇到很多怪人,大部分都是脚步踉跄的酒鬼,冲你大吼大叫,很有点危险。

我认为,加班其实大部分时候没有什么意义,很常是由客户工作效率低、拖延时间或者刻意压制时间导致的加班,非常浪费我的时间。至于真正学习专业知识,我个人都是在白天或者周末休息的时候,加班的时候怨气太重,很难学习什么东西,而且加班对身体的损伤台严重了,我就浑身大病小病不断。

C 的说法

C,某国际 4A 公司 AM,30 岁优质女性。她有一个比较脱离群众的办法——

我其实不是一个夜间工作效率很高的人,所以我通常不会加班到凌晨两三点;我也不是一个把工作当作生活的人,我需要在完成工作后,有自己的时间休息和娱乐。所以我基本会在晚上 9 点左右收拾下班。但通常次日一早,在上班前两三个小时,例如 6 A.M -7 A.M,就到公司加班。这样一来,可以避开拥挤的上班交通高峰;二来,可以在比较安静的工作环境中完成本应该在深夜加班时完成的工作。

清晨的时段是真的安静。加班的同事们基本都已经离开,打扫的阿姨可能还没来,烟雾缭绕的办公室和微弱转动的风扇,残留着数小时前创意们挠头奋战的影象。我通常会开窗、煮一杯咖啡,在清晨的空气里头,可以比较轻松悠哉地开电脑、干活,放自己想放的任何音乐。心情愉悦,无甚干扰,所以也成效惊人。上班前这短短的两个小时,可以完成的工作内容,有时候连自己都会吓到。

然后我会跟来打扫的阿姨闲话几句。上班时间到了,同事们灰头土脸一幅睡虫入脑样、硬撑着来上班了,我就打打招呼,给他们递过去咖啡。对比自己的工作状态,带着点儿幸灾乐祸,心里也是很满足。

这样的好处是,早上的工作状态很好,不像其他熬夜加班的同事,要么早上没法出现在公司,要么出现了也带着两只大大的黑眼圈,难以精神集中。另外,早睡早起身体好这句话,也确实是有道理的。

当然这是在客户的上班时间与你相同的情况下才可行,而且这样安排也不是永远管用。如果工作任务真的很急,或需要团队合作,大部分时候还是需要与同事们统一战线。而且,如果同事们在深夜加班中,出现了什么对方案或设计的新想法、新改动,你大概就无法第一时间知道了,这就需要同事给你留 memo,所以跟大家打好合作关系,也是灵活加班的前提。

总而言之,所有人,都可以在配合客户时间的基础上,寻找更适合我们自己的加班时间。前提是,能保质保量完成任务。

Tips:加班对你可能产生的影响

每月工资卡里的数目比基本工资可观多了(加班费是很多广告公司小职员的主要收入来源);睡眠不足,精神压力大,长期处于亚健康态。

毛孔粗大,眼袋黑眼圈必备。

烟瘾变大,咖啡上瘾。

个人生活被压缩到极限,什么锻炼、充电、灵修、上课、户外运动都是蜃楼,基本的亲友聚会都难以保障;除非约会同行中人,否则浪漫约会也是浮云……

……

第3节

ADVERTISING
广告公司跳槽谈

有人说,360行,广告人跳槽最频繁。也许现实并没有那么夸张,但广告行业的跳槽频率确实居高不下。

一、为什么广告公司跳槽多

　　究其原因,主要因为广告是一个需要保持创新的行业,当你才思枯竭时,当你对当前的环境感觉麻木时,最好的方式就是跳槽,到一个新的环境和一群新的人共事,也许能重新激发你的热情。只有保持持续不减的热情,你才能保持自己的新意,有新意才有创意,有创意才有成就。所以,不管你在哪里工作,跳槽到哪里,请保持对广告的热情。

　　跳槽的另一个主要原因是升职和加薪,当然这都是以你是一个优秀的广告人为前提。广告行业是一个人才密集型行业,人才奇缺,广告公司对人才的渴求导致经常互挖墙脚。员工推荐、猎头公司挖人,是广告圈内比较常见的现象。吸引你离开现在的职位去一个新公司,就必然要给你更高的职位和薪水。通常这家公司给你 3000,跳到另一家公司你就能拿 5000,工资再高也不嫌多,你怎能不为此心动呢? 看我们身边入行三五年的广告人,换过三五份工作的,大有人在。

二、跳槽也有一个"圈"

　　广告圈是一个很小的圈子,如果你对广告圈有一定的认识,就知道好的广告公司就那么几家,广告人再怎么跳槽也不过是在这几家公司之间,很多广告人跳上几轮槽,又回到原来的公司,甚至同事之间跳来跳去最后又在同一家公司成为同事,这都是很常见的事。

T,某国际 4A 广告公司 AM

我们曾经有一个同事,因为与老板脾气不投、经常起冲撞,加上有人挖角,就辞职去了甲方。结果呆了半年,因为受不了新公司的政治,又回到乙方进了广告公司。讽刺的是,他去的新公司与我们有合作关系,于是被派在这里常驻。所以过了两年,等于又被老公司收编,仍坐那个格子间,真是折腾!

现在国际 4A 的高层、中高层,很多是从香港台湾外派过来的同胞们。这些人常常也是如履薄冰,虽然外派薪资确实优渥,但若到了大陆,你的 Team 丢了客户或生意不好,很可能就被 Fire。但可能换一家 4A 做一阵儿,个人口碑回来了,老上司又想高薪挖他回来。总之就是个怪圈。

许多广告新人第一次面对同事离职或者自己辞职时,通常会有一些伤感,因为他们还没有经历过这种事情。其实大可不必,水往低处流,人往高处走,有人离职必是因为他要去更好的地方发展,所以对于离职的同事朋友,最好的方式就是祝福。

三、跳槽,只往高处走

从长远来看,仅仅为了薪水跳槽,是很不值得的事情。当利益成为唯一的驱动力,你离盲目也就不远了,这会让你过分看重金钱而忘记严格要求自己和自己的创意。无法不断提高自身能力,又怎能长期立足于广告圈?只要能力不断提高,更高的职位和薪水就是水到渠成的事。所以,做好当前,才有更好的未来。

盲目跳槽、频繁跳槽不是一件好事。去一家新的公司,当然都需要花一些时间适应公司氛围,与同事磨合,深入了解客户。除此之外,你需要习得此前的工作环境中未能习得的能力。只有在你觉得认知曲线接近顶点,值得学的都已学会,自己的能力也已经得到提高之后,考虑跳槽到一个更好更大的平台,才是理智的决定。

在广告圈跳槽,通常需要关注以下几点(排名分先后,按重要程度排序)。

1. 公司

众所周知,跳槽都不过是为了更好的发展,所以,新的公司是否拥有利于你发挥、发展的平台,应该成为你决定是否离开当前公司的重要因素。应打听好招聘你的团队服务什么客户,该客户对该公司的重要程度,应聘职位的重要程度等信息,可在面试的时候直接询问,也可以私下问问同事或者圈内朋友等。

2. 团队

前面说过,广告讲究团队合作,所以,未来的团队是否有利于你进一步提高能力,也是一个关键因素。在决定辞职之前,请先了解一下那里是否有很值得你学习的人——向有经验有能力的前辈学习,对任何工作岗位上的人来说,都是很重要的。当然,你也要了解一下那里是否有很难相处很不愿意提拔下属名声很差的人。

3. 客户

新公司的客户是国际大品牌还是地方小企业,虽然这主要与公司业务相关,似乎客户大小也不影响你的薪水,但大的客户让你发挥的机会总是要多一些,不管是大创意的平面广告还是大制作的 TVC,而实际上这些机会在广告圈内也是很难得的。因为你将获得是完成大创意之后的成就感、自身经验和能力的大幅提升,还有来自业内的认可,简历上最出彩的一笔。

4. 待遇

包括职位和薪水,相对以上三点来说,这是最不重要的。为了得到机会与更好的团队合作服务更好的客户,降薪降职争取这种机会的人也不是没有。

跳槽和过节一样,是好事,也很平常,但别把跳槽当成吃饭一样频繁。有目的有阶段的跳槽,才是广告人迈向中高层的明智途径。

第4节

ADVERTISING
广告人的职业前景

老一辈思想传统些的父母,总是相信当今世界上还有"铁饭碗"这样的东西。他们认为政府部门、企事业单位才是"合理的工作",其他工作,都不过是在替别人打工,老了很难有保障。尤其广告、公关这些行业的工作,在他们看来,前途简直一丝光明也没有。

那么现实如何呢?对我们个人的职业生涯而言,广告行业是不是能干到老,是不是青春饭?

一、35岁还没有当上总监,就退休吧

总体而言,广告这个行当对人的损耗很大,工作富有活力,社

会接触面广，因为常要向人推荐新东西，所以自己也要尝试这些新东西；因为总要想着用些方法引起别人的注意，所以要多耗心力，工作压力又大，常常要熬夜加班……

N——当然是青春饭

N，某国际 4A 广告公司 SAE，工作三年，前后递辞呈四次，终于离职。

当然是青春饭！

我们公司平均 1.5 年升值一次，如果你 32～35 岁还没有升到总监，估计也是资质不行，而且到时候，脑子也没有年轻时候好用了，你就自己放弃吧！尤其是女生，干广告几乎约等于"皮肤不好，内分泌失调，容易衰老……"，代价尤其惨重。我身边这么多女同事，到 35 岁还没结婚的多得是。

Ares——35 岁还做不到总监就该考虑退休

Ares，科班出身，曾就职于北京李奥贝纳，先后在广州、北京 4A 圈厮混，从业三年后跳槽至某游戏公司任职市场策划，结束乙方生涯。

广告人跟"小姐"在职业特性上，除了上下班时间以外，还有更多相似之处，比如广告人也靠出卖身体为生，不过卖的是加班和创意。很多广告人到 35 岁以后基本就干不动了，无法承受高强度的加班，也想不出年轻时一肚子的牛逼创意。因此，有人说做广告是吃青春饭，如果 35 岁还做不到总监就该考虑退休。

如果说中国现代广告业肇始于上世纪 80 年代，那么第一批中国的现代广告人的年纪差不多四五十，而 90 年代黄金发展时期的广告人们也不过三十多，正好是现在大部分广告公司老板或者总监这个岁数。所以说做广告是吃青春饭的这种说法，既正确又片面。

因为创意性职业的特殊性,广告人既要掌握各行各业的丰富知识,有时还要伏案工作十几个小时,所以一个广告人,可以骄傲地跟圈外人说自己有一个聪明的大脑和一具强健的身体。尤其表现在准备提案阶段,连续通宵一个礼拜并不是稀罕事。各类快餐店和香烟饮料便利店的外卖电话单,是所有广告公司前台必备的行政文件。

长期从事高强度的脑力劳动,每天面对电脑屏幕十数个小时,即使正当壮年,也架不住成年累月对身体的磨耗。肩颈腰椎疾病、胃病、失眠是广告人的三大职业病。很多广告人到了35岁,要么转去甲方养老,要么多年媳妇熬成婆升任总监级以上职业,或者干脆自己出来创业,基本上难得在广告公司的中层职位上继续辛劳。在广告公司,真正干活的其实就是那一批中层,而现代科技发展如此迅速,每隔三五年就有一个新媒体应用被发明,广告创意又是一个需要不断创新的玩意儿,老的广告人很难在这方面与新人抗衡,不断被淘汰也理所当然。

广告人当然不可能与小姐一样,纯粹吃青春饭。奥格威他老人家38岁才正式进入广告圈,然后坚持写文案直到白发苍苍,依然是世界广告史上最伟大的CW,没有之一。现代广告不管怎么发展,必然要遵循"企业—市场—消费者"这个铁三角关系,无论是在报纸上发套红硬广,还是在开心网上发布独家游戏,只是换了个载体,其满足消费者需求的内在精神不变。

中国广告业起步晚,优质客户稀缺,竞争格外激烈,所以广告人要"不断燃烧自己的生命",用"以健康换取晚年疗养所需费用"的方式从业。这确实是中国广告业发展中的不足,长久发展下去,既不利于广告人自身的发展,也是整个行业饮鸩止渴的"不可持续"发展。

但我们也应该看到,随着中国整体经济的不断发展,优质企业不断涌现,更多企业得到教育,媒介素养提升,产生了借助广告进行营销的意识,尤其表现在二三线城市。不仅本土优秀广告人"逃离北上广",回家乡自主创业,开设广告公司,许多国际 4A 公司也在二三线城市设立分公司,这是中国广告发展 30 多年来最值得骄傲的事情。

广告行业发展前景良好,不想当将军的士兵不是一个好士兵,一个好的广告人应该从一开始就规划好自己的职业发展道路。广告业发展到现在,职业越来越细分,客服、创意、媒介、制作,不断有新鲜血液加入,专业性越来越强。比如创意这一块,随着网络媒体的不断应用,就需要专门针对网络互动的媒体创意。因此"东敲一榔头西打一棒子"的职业规划,肯定不利于未来的发展。

二、合理进行职业规划

合理的职业规划有两个要点:细分职业的专一性,服务客户的纯粹性。

1. 细分专业能力

正统的广告人,不可能既进行广告创意,又协助创意制作,还要与客户直接沟通,甚至需与媒体沟通。这种万金油广告人现实中也有,不过基本上是在皮包公司,为节约办公成本考虑才会出现。因为一个人的精力有限,又有专业技能限制,在一个领域集中全部时间和精力全力发展才可能有大的成就,否则只会沦为熟练流水线工人。《神雕侠侣》里,杨过被金轮法王所点拨,集中在一个点上创出自己的独门武功,才真正进入顶尖高手的行列。笔者曾经所在的公司有位执行创意总监,他为客户创作 TVC,经典的三招不过是数字、手势加歌曲,这三招玩得炉火纯青,偏偏就能吃住客户,因此执行创意总监的位置岿然不动。

2. 讲究服务客户的纯粹性

履历表很漂亮,服务客户包括 PICC、民生银行、苏宁电器、蒙牛真果粒……看起来很漂亮,各行各业都涵盖到了,是不是就表明能力卓绝,能够搞定所有客户呢? 其实不然。每个行业都有自己的特点,在创意表现上也有自己相应的规范。比如酒类广告,可以碰杯但是不能出现饮用场景。专业的做法是接了工商银行就专心服务金融类,接了蒙牛就专心做乳类。长期在一个行业内做下去,既能丰富经验,也不断积累人脉关系。前面说过,广告业也体现 Guanxi 的重要性。甲方的市场部也不是一成不变,耐克的市场副总监到了阿迪可能就是正职。所谓一朝帝王一朝臣,甲方也希望找熟悉自己公司的创意人员一起做事,更何况在中国还有所谓潜规则一说呢。

不过说到底,广告只是一个职业。你可以不喜欢它,也可以不热爱它,但如果需要靠这个职业谋生,就必须认真想好,一步步往上走。虽然高处不胜寒,但这句话只有站在高处的人才有资格说。

三、广告人的三种职业出路

虽然广告这碗饭不好吃,辛苦劳累不说,常要搭上身体和精神的双重代价,福利待遇还未必比得上一般国企、事业单位。但广告人心中都存着一些清高,"国"字头的企业单位虽然稳定、福利好、"金"、"险"齐全,但枯坐着喝茶翻报纸偶尔干点儿活的清闲日子,在他们看来毫无挑战、毫无"意义",他们宁辛劳一辈子,也不想求这一个"安稳"。那么广告人拼搏半辈子,能够蜕变成什么样子呢? 广告人的未来在哪里呢?

看看周围身边熟知的广告人,略作总结,广告人的职业生涯大致上有以下几种:

在广告圈里做得还算不错,职业生涯有条不紊,慢慢成长为总监级别的人,成为广告圈的职业经理人,这是一种。

在广告公司干了几年,觉得学得差不多了,不再屈于"被剥削"的地位,毅然决定创业开广告公司,自己当老板,这也是一种。

小林的看法

小林大学时读的是设计专业,毕业之后经过老师的推荐去了学长开的广告公司,做设计。小林是个比较有想法、有规划的人,刚进入公司那会儿,他将自己定位为"懂策略的设计师",对自己的规划是:锻炼五年,五年后跳出去自己创业。

于是在这个"五年计划"中,他除了做好本职的设计工作外,还经常去找策略部串串门,向他们请教一些关于广告策略、品牌策略、广告策划之类的知识,也不时找策略部同事要些方案看一看。

客户部有一位 AM 叫作小谢,小谢在这个广告公司比小林的时间长一些,几年来在洽谈客户,和客户沟通方面都积累了一定的经验,在文案、创意方面也有了基础。和客户混熟了,就有人鼓动他自己干。他一直也寻思着创业,只是觉得时机还不够成熟。小林、小谢经常遇到,俩人就在一起聊一聊,越聊越投机。

终于,在小林工作的第三年,他们的时机到了,恰巧有个客户想找小谢做个项目。小谢经过一番考虑之后,和小林谈了谈:你懂设计、我懂策略,这样吧,我们一起创业吧! 小林一看机会来了,经过考虑也就同意提前两年出来创业。

二人一共出了十来万块钱,租了间小的办公室,就算成立了个广告公司。公司的第一个项目,就是小谢的那个客户。创业的初始,基本上也没赚着多少钱,只能勉强维持着基本开支。每天的状态都是，边做着这个客户，边去寻找下一个可能的客户，提案、竞标、洽谈、计算公司今天的成本。当时可以说什么活都接，设计、活动策划、全案服务，多少有点来者不拒的味道。好在公司就他们两个人，工资可以晚点发，生活也可以靠以前的积蓄维持着。

回过头来看，小林、小谢说："创业有风险，务必要谨慎。如果想要攒几年工作经验，然后自己创业呢，在广告公司工作的时候，一方面要注意对工作技能的熟悉掌握，有可能的话多掌握一些，搞设计出身的多学点策划，学策划出身的磨炼磨炼自己的文字，因为创业往往要求你是多面手。另一方面注意客户资源的积累、学习一下广告公司的管理流程，看看哪些好的方面可以借鉴，哪些不好的方面以后自己开公司时要求避免的。另外找一个合适的搭档有时候也比较重要，专业能力上可以形成互补嘛。还要做好吃苦的准备，刚开始做广告公司都是不容易的。"

还有呢，就是跳槽了去了甲方。颇有种"翻身农奴得解放"的快感，以后再也不用受甲方蹂躏了，而自己在乙方广告公司浸淫的这些年，也为自己今后和乙方接触积攒了不少底气。

H，某国际 4A 广告公司 AE

有人说如果你觉得不可能一辈子干广告，那最高境界就是：服务一个大客户，然后因为客户对你太满意了，千方百计高薪高职把你挖过去。然后你就从累死累活处处受气的代理商，华丽丽地变身为华丽丽的甲方。

我一进这间国际4A，就听说关于这位学长的传奇故事了。他原来是我们这个 Team 的组长、客户部第二把手、公司的副总经理，服务一个大客户数年，深得客户的赏识。对方直接以副总裁职位，外加原收入的十数倍薪资邀请这位学长。

学长跳槽后，仍负责客户企宣这一块。于是很讽刺地，他转头丝毫不客气地"蹂躏"原来的这些同事们。而同事们，对这位前上司外加新客户高层，是又恐惧又崇敬。恐惧的是一向高要求的他变成客户后，越发难搞；崇敬的是看着他闪闪亮亮的派头和薪水，希望自己经年后也有这种机遇。我偶尔在于客户开会时见到其人，心里就会琢磨着，他到底强在什么地方呢？为什么会成为传奇呢？

接触几次后，粗浅地总结起来，他具有以下一些特点，让他能从同事中脱颖而出。

首先，聪明。他真的是聪明人，脑筋转得超快，他的员工们都很难跟上他的思路。

其次，创意。做广告的，如果不是专门干创意，也得是个有想法的人；再次的，也得能分辨好创意和 so so 的创意。这位传奇本人的创意能力还不晓得，但他很会及时喊"卡"。

再者，全局。话说领导干部做到一定的阶层，重要的就是全局一盘棋，谈一件事情的时候，心心念念同时装着其他相关的所有事情。

最后，细节。全局顾好了，有的领导就会把细节丢给小喽啰去搞定。但是这位传奇，虽然不是事必躬亲，但事过他那一关的时候，一丁点不对的细节也会被揪出来。

钱。工作就是为了赚钱，任何事情大小 case 的终极目的都是赚钱。很多创意或 AE 一忙都会忘记这件事情，但当老板的就要时刻把钱放在心里嘴上。

气场。有大牌的气场才能镇得住人啊，遇到气场很大的人，你能做的就是气场比他更大。

总而言之，虽然这些都是浅显的道理，但一个人能同时做这么多，还是让人感叹"牛人牛不是没有道理的"。希望从广告行业成功出头变身的小喽啰们，树立这些观点，培养这些特质，对你们是应该有所帮助。

当然了，还有很多朋友在广告圈做了几年之后，出于各种原因，自此远离广告，但在他记忆的深处，在广告圈浸淫的那几年，是他一笔宝贵的财富和不可磨灭的记忆。

第 4 章

"菜鸟"不是一日养成的

　　说到"菜鸟",在读大学的你们其实连"广告菜鸟"都算不上,充其量是个"准广告菜鸟"吧。大学四年,其实就是从"准菜鸟"变成"菜鸟"的过程,这可不是一朝一夕的事。好了,不卖关子了。接下来我们就从学校里的积累、广告公司的实习生活、"刚毕业怎么冲?"这几个角度,来谈谈"菜鸟"的养成之道。

第 1 节

ADVERTISING
进广告公司要做什么准备

大学生活,对于志在广告圈的"菜鸟"们来说,应该处于蓄势、修行的状态,究竟需要蓄什么势,怎么修行呢,应在学校里准备好什么呢?

一、办公能力很重要

对于广告人来说,办公软件每日陪伴。熟练掌握办公软件可以为你争取实习机会增添筹码。开始实习了,有时候很可能因为你更熟悉办公软件而获得重要的工作任务。所以 office 软件、尤其是 Power Point、Excel 这两个软件,请在求学期间认真学一学,不要只是简单的会用,还要掌握一定的技巧。那些一般使用者不会的功能,很可能成为你闪光的起点。

L,某国际 4A 客户部实习生

我们学校广告专业对学生的培养,有一点很有特色,希望大家都成为顶尖的 PPT 创作高手,不仅是美观,还要动作花哨艰深。所以几乎每一位同学,都能用 PPT 做出你想得到或者想不到的所有效果。我投递的实习简历,就是一个自动播放的 PPT 文件,带我的老师后来告诉我,当初我的综合评分并没有完全过关,但这个精美的 PPT 为我赢得了超高印象分,最终成为这里的一员实习生。实习期间,客户部甚至希望我针对如何制作顶尖 PPT,给所有 Account 做一个讲座。

平时,可针对不同的职位,培养相关的技能。比如说,希望从事设计,基本的设计软件就必须要搞懂、学通。比如,Photoshop、Illustrator、CorelDraw,把基本"技术"钻研透彻了,才能用这些软件表达你的美学、你的创意。想做文案,一定要具备良好的文字功底,对生活、事物、社会热点要有自己的洞察和独到观点。

二、英语是"闯荡"国际 4A 的一柄利剑

如果你有志于国际 4A,奉劝一句:好好磨炼你的英语!

这里所说的英语能力,不是"很会考试"的能力,而是真正会写、会说、会听。在广告公司,尤其是国际 4A,大多数员工喜欢用英文名。4A 公司开会、头脑风暴、探讨问题时,更是喜欢中英文掺杂,TA、Incentive、Layout、Outwork、ASAP……很多专有词汇,需要一些时间来适应。碰到这家公司的客户是老外,英语听说读写能力不强,对你进入国际 4A 会造成一定影响。此外,最新的广告案例作品之类材料也大多是英文的,掌握外语对于你了解整个行业的广告动态,也有好处。所以,请注意英语实际应用能力的培养。

三、沟通能力不可小觑

干广告,尤其是干客户执行这个职位,沟通能力非常重要。广

告公司招实习生,有时候面试过程非常轻松,就如拉家常,但这就是在考察你的沟通能力。在当学生时锻炼沟通交流能力,多参与社团组织是很好的办法。一来可以锻炼团队协作能力和沟通能力,当"干部"还能锻炼领导能力和组织协调能力。二来可以多认识一些人,不管是老师还是同学,都有可能成为你事业发展的"人脉"。但是当"干部"切忌,不可沾染死板的政治气息,或是油滑的官宦气息,那可能会成为你进广告公司的绊脚石。

这些基本能力和素质的培养,将是大家赢取实习机会、求职和事业发展的重要利器。

四、你到底会不会用网络

对于这个问题,也许很多人会说:"呵呵,网络我们每天都在用!"

但是你真的会用网络为你的工作服务吗?在广告行业工作,网络是我们获取信息、与时俱进的重要途径。快捷有效地利用网络,是对你技能的极大考验。简单地说,你知道如何使用搜索引擎吗?百度、谷歌你真正会用吗?有哪些网站可以为我们提供大量的免费数据资料信息?微博、SNS社区可不可以成为获得资讯的好帮手呢?

所以,网络检索能力这一基本功,显得尤为重要,它意味着网龄以十年计算的你和我,到底会不会用网络。在网络的学习和运用上,我们还要加把劲!

Sally,某本土广告公司AE

记得刚去广告公司工作的时候,恰好参与一个新项目,头儿安排我去收集资料。我当时以为,行业资料都是现成的,谁知道头儿只丢了一句话:"上网找去!"我就只好到百度、谷歌上一个个地换"关键词"……后来,头儿颇有耐心地给我恶补了一课如何使用搜索引擎,那可真是大开眼界啊!原来百度和谷歌还有那么多我不知道的"神奇"功能,原来行业内还有诸如 CTR、梅花网、慧聪广告之类那么多好用的数据资料库。想想,我虽然自初中开始上网,但在网络使用上还真是门外汉……

谈到这呢,顺便与大家分享一些广告专业网站。当然,这些网站只是笔者个人常去,觉得还不错的,若遗漏其他不错的平台,请多多包涵。

1. 广告资讯类(含行业动态及招聘信息)

(1)梅花网(http://www.meihua.info/)。他们的自我介绍是:中国广告、营销和传媒业的高价值信息和社区平台,为营销专业人士提供资讯、情报、资源和知识性内容。梅花网的确做到了,很多广告人都偏爱这个网站,注册之后网站会及时将最新信息通知你。梅花网是一个比较好的广告、营销资料库。

(2)麦迪逊鼓吹(http://www.madisonboom.com/)、广告门(http://www.adquan.com/)。这两个网站都是国内顶级的广告资讯网站,随时发布最新的广告行业资讯、广告作品,同时发布大量广告公司招聘信息。

(3)互动中国(www.damndigital.com/)。相比上面两个网站,互动中国关注的资讯和提供的广告公司招聘信息更多的是互动广告领域的。这三家网站,上网时可以浏览浏览。如果你关注招聘信息,可以仔细看看。另外这三家网站都有自己的微博,还不只一个,感兴趣的可以去找一找,FOLLOW 一下他们。

(4)上路杂志(http://www.36ing.com/)。网站的广告语是"点亮广告梦想之路"。虽然上路杂志的行业资讯、行业招聘信息不及麦迪逊鼓吹和广告门丰富,但有关"新手上路"方面的资讯是其一大特色。对于想入行或刚入行的人们而言，也是会有所收获的，在此推荐。

（5）中国营销传播网（http://www.emkt.com.cn/）。国内最早建立、最知名的营销与管理综合网站。想了解营销实务方面的内容，可以常去看看。很多实战人士、本土咨询人士常常去发表观点，风格务实。学广告的人，懂营销是必须的。

（6）中国广告网（http://www.cnad.com/）、中华广告网（http://www.a.com.cn/）。国内最有知名度、最具规模的广告行业品牌网站之一，用户大多是广告公司、媒体公司、中大型企业的广告及市场推广人员，内容多而庞杂，网站设计风格稍显沉闷，感觉过于厚重。

（7）品牌几何（http://www.brandvista.com/）。关于市场营销和品牌沟通的网站，更新显慢。

2. 广告创意设计类网站

（1）疯狂广告网（http://www.mad26.com/index.asp）。国内最早最大的视频广告下载网站，里面的广告分类比较齐全。与优酷、土豆网上的广告作品相比，可用"类别清晰"、"资源丰富"、"专业"来形容。

（2）顶尖文案（http://www.topys.cn/）。国内广告文案策划领域最专业的文案资源、信息资讯的发布与共享平台。

（3）顶尖广告（http://www.diggad.org/index.php）。国内广告创意人交流合作的互动平台。

（4）IDEA 视觉（http://www.addidea.com/html/index.html）。志在打造中国第一创意产业综合门户，偏创意设计类。

（5）视觉中国（http://www.chinavisual.com/）。中国最具影响力的视觉创意产业门户，是服务于中国及全球视觉创意产业的领先在线媒体、产业服务提供商及创意人群互动社区。

（6）龙吟榜（http：//www.longyinreview.com/）。

（7）创意功夫网（http：//www.adkungfu.com/）。全球华文广告创意设计权威网站。

3. 数据资料类网站

虽然大多是收费的，但也有些免费资料可以用。

（1）市场资料数据。

- 艾瑞网（http：//www.iresearch.cn/）
- DCCI（http：//www.dcci.com.cn/）
- 缔元信网络数据（http：//www.wrating.com/）
- 艾媒市场资讯（http：//www.iimedia.com.cn/）
- CTR（http：//www.ctrchina.cn/）
- 慧聪广告网（http：//www.a.hc360.com/）
- AC 尼尔森（http：//cn.acnielsen.com/site/）

（2）图片资料数据。

- 时代图库（http：//www.phototime.cn）
- 全景视觉（http：//www.quanjing.com/）
- 华盖创意（http：//www.gettyimages.cn/）

4. 专业广告网上书店

这几个网上广告书店，比当当、卓越更专业，可以配合使用。

- 龙之媒广告文化书店（http：//www.longzhimei.com/）
- 麦迪逊广告人设计图书网上专卖店（http：//www.mdx-book.com/）
- 麦迪逊中国设计师创意资源库书店（http：//www.imadison.cn/）
- 卖图库广告书店（http：//www.maituku.com/）

5. 广告行业招聘网站

这些招聘网站，比智联、中华英才网更专业，建议配合使用。

（1）中国广告人才招聘网（http://www.adzhaopin.com/）。国内首个专注广告传媒行业的招聘网站，为广告人、广告公司及公关、营销、市场等提供专业的在线免费招聘、求职及猎头服务。

（2）中国传媒人才网（http://www.36cm.com.cn/）。艺术、文化传播、影视制作、新闻出版、广告设计行业专业的人才招聘网站。

网站还有很多，不再一一列举。此外，一些广告人的博客、微博，大家也可看看。另外呢，除了纯专业的网站，还是鼓励大家多去各类有趣的网站溜跶溜跶。从事广告，没有专业知识不行，只有专业知识更不行。上网也是如此。

五、底蕴修养保证后劲十足

除了以上谈及的基本能力与素质，相关的知识储备当然也不能忽视。

这些知识储备，一方面来自于你专业知识的储备，另一方面来自于知识结构体系的构建，也就是知识面的广度、深度。广告人不能只有专业知识，更要有综合知识，这在前面已经介绍过。

专业知识方面，学好专业课是最基本的要求。即便你不是科班广告专业学生，也不妨碍你学习专业课。建议根据自己的需要选修一些课程，也可以根据兴趣喜好阅读专业书籍，这是其一。此外，建议平常多看优秀的广告作品，包括平面广告、影视广告、网络广告、策划方案，多分析案例，多思考与学习。譬如每年广告节的获奖作品集、广告人《实战广告案例》丛书、《龙吟榜》、疯狂广告网上的作品，有空就去看看。

日常生活中，每个平凡人每天都能接触到广告，多留心看看、想想，尝试用广告人的视野，也用普通消费者的心态，评价思考每则广告的成败。记得有个做设计的朋友，出门的时候喜欢随手带相机，把路上看到的有趣的户外广告、车体广告、招牌广告拍下来，随后整理出来，分析总结。这样一来，能在日积月累、潜移默化中锻炼、提高专业能力。

其次，要注意自身综合知识体系的构建。作为广告人，很多时候，问题的思考与展开，创意的发想与实现，仅仅依靠纯粹的专业知识，会暴露出较大的局限，此时综合知识体系就显得尤为重要。许多新闻传播、广告类专业都会在大一、大二给学生安排文学、历史、美学、社会学、心理学、哲学类的必修课，这其实就是为了培养学生较为综合与宏观的知识体系，养成对这些学科知识的兴趣与习惯。除了课堂，读书、看电影、听音乐、旅游、参加集体活动等都是很重要的学习途径。

有志于在广告圈发展的学生，在校期间除了学习专业知识外，应尽量拓展文史哲、音乐、电影、体育等方面的知识。这类知识也许无法像专业知识那样，在你初闯广告圈时披荆斩棘迅速发挥作用，但在日后长久的工作中，这些积淀会慢慢凸显价值，让你的后续发展更有冲劲。所以，为自己构筑知识的底蕴吧，让自己成为一个不太"浮"、不是"半瓶水响叮当"的人。毕竟"修养"、"底蕴"这些东西，并不是一日之功，需要长时间的积累、积淀。

积累不同类别的知识，有助于理解与运用专业知识。可以这样打比方，广告工作好比一台机器，我们所学的专业知识，好比基本的操作技能；我们所涉猎的其他知识，则好比机器的润滑剂、保养液。专业知识让我们掌握了这台机器的基本操作，但是机器能否高效率、无故障地运转，则离不开润滑剂、保养液的护理、润色。缺了它们，机器的运转可能出现各种各样的问题。

说到这里，突然想起一个广告圈前辈的话："很多技术性的软件,你可能几个月就能学会,然后慢慢精通。但是文史哲、艺术知识这东西却很难速成,你如果想速成是痴人说梦,他们需要你长期阅读的积淀。我们公司里有些人刚毕业进来的新人,刚开始工作,上手很快,软件、技术掌握得很快,但是越到越到最后其的优势却越来越少,为什么? 缺少知识的积淀,广告人没有知识的积淀,就缺少发展的后劲。而相反有的新人知识储备很丰富,但刚开始一些技术不太懂,显得有点跟不上节奏,但是经过师傅指点后进步迅速,有了这些技术之后,再加上他自身所具有的知识积淀,后劲十足……”所以,大学期间时间多多,是沉淀知识的好时光,切莫浪费。

六、专业书、杂书,一样都不能少

关于知识体系的构建,很重要的一条途径就是读书。平常,很多同学都迷惑“我们到底该读什么书呢”? 究竟该怎么读书,读什么书呢? 网上很容易找到诸如《广告人必读书系》、《推荐创意人需看书目》、《向中国广告人推荐 50 本“非专业书”》、《广告新人实操入门快速上手书籍》之类关于读书的帖子,可见大家对读书问题的关注。

读书,自然是基于一定的需求之上。想成为一名广告人,需要读什么书来培养基本素质呢? 记得以前在网上看过一篇文章谈广告人的入职条件,有一条很重要的就是“上知天文,下知地理,中知电影音乐和时尚”。对于这话,我们是非常赞同的。对广告人来说,读书自然是一个广泛涉猎的过程。在这里,我们可以大体上将书分为两大类:专业书与杂书。

1. 专业书

这里指的可绝不是课堂上说的那些专业教材书。不客气地说,现在的专业教材书有很多实在不敢恭维,滥竽充数者不乏其数,很多书籍山寨味十足,不提也罢。这里说的专业书,很多虽然不像我们使用的教材那样理论、那样学究,但绝对可以称为经典之经典、原创之原创。对于要进入广告行业的学生来说,专业书的价值何在? 首先是培养基本的专业素质,培养用专业视野思考问题的习惯。读了这些书,我们对这些专业知识最起码能做到"似曾相识",消化、理解后才能转化成意识层面上来,需要的时候知道哪些知识可用,知道到哪去找。

那么,究竟有哪些专业书值得读呢? 我们根据自己以及诸多业内朋友的意见,为大家整理出九大专业书系,涵盖营销、品牌、战略、广告、创意、思维等诸多内容。这些堪称经典的专业类书籍,当然无法涵盖所有的经典,在这里仅供大家参考。不过,相信精读完这些,在专业知识涵养方面,最起码不会自惭形秽。

1."现代营销学之父"菲利普·科特勒的营销书系

菲利普·科特勒博士,是现代营销集大成者。他的《营销管理》,堪称国内诸多营销学教材的母版,目前已经再版 12 次以上,有市场营销学的"圣经"之誉。

2."定位之父"里斯和特劳特的定位书系

推荐书目《定位》,2001 年美国营销学会评选有史以来对美国营销影响最大的观念"定位"就来源于此书。在此之后还有《新定位》、《营销战》等书。

3."品牌资产鼻祖"大卫·艾克的品牌书系

推荐书目《管理品牌资产》、《建立强势品牌》和《品牌领导》,这三本书被誉为"品牌三部曲",畅销全球,对全球企业界产生深远影响。此外,《品牌组合策略》也强烈推荐。

4."整合营销传播之父"唐·舒尔茨的整合传播书系

推荐书目《整合行销传播》(这本书由唐·舒尔茨及斯坦利·田纳本、罗伯特·劳特朋共同完成)。整合营销传播的概念"IMC"即出自此书,并在其后不断完善,成为指导实战性极强的操作性理论。

5."竞争战略之父"迈克尔·波特的战略书系

推荐书目"竞争三部曲"《竞争战略》、《竞争优势》、《国家竞争优势》,著名的"五力模型"、"三大战略"和"价值链理论"皆可在书中找到。

6. 奥美书系

奥美书系可细分为两大类别。一类是有关广告教皇、奥美创始人大卫·奥格威的书系,包括《一个广告人的自白》、《奥格威谈广告》、《奥格威自传》、《广告大师奥格威》。第二类是奥美公司《奥美的观点》系列书系,大部分学广告的人都曾经翻阅过,意义价值自己揣摩吧。

7."广告大师"、"美国广告首席创意指导"乔治·路易斯书系

推荐书目《广告的艺术》(The Art of Advertising)被誉为大众传播学的圣经,汇集了路易斯25年来杰出的广告作品。《乔治·路易斯大创意》,较早的国内版本译名为《蔚蓝诡计》,另外一位作者为比尔·皮茨(What's the Big Idea)。

8. 詹姆斯·韦伯·扬书系

推荐书目《生产意念的技巧(A Technigue For Producing Ideas)》、《如何成为广告人?(How For Become An Adverting Man)》、《广告人日记(The Diary of An Adman)》,作者被称为通才杂学的广告大师、广告创意魔岛理论的集大成者。

9. 思维方法及观念类书系

推荐书目《金字塔原理》、《第五项修炼》、《六顶思考帽》、《餐巾

纸的背面》、《思维风暴》、《演说之禅——职场必知的幻灯片秘技》、《消费者行为学》(所罗门、卢泰宏、杨晓燕著)、《设计中的设计》(原研哉著)。

需要说明,读这些书,指望着读完之后马上学会一技之长,那你可能会失望。这些书籍不是"方便面",知识需要你慢慢消化,甚至反复阅读,在工作之时,才会在无形之中感受到它们的价值。

除了以上这些堪称经典的专业书籍,还有一些案例类、作品类的书籍也很值得阅读。如《实战广告案例》(2010年已经出版到第四辑),叶茂中、李光斗写的相关图书、广告作品年鉴等。这里就不一一列举,以避广告之嫌。

除了专业书籍,还有许多专业类杂志,一般高校图书馆阅览室都有,建议大家多去翻一翻。《国际广告》2010年改名为《国际品牌观察》、《现代广告》、《中国广告》、《广告大观》、《广告导报》、《销售与市场》、《动脑》(台湾)、《龙吟榜》(这本杂志2010年12月正式停刊),这些杂志提供了解行业动态、开拓视野的渠道,避免"两耳不闻行业事,一心只读教科书"。

2. 第二类杂书

这里所谓"杂"指不拘一格、不限专业、多种多样,与"质量"无关,是为褒义。广告是关于人与生活的行业,人与生活又是一个复杂的命题,不是专业书所能涵盖、所能解答的。所以读书需"杂",正如国内知名广告人邵隆图所言:"广告是一个行业,不是专业。市场行销学、传播学、美学、沟通技巧、个人修养、生活形态、文学、历史、心理学、创造学之类丛书都要广泛阅读。复合杂交出优势,杂而优、杂而有序、有津、有文……"在专业书之外,需要多读杂书,读书要杂而广。

与推荐专业书相比,推荐杂书就是一件相对困难的事情。毕竟专业书目之外的都可算杂书;还有那些很有意思的杂志,比如《城市画报》《新周刊》《三联生活周刊》,没有具体的标准与界限,只要有兴趣,都鼓励大家读一读。也可以在网上(如豆瓣上)找志同道合者交流交流相关信息,在此就不再推介了。

PS:关于推荐的专业类的书籍、网络,切记不要受此局限,它只是有限的建议而不是规矩。

七、多拿赛事练练手

现在针对在校学生的广告赛事越来越多,譬如金犊奖、学院奖、全国大学生广告艺术大赛、One Show青年创意竞赛,为学生提供了展示自我的舞台。如何看待这些赛事呢?参加它们的意义在哪呢?

参与这种比赛,首先可以得到交流学习的机会,检验自己的专业能力。得奖当然是好事,可以开拓眼界,也可能赢得去广告公司实习的机会,在找工作时凸显你的能力;没有得奖,也锻炼了团队协作能力,磨炼了专业水准。所以获奖固然好,参与更重要,如果有时间,不妨多多练手。

为了让大家更客观、全面地了解和自己有关的赛事,我们对市面上比较有影响力和认可度的学生赛事进行了一番梳理,具体见附录4《针对学生的广告赛事》。

第 2 节

ADVERTISING
初探广告圈
——广告公司的实习生活

接下来,我们从学生(尤其是广告专业学生)的视角,从实习生的角度,来探探广告圈,希望能给菜鸟们一些刺激与鼓舞。

一、广告公司的实习生在做些什么

不管以什么职位(实习 AE、实习文案、实习策划……)进入公司,你基本不可能从事"实习"二字后面那个职位的工作内容。"实习"这个头衔,意味着你首要的工作就是打杂。

1. 打杂

L,某国际 4A 客户部实习生

我记得刚到公司的时候,几乎什么杂事都做,不仅是带我的 AE,我的组长、客户部的老大,甚至创意部的老大,都会让我干一些杂事,通常是打印文件、收发快递、到喷绘公司取样稿、搜集图片、收集物料联系方式,甚至是买咖啡奶茶、点餐买饭一类的小活儿。稍微熟悉之后,老大才开始带上我去和客户开会、做会议记录、给客户发一些邮件。周围其他实习生也都是忙这些活,我深切地理解到"Intern"一词对于国际 4A 来说意味什么。直到有一天,老大让我收集行业动态、做竞品分析,我与一起实习的另一位同

学,忍不住握手对望,一起暗暗激动"升职"了,我们还给自己起了个头衔——SI(Senior Intern),以相互鼓励。

的确如此,刚进公司,你能做的通常就是打印文件(有些大牌的老板,就算打印机、复印机离他只有五步之遥,他为了不分散心思,也会让你给他取文件、复印材料)、送喷绘稿取喷绘稿(你此时的客户就是喷绘小店)、收发快递、订餐买咖啡这类的工作。到的第一天,除了领到公司派给你的办公用具之外,上一个负责订餐的同事会很高兴地交给你一堆订餐卡片。基本上一个月后你就可以写一篇"订餐攻略"了,你会熟知每一位组员的口味,知道哪一家送餐比较快。

稍微熟悉办公室和客户之后,你可能会开始干给客户或同事发邮件、为策划案搜集图片或背景资料这一类的活。对于"去和客户开会"这一点,不同的公司有不同的规定,许多国际4A是不允许实习生见客户的。

通常在你大致熟悉完公司规范、熟练掌握资料搜寻的惯用系统后,就要开始负责行业信息收集、竞品分析这一类工作。这类纯信息工作,需使用到大量技巧,应在具体工作中总结。譬如:

(1)用最快的速度搜寻行业资讯,关键字是基本方法,但顺藤摸瓜了解事件的来龙去脉更重要。

(2)竞争品牌 case studying:除了呈现品牌故事、突出特点、产品情况、市场定位、传播形象、媒体投放,还必须重视消费者评价。

(3)Insight 是最重要但容易被忽视的问题。免费的 Insight 报告从哪儿来——论坛、杂志,有记忆性的博览是最重要的。

(4)资料搜集的来源——公司使用的调研系统,譬如 CTR、iResearch、咨询公司……还有梅花等资料库……此外,百度和谷歌总是有许多未知的神奇功能待你开发。

(5)时刻关注品牌:在分析资料时,不要陷进去,要保持头脑清醒,看到的资料都应想到是否对客户有启发。

......

当然以上讨论的主要是客户部、策划部实习生的工作。看完这些不要心理不平衡,事实上这些杂活可以考验实习生的基础能力、交流能力,等到你可以开始做行业分析、竞品分析了,还能看出你处理枯燥数字资料的细心程度以及你的学习能力。不过要注意的是,琐事本身并不可怕,可怕的是在日复一日的重复工作中变得麻木,忘记了你来实习的本意:成为一名准广告人。

所以,除了像勤恳的螺丝钉一样完成分给你的标准"实习生杂活"外,你还需要投入更多,尽快熟悉公司文化、运作流程,跟上同事进度,为自己争取机会。

2. 熟悉流程,跟上进度,贡献力量

实习生进入广告公司,通常被分配到的小组,都已经有了一些手头上正在进行的案子或是服务已久的客户(除非你行大运,一进组同时遇到新客户)。也就是说,除了你,大家都非常了解客户和案子的相关情况,所以就算没有人提醒你,也应该知道这一点:找到你能找到的所有与此案有关的材料,读熟消化! 抓紧一切时间跟上同事们的进度。

你可以问同事要来他们近几年做过的项目,或者在公司的共享文档里头淘淘宝贝,大到年度策略的出炉过程,小到公司惯用的PPT思路,包括公司的流程、文件规范,都仔细研读,感受公司的工作特点,重点的地方记在心里,操作的时候总是可以派上用场。

每个用心的实习生其实都会明显感觉到从旁观者到参与者的角色变换,这也是一个不断提升的过程。

首先是熟悉自己工作的流程,包括主动学习相关案例,这是一个需要稳扎稳打的过程,不需要创造性工作,只要老老实实地从基础做起。

其次是多与同事及实习老师交流，多问、口勤，他们的实际工作经验会填补许多书本空白，当然，与此同时你也可以建立起良好的人际关系，在广告公司，懂得和人交往也是十分重要的技能。

最后是积极主动参与到项目运作，不要为自己实习生身份而胆怯或不安，实际上广告公司的民主气氛会让你觉得不参与才是罪过。而且，课堂上学到的很多东西，在实际操作中也十分有用，有时候你的发言虽然稚嫩，也可以带给大家一些灵感和方向。

实习中可能会遇到困难，但不会很棘手。要能适应从学生到社会的角色转换，虽然只是实习生，但也要把自己当成公司的一员，以成熟专业的心态去做事。在我看来，心态上的困难应该比工作中的困难还要多一些。一开始应抱着开放和包容的心态，抱着期望和现实会有落差的心态来融入其中，才能真正体会到酸甜苦辣。

总而言之，试着投入，成为合格实习生的第一步，就是不要把自己当作实习生。

二、如何当一个好的实习生

Tips：实习生尤其要注意！

1. 不要游离在作业流程外

正规的广告公司，一般都有公司作业流程的电子文档，大都图文结合、清晰易懂，要熟悉每种流程走向，大的流程如一个案子、一个工作单如何走完；小的如你怎么借出幻灯机、相机等器材，怎么通知开会，预订会议室，都需要按流程行事。凡是流程，自己走过一遍才能吃透。

2. 一切按照规范成文

正规的公司都有自己的一套行文模板，笼统一些的比如分为

word、PPT、Excel 文档标准格式;复杂的通常按照工作内容来分,status、schedule、报价表、工作单、预算表、毛利成本表、媒体排期表……比如奥美的 Brief 就可以分为 DO-Brief、RED-Brief、完稿-Brief 等几种;此外,公司标准字、Logo、标准色的运用,公司名称的全名、简称……这些都要符合规范。尤其呈现给客户的东西,一定要符合规范,错别字和错误的标点都不应出现。

3. 不要一接到工作就盲干,分清轻重缓急很重要

有时候会遇到这种情况,一个小 Boss 给你一个活,你正埋头做着,突然平时轻易见不着的大 Boss 出现了,也交代了一个活给你。你自己琢磨了一下,认为大 Boss 的比较重要,于是先花时间在他身上。次日小 Boss 跟你要成果,你再跟他解释为什么没能完成,很有可能就耽误了他的工作,也有可能得罪了他,留下不好的印象。等你灰溜溜地把大 Boss 要的东西给他拿过去的时候,他还满脸惊讶:"我不着急要呀,这周内给我就行了。"

这就是典型的不区分轻重缓急。注意,在同时接到两个以上工作任务的时候,要详细询问清楚提交时间,依据工作量大小灵活安排作业时间。

4. Deadline 很重要

广告是一个结果导向非常显著的行业,所以布置给你的事情一定要按时保质完成,任何理由都不能成为你错过 Deadline 的借口。做得不够好,还有改善的机会;没有做完,你就 Out,一点机会都没有了!

5. 打好人际关系

亲和又不失个性,与客户打交道、与同事打交道、与上司打交道,亲和力是一切气场 Match 的基础。但身为广告人,没有个性的老好人会被视为"无趣","没有干广告的潜力",所以把你个性中有趣、有想法的一面尽情展示出来!

三、如何自我提升

很多国际 4A 广告公司,都有非常完善的实习培训、新人培训机制,这些培训教给你更多的是工作上具体的流程和公司文化的内容,更多是告诉你如何成长为一个广告人。除了公司的培训内容外,以下的建议,可以帮助你自我总结和提高。

1. 虚心学习可以保证少犯错误

不明白的就要立刻问、尽量问,上司忙的时候逮住也要问!

碰到新的工作,以前没做过的,就要积极去学,学得不好再去请教更好的方法。

不忘实习的目的,抑制渐入佳境之后的惰性滋生,就算没有任务,也有无尽的案例可以学习。

2. 善于观察,敢于发声

实习中可以接触的工作有限,观察是一件非常重要的事情,观察身边的人,观察他们的做事方法,在认为可以作为榜样的人身上学习自己能够学到的东西,进而提高自己。

要善于推销产品,善于说服客户,首先要善于推销和展现自己。气场和自信在 4A 广告公司里很重要,不管自己的意见是否成熟,也要做到能够大声说出自己的看法。因为很多时候你会发现,好点子也不过如此。

3. 追求完美

理想的广告人中有一大部分是完美主义者,无论是报告还是图片,无论是 word 还是 PPT,永远可以更好更完美,只有坚持坚持,继续挑剔,尽可能达到完美。

4. 日志是自我提高好方法

大部分实习生在一开始实习的时候,都会有或大或小的落差,这个落差来自之前口头上书面上的认知。也许很多时候是我们自己把"广告"这个词神圣化了,让它以这样的形象存在于我们的想像中。到了真实的广告公司之后,要抛开已有的感觉和观念,真切体验眼前这一个鲜活的广告人集体。在落差之后多用积极的心态去调整,每天记录实习日志,多多反思是一个不错的方法。

和写实习日志相似的办法还有一个,找到你同期的实习生,同组或不同组的都行,甚至不同公司的都可以,保持紧密的经验交流,可以同时了解其他实习生的体会,交换经验,共同提高。

提高自己的方法很多,很多时候,只要你用心工作,努力实习,不需要总结这些套路方法,到实习期结束,你就可以发现自己已经不是那个刚进公司时懵懂的学生了,这就是自我提高的成果。

四、令人留恋的工作环境和氛围

图 4.1　卓越形象北京公司①

---

① 图片来源：http://www.exischina.com/news_content.asp? Article ID＝150。

图 4.2 深圳风火广告公司①

图 4.3 广州奥美②

① 图片来源：http://www.flahalo.com/? action_viewnews_itemid_132。
② 图片来源：http://www.sishu.net/article/show_detail_9437.html。

图 4.4　旭日因赛①

图 4.5　扬罗必凯广州公司②

---

① 图片来源：http://www. adneusun. com/channel116. html。

② 图片来源：http://www. china4a. org/cn/pages/memberInfo. asp? newsid＝418。

WYM,2009 奥美实习生

广告公司的气氛和同事之间的气氛还是很轻松的,在奥美,如果要和同事更加愉快地相处,就一定要善于沟通,要天生是一个或者成为一个会玩的人。内向型的人还是不太适合做广告,尤其是做AE,会要求内向型的人做一些性格方面的改变,当然自己也很难做得愉快。一个人还是要做自己喜欢的工作才能发挥出优势,这跟人要在合适的城市发展,谈合适的恋爱是一个道理。什么样的人,就选择什么样的工作和生活,这样才会觉得舒服和自然,也更容易获得成就感。

之前觉得奥美是一个非常专业的广告公司,但想像中的专业又和这里所呈现出的专业不同。如果说专业,咨询公司和企业可能更像传统意义上的专业。广告公司的人员构成比较复杂,也许来自各行各业三教九流,不像咨询公司有很多学历上的要求。这跟广告行业的性质有关,本身这是一个门槛比较低的行业。因此,广告公司的工作方式和个人风格并不像传统意义上的专业和彬彬有礼,甚至有时会感到奇怪。广告人经常不按常理出牌,包括侃大山。而我不大喜欢广告公司的一点在于,工作效率不高,气氛稍显浮躁。即使下午有很急的工作需要完成,中午大家还是经常会拿一两个小时的时间来吃饭和侃大山。

这里是个大学堂,除了专业的学问,还让我学到许多做人的道理。有时虚张声势和真材实料的对比让我觉得有些困惑和迷茫。这样的想法是某一阶段或者某一场合下滋生的,当然有些偏颇和极端。而有次和创意总监聊起来,他说,中国的广告圈都是浮躁的。我说,把广告圈去了也成立。这是个玩笑,又是个事实。社会发展越来越快了,人们的心态也浮躁起来。也许,不仅仅是在广告圈有这样的感觉,只是在这个圈子里更加外露明显一些而已。好在,每个行业都有自己的优缺点和无聊的地方,而广告圈的优点在于,如果你热爱广告,最起码在这里工作你还会觉得有趣。

最初,我们都是怀揣梦想的年轻人,而我知道的,是不管多艰难,也不要被生活本身磨掉了属于自己的敏感和热情。

对许多实习生来说,实习期结束后,谈到广告公司最吸引人的是什么以及他们最留恋的是什么,很多人的回答是:这里的工作氛围和这里的人们。

国内许多4A广告公司都很注重办公环境设计,如何凸现文化、如何刺激灵感、如何完善功能性强、如何调动员工工作热情……在这样的环境中工作的我们,每天生活在创意灵感中,每天需要动脑,每天的工作都较之昨天不同,或更进一步。这就是前面谈过的"保鲜","时间就应该浪费在喜欢的事物上",我猜想这也许就是广告公司的迷人之处。

五、广告公司实习收获

在广告公司实习最显著的收获,就是你经过了"真枪实弹"的演练,掌握了广告行业的一干专业技术。表现上看,你可能开始嘴里冒"行话"了,Producer、Studio、Planner、Art buyer、butterfly、Scan……这些平时都不一定读得通顺的词儿,开始自己往外冒了;能力上看,你大概已经掌握了强大的网络检索能力、资料筛选与整理能力和半专业的呈现报告能力了;个人魅力上,你应该知道什么样的话题新鲜、有趣、能产生共鸣,如何与广告人打成一片,如何应付难缠的客户;在团队工作中,或许你学习掌握了广告人的思考能力、逻辑系统,培养了扎实工作的态度和耐性,开始有敬业的风范、专业人的样子了。

YF 的说法

YF,2010 年卓越中国 EXIS CHINA(上海)客户部战略组实习生。

说起实习的最大收获,我觉得一是能够亲身参与具体案例的策划全过程,二是能够不断地学习,汲取各个领域的营养;三是交到一群非常有意思的朋友。

我有幸参与的两个项目是浦发银行的 2010 年广告创意和老板电器的 2010 年下半年全案策划,全案的策划过程大致是这样:通过比稿拿到项目,和客户沟通并掌握客户对于年度或半年度的推广要求,在大量前期定量分析和定性研究的基础上(资金允许的情况下,经常会做大规模的消费者调研)发挥创造性思维,确定核心策略,解释核心策略,之后便是创意部以策略为指南进行具体的广告创意策划。而在确定和解释核心策略的过程中又需要不断地和客户进行沟通磨合,全案的完成并不是广告公司单方面的自作主张,需要甲乙双方的共同推进,做广告是一项创造性工作,这也是广告公司的魅力所在。

做广告也需要广博的知识做支撑,比如我实习老师是从中文系毕业的,并对此造诣颇深,多年的职业生涯又使他对于金融、时政、民生等各个领域都能侃侃而谈,因此,我深切觉得广告人对于知识的汲取广度和深度都是没有边界的,否则你将很快失去创造新鲜点子的源泉。

而对于交朋友,在广告公司实在不是一件难事,广告人是一群头脑里充满与众不同、斑斓陆离的想法,并有志于将其赋予枯燥生活的人,有了这群朋友,你简直觉得生活像个万花筒一样生动有趣。

实习就是你成为广告人前,广告公司对你进行考察和培训;同时你也考察广告行业,进入广告圈"试试水温",看看自己是不是适合,是不是还那么热爱?实习经验可以帮助你看清自己的前路,决定是否一个猛子扎进去。

JJC 的说法

JJC,2007 年深圳飞人谷营销策划,2010 年福建(厦门)新思维企划。

我是广告专业学生,但在进入大学时,对广告专业几乎没有概念,上了这一堂课才发现,广告和自己还是有点缘分,自己歪打正着的选择,至今为止看上去还是很美。相信很多进入这行的人和我一样,干了才知道合适,当然也有满怀一腔热忱,昂首阔步傲然挺进这座"大厦"的。

在没有进入这个行业前,一切看上去很美,玩创意,玩个性,甚至还能拿个什么大奖来弥补"自虐"后的虚荣心,于是一腔热忱义无反顾地跨进去。其实,真正进去了才发现,光靠激情,还远远不够。自己认为,广告行业是一个耗费脑细胞、牺牲青春的地方。专业能力,是这一行业最基本的要求,因此,没有创造力,在这一行是很难生存和发展的。

刚进入这行的人,往往带着一股激情,一心想着投入释放才华的战斗中。然而,广告人不仅要面对专业能力上的考验,更要面对意志、态度、心态等的重重考验。有时候,面对厚厚的企业杂志,文案需要做的是放下才华成为机械的校对员,而且是一遍两遍地重复看,出现印刷问题可能就是因为你的疏忽;刚进入广告工作的设计师,也许前期只能做抠图这些细小而繁杂的事;遇到素质不好的客户,遭遇客户指责抱怨、客户否定;当你连续加班,正打算过个好周末的时候,客户的一个电话,就有可能让你的美事泡汤。广告是一个创造性的行业，但却并不是纯创造性的艺术行业，我们不能如艺术家一样做纯粹的创造，因为我们需要考虑市场，考虑客户。因此，进入这一行需要承担更多，需要你放弃更多。说这么多，要明白一点，广告不是闹着玩的。不是给新人下马威，只是提早看清围墙里的情况，有心理准备才能更快上道，做得更好。

David，盛世长城上海，planner 实习生

我认为实习工作最大的收获是更加明确自己的方向，更加明确自己想要什么。广告一直都是自己的梦，当我来到中国经济最发达的地方——上海，又发现公司坐落在上海最高档的商业区的高级写字楼的时候，自己很激动，觉得这就是符合我梦想的Dreamland。

之前觉得广告人是个很浪漫的名词，但当你发现现实充斥着赚钱、办公室政治，就怎么也浪漫不起来。之前对于广告公司的敬仰，源于它与艺术结合的工作性质，但是当你发现，很多时候你都是在客户的指挥鞭下工作，而不允许你自己发挥艺术潜能的时候，它对我的吸引力也就几乎消失殆尽了。尤其当你工作了一段时间，发现在这外表光鲜的写字楼里，人们步履匆匆，食不果腹，他们的脸上写满的不是幸福而是忧愁和冷漠。

于是，我想，这不是我想要的。

有些学生在实习中，发觉自己"如鱼得水"，广告似乎激发了他们全部的热情和潜能，他们看重广告圈光彩的一面，权衡之后认为所有辛苦都是值得的，于是义无反顾投身广告人之列；更多的学生（很残酷的一个事实是，大部分甚至绝大部分广告专业学生在这一个行列里）看到了理想与现实的落差，看到了落寞的那一面，看清广告并不是他们希望走的路，于是在毕业时，已经不再考虑进广告

公司。这两种情况,都只是个人的选择,无所谓对错。若你是第二类学生,也大可不必为前程烦恼,只要拼搏,往往也能找到其他工作,因为广告专业注重培养综合素质和沟通能力,相信转行也能有好前程。

第 3 节

ADVERTISING
刚毕业怎么冲

毕业了,离校了,要工作了! 菜鸟们,你是否仍意气风发地要冲向广告圈? 别急,我们先聊聊刚毕业了要怎么冲。

一、广告圈没有门,人人都是广告人

广告圈有一个说法:当你什么都不会时,就来做广告吧。广告的多样化决定了行业的包容性,无论学生物、化学还是学历史、文学,你都可以成为广告人。百度一下你就知道,那些顶尖的广告人里面,没几个是广告专业出身。

没错,人人都是广告人。这么说,并不是为了安慰刚毕业感觉前途未知一片迷茫的你。稍微留心,你就会发现,从早上起床刷牙洗脸,上班路上的路牌和公车、写字楼楼道与电梯口、办公桌上的杯子和文件,无处不是广告。每个广告背后都有一群广告人,他们是甲方、客服、创意、设计、文案、制作、媒介。所以你应该明白,并不是只有做创意的才叫广告人。

1. 科班并没有什么优势

术业有专攻,不同的职业对人才的要求不同。懂设计和视觉,可以做设计;不懂设计会写点字,那就做文案;不想写字喜欢与人沟通,那可以做客服;如果前面几项都不是强项,但又执著地想做一个广告人,那就去做制作吧。在广告业所有职位里,对初进广告圈的人要求最高的是设计,因为文案或者客服这些功底是在日常学习和生活里慢慢积累起来的,而从事设计则必须掌握相应的设计软件,了解基本的视觉原理。广告公司不是培训公司,没人有时间来教你学软件,更没有哪家公司愿意为你埋单。

C,广告专业毕业生

我刚入学的时候,从学长学姐处听到一个传说:某化学硕士毕业的男生,进了某广告公司。可巧的是,我们学姐中有一位,因不适应文科生活,转系转入化学系。后来听说她曾经碰到过类似"化学中的传播"这种论文命题。虽然大家说来谈笑,并不知道这题目最后是怎么写的,但想来归根结底,文学化学都是哲学,学问学得再高深,到最后也都算"哲学博士"。

而且,广告公司招的新人或实习生,很多是文史哲专业出身;计算机、通讯这类工科专业学生也不少;建筑、艺术设计一类专业,更是可以直接与我们这些科班生抢饭碗。所以,我们其实并没什么专业优势的。

2. 高校的科班教育培养了什么

新闻传播这个行业里头,人们有一个不成文的认知:招文史哲专业的毕业生,从长远角度来说,比招科班生好。因为,科班生的优势在于上手快,缺点是缺乏文史哲专业毕业生深厚的知识体系,用久了发现"底虚"。而这个行业,上手本身就相对容易,文史哲专业的学生,经过培训后,可能会比科班生更好用。

如果你去问广告专业的毕业生:这四年里你学了些什么? 90％的人都会回答,什么也没学到。这个答案可以这样理解,他是因为浪费青春而怨天尤人,或者他已经达到"心中无码"的境界。现在的大学教育方向是做大,而不是做精。所以你看到关于高校的新闻不是今年扩招了多少,就是在哪个城乡结合部又新建了一个校区;到来年的夏天,你又会看到当年毕业生总计达多少多少万,比去年多了百分之几。那些即使你自欺欺人不愿意相信的世界大学排名里,即使从第一个看到最后一个,也不一定能找到一个中国的大学。在诺贝尔这一类的学术领域最尖端成就奖的获奖名单里,只会出现华裔,而找不到 Made in China。

剩下的 10％可能会给你另外一个答案:思维。这 10％的人不一定是专业成绩最好的,不一定是最有想法的,更不一定是设计做得最好的,但他们一定是对广告最有热情的。要知道,在人生不确定性最多、生活最精彩丰富或者最无聊空虚的大学四年里,能始终如一地保持对广告的热情是多么不容易。许多广告专业的学生,毕业后都从事了广告以外的工作。有的接收了家族企业,有的进了国企、外企、银行;做起了房地产……比做广告更轻松,更能致富的职业一大把,也吸引了绝大多数广告科班生。这是现实,也是广告教育界值得羞愧与反思的一点。

对广告的热情不能是一把火,燃烧一会儿就没了,更不可能燃烧整个沙漠;热情更应该像一滴又一滴的水,任何外界的冲击都无法改变它的形状,削弱它的能量,请最后一滴一滴地汇聚成一片海,属于你自己的那片海。广告教育要培养的,其实应该是拥有水一样热情的科班学生。真正拥有这些热情的学生,才会告诉你他的科班生涯学了些什么。

如果你有幸遇到这 10％的人,请继续问他,什么思维?恐怕知道的人会更少,因为对于尚未真正进入广告圈打磨的人来说,还没有机会让他们的这种思维得以实践、展示和运用。

如果必须要对它进行定义的话,它就是一种潜意识,具备强大的逻辑能力和表现能力。具体到广告上,就是基于品牌、产品或服务的 USP,产生若干与之相关联的想像,并能准确找到其中关联性最强、传递信息最准确的表现方式。这个思考过程,包括创意的来源、过程和结果。

拥有这种思维比拥有天马行空的想法更具优势,因为任何想法都必须经过这样的过程才能最终成为创意,在成为创意之前,想法只是想法。要具备这种思维,前提是了解广告公司的操作流程,熟悉出街广告的运作方式,了解客服、策略、创意等环节。若要说"科班优势",这就是广告专业学生的优势之一。因为在毕业进入广告公司之前,你已经提前了四年做准备。

所以创意就是一种逻辑的表现,这一点对策划和创意人员来说,尤其重要,在经过一系列残酷的头脑风暴最终敲定某个创意之后,不管这个创意是平面还是 TVC,它在策划人员和创意人员的脑海里已经成为一个有场景有剧情的短片,直到它像一部电影一样在每个创作人员的脑海中播放一遍。于是散会,分头行动,策划从提炼品牌和产品的 USP 开始,创意的整个过程用 PPT 表现;设计要从若干场景中找出最有表现力的进行创作;而文案,最痛苦的文案,最易被人忽略的文案,必须用一句标题来表现整个故事。

如果你非广告专业毕业,你要相信另一句话,凡事没有绝对。广告圈里就有人认为法律和数学专业的人更适合做广告,这并不是安慰你的话,前面已经提到创意是一种逻辑的表现。他们认为中文系的更感性,容易走到技巧上去;广告系的过于教条,容易陷进理论死角。相对而言,法律和数学专业的人更具备逻辑性思维,上手快。

记住,凡事没有绝对,一切皆有可能。广告圈没有门,人人都是广告人。

二、刚毕业,有机会就上, 没有机会创造机会也要上

广告公司不是学校,广告人也不是研究生,这里讲究实战主义,而刚踏出校门的你并没有多少实战经验。不要相信诸葛亮出山前也没带过兵,凭什么要求你有经验之类的话。你敢说自己就是诸葛亮吗,诸葛亮在自己领域的专业程度你有吗?即使如此,要知道诸葛亮的师傅司马徽可比作当今猎头公司的顶尖专家。专业的导师你都没有,就不要抱怨遇不上伯乐,虽然你千里迢迢跑到北上广想做一个广告人,但跑过千里的马不一定就是千里马,更何况你是坐飞机去的吧?还是坐火车?

较为正规的广告公司职位都相对固定,一个萝卜一个坑,除非前面一个萝卜被拔了才会招下一个萝卜来填剩下的坑。还有一种情况,就是公司拿下新客户,要建立新的服务团队。通常 AE 要比文案或者设计的门槛低,因为要求 AE 具有的协调能力、沟通能力和项目推进能力通常是由人的性格决定的,很多非广告专业的人都具备这些能力。文案和设计对专业要求相对较高,外面还有一大把有过一半年载工作经验的人和你抢位置。

在多次投递简历石沉大海之后,你会开始怀疑自己,甚至怀疑这个社会为什么不给你机会。冷静一下吧。问问自己是不是真的想做广告?如果答案是否定的,那么现在离开这个圈子还为时不晚。如果答案是肯定的,那么你最需要的是坚持。要知道在这个只存在单一成功观念的时代,处处都有比广告更诱人的行业,要坚

持做一个广告人多么不容易。很多进入广告圈的人干上几年就坚持不下去了。

所以,坚持。

如果不能进 4A,就从本土小公司做起。一年之后,你就是一个有经验的小文案或者小 AE 了,即使你仍然没有诸葛亮的才能,但经验这一项你已经超越诸葛亮了。更何况没有一家广告公司一成立就是大公司,今天你能叫得出名字的所谓的 4A 公司也都是由小做大的。也许你所在的公司正是一支潜力股,里面藏龙卧虎,大部分是 4A 出来的资深广告人。事实上,在广告行业真没有牛人就在牛逼的公司这一说,很多牛逼的人也许就隐藏在你公司的某个角落里,而很多牛逼的广告公司也都有一些可有可无的人。并且,工作是越做越好,人是越做越强,一年之后,也许就会有猎头公司的人替某家你心仪已久的 4A 公司来挖你,虽然这样的几率很小,但几率小胜于零几率。

不要以公司的规模和在业界的知名度来判断一家公司的实力。有机会进任何一家广告公司,只要是你想做的工作,都要不抛弃不放弃。对于刚离开家长和老师的你来说,比你资深的广告人都有值得你学习的地方,无论是工作上还是生活中。

如果能进入你心仪的公司,但职位不是你想要的,怎么办?还是冷静一下吧,想想自己到底要什么?其实大多数冷静思考的结果并不冷静,因为你尚未真正接触这个行业,不了解部门、职位间的区别,更不清楚自己的优势在哪个职位上更容易发挥。也许你连自己的优势都还不知道,是吧?

比较委婉一点的方法是曲线救国,先进去再说。

如果你原本是想做一个文案,现在只有 AE 的职位,没关系,just do it!

(1)AE 对协调能力的要求,迫使你能够用最快的速度接触公司的财务、流程、制作、创意等部门。接触得越多,朋友就越多,有句老话说,在外靠朋友,多个朋友就多条路,至少你在自己的路上不会孤独。

(2)AE 最重要的工作就是下 Brief 到创意部,所以你将是与创意部接触最多的人。在他们日常工作中,你应仔细留心这些创意人的苦乐哀愁,假想一下,如果你是那个文案,你会怎样做?你是否可以做得像他一样?如果这样你还无法确定自己适不适合做文案,闲暇时还可以同 CD 或者文案聊聊自己的一些想法,征询他们的意见。

(3)如果上面第二点的结论是否定的,那么你就安心做一个好AE 吧。如果结论是肯定的,你可以申请调到创意部做文案。如果 AD 和 CD 都认为做文案更能发挥你的优势,那么恭喜你,你为自己创造了一次机会。奥格威不也是从客服工作做起的吗?没有人愿意做别人理想道路上的障碍,即使是那些已经没有理想的人,也会乐于为你的理想让路。

三、你已经是拿薪水的人,请负责

跨进公司第一天,就要记住你已经是拿薪水的人。你可以打电话给养育你二十几年的爸妈骄傲地说出这句话,从事着让你骄傲的事业,让他们也为你骄傲。但你也别太骄傲,因为这点薪水是否足以支付你个人的衣食住行,还得看你是否勤俭节约。企业家也许是一位慈善家,但企业家做企业时绝不是做慈善。公司支付给你的薪水高低与你为公司创造的价值成正比,既然你从事基础工作,当然也就领取基本工资。

正因为你已经是拿薪水的人,你不能再抱着实习时的心态,不要因为上司交代的工作无法完成而推辞,这是工作与实习最大的区别。你要为自己的薪水负责,责任是什么,责任就是你必须要做的事情。上司敢把工作交给你,说明这就是你职责范围内的事,你绝不能让他失望。公司不是你的,但工作是你的,你必须把它做好。否则,你凭什么领薪水呢?

所以,忘记你实习时的状态和心态吧。好好完成手里的每一点工作,即使工作多到必须加班,即使你加班时别人都已下班。作为初级广告人,工作越多对你越有利。不经过从不会到会的过程,没有大量的经验积累,你又怎么成长呢? 与创意部同时上班,与行政部同时下班只是一个寂寞的传说,难道你愿意眼看岁月蹉跎,而自己永远只是一个初级广告人吗?

四、先做人再做事,先做对再做好

没有人愿意自己的团队里有一个不和的人。在你的工作能力得到体现之前,你的为人处世首先决定你能否融入这个团队。广告人是一个包容性很强的群体,你可以多愁善感,可以开怀大笑,可以故作忧郁;但大家都是拿薪水的人,没人愿意忍受你那些娇生惯养的习性、狂妄自大的个性和动则暴跳如雷的脾气。试想一下,你愿意和这样的人共事吗?

态度第一,能力第二。态度决定你对待工作的心态和责任感,能力则需要长时间才能体现和得到认可。态度是别人第一时间看到和感受到的,能力则可以慢慢培养。对于初进广告圈的你,还是先把态度调整好吧。有了好的态度,就有人愿意教你,久而久之,你的能力才会提高。所以,先做好人再做事。虽然《无间道》告诉我们好人未必有好报,但你身为观众,应该知道梁朝伟作为一个好人，得到了全部的认可。

态度里，谦虚尤为重要，刚进广告公司，很多事情是你没做过甚至没听过的，请虚心向同事请教。经验之所为成为经验，是因为有人经历过并且验证过。即使偶尔犯些小小的失误，同事和上司也会包容你并且帮助你在失误中寻找原因，虚心听教之后耐心总结，确保不再重犯。

有一点需要补充的是，千万不要为同样的事情多次请教别人。这样做的结果有两种：一是你被认为很笨；二是你被认为不够用心。这两种结果对你都没有任何好处，不要以为这是打破砂锅问到底的精神，你那是在不断地砸公司供大家吃饭的锅，也在砸自己的饭碗。上司会很生气，后果会很严重。

在经历不断的虚心请教与偶尔的知错就改之后，你已经完成了从不会到会的过渡，接下来，把事做好才最能体现你的价值。同一件事情，很多人都能做到合格，但不是每个人都能做到优。念了这么多年书，你应该知道从 60 分到 80 分容易，从 80 到 90 会比较难，从 90 到 95 会很难，从 95 到 100 就特别难。因为你需要提高自己的专业程度，了解自己的职责范围内的各项工作并能按时保质地完成。直到你在自己的领域比别人做得更好，甚至是无人能替代，这个时候你离升职加薪也就近了。

事实上，所有工作都不过如此：在自己的岗位上把本职工作做好做精，然后升职到另一个岗位，如此重复。

第 5 章

广告公司应聘攻略

希望正在阅读这本书的你们，读到此处，你能对广告有豪情万丈，仍有不怕一切、征服广告行业的气魄。对于这些别人所给你们描绘的种种，是否想要亲身尝试一番呢？纸上得来终觉浅，绝知此事要躬行。亲自去广告公司实习、工作吧。那么，到底如何才能争取到去广告公司实习、工作的机会呢？这一章，我们专门为你解答这些问题。

第1节

ADVERTISING
广告公司实习攻略

对"广告"盲目的热情,没有现实体验,是导致很多人初进广告行业立刻感觉落差很大、难以习惯的主要原因。所以,正式进入广告圈之前的实习非常有必要。对于学生来说,能在暑假或者大四时,争取进入广告公司实习,是一个不错的选择,最起码可以让你切身体验广告公司的工作、生活实况,少走弯路,理性地选择决定今后是不是进入广告圈。很多广告公司极少直接招聘应届毕业生,但常常从公司的实习生中选择一部分予以录取,所以选择去广告公司实习,也显得很有现实意义。

在争取广告公司实习资格之前,我们究竟要做哪些事情呢?

一、我们为什么要去广告公司实习

这是个很关键的问题,但实际上有一部分去实习的学生却常常搞不懂自己为何而实习。那么究竟为何呢?同很多去广告公司实习的学生交流后,发现这个问题总结起来,有这样几种情况。

1. 通过实习获得进入广告公司工作的机会

许多广告公司并不喜欢招行业经验完全为"0"的超级菜鸟。因为人才培养需要一定成本,基于广告行业人才流动率过快这样一个现况,很少有"独具慧眼"的公司愿意花时间在培养"有潜力的行业菜鸟"身上。对有志于进入广告圈的学生而言,想要毕业后直接进入广告公司,有一定的难度。

通过实习则不同。

一方面,广告公司实习生的使用成本相对较低,所以公司对实习生的需求量较大。也就是说,很多广告公司都存在长期招聘实习生的现象。打个比方,我读书的时候,就曾经听说过一个或许稍显夸张的说法:央视各个部门或节目,实习生占总人数的一半甚至更多。同样的现象在广告公司也毫不鲜见,实习生或许几个月换一批人,但他们的数量,通常占公司职员数的一定比例不变。另一方面,若你是某广告公司的实习生,要应聘同家公司的职位,相对容易很多。这是一个双向选择的过程,实习期间,实习生有机会更直接、更真实、更深入地接触了解这家广告公司,可以理性地考虑这家广告公司究竟怎么样,适不适合自己,是不是自己想要奋斗的地方?广告公司也会对这些实习生有所认知、评价,例如会请各主管、该实习生所属团队的成员对其进行打分,评估其是否具有留任的资质。比如他/她是否表现出相应的潜质,是否能够团队合作,是否与现有同事交流顺畅、建立了初步的合作默契⋯⋯若是,广告公司就会提供工作机会;若未通过评估,该实习生可能会在实习期尚未满就被 fire,劝请离开。在某些时候,广告公司把实习生在广告公司的实习期当做评价新人的试用期,这样省去培训的时间,成本也比较低。

所以,广告专业学生的实习显得尤为重要,因为可以通过实习赢得工作机会。

2. 好奇,想亲身体验一次"广告人"的生活

这种情况,经常发生在那些对广告充满热情的学生(无论是或不是广告专业的)身上,他们对广告公司很好奇,决定利用"法定"实习时间,看一看广告公司究竟是什么样子的,是否如书中所描绘的,是否如学长学姐形容的,是否是自己脑中构建的那般。这部分人出于猎奇心理,通常并不考虑太多,也没考虑今后是不是要在广告行业工作,只是单纯的想要花几个月时间体验一下"广告人"的生活。

3. 学了那么多年广告,不甘心,想去实战一把

有一些广告专业的学生直言道,他们其实并未考虑毕业后是否去广告公司工作,但心里觉得,学了那么多年广告,怎么也要去广告公司实习一段,看一看自己习得的知识能否用于行业实战。这样,即便毕业后不从事广告工作,也不枉将人生最美好的四年献给广告。

一个同学的实习心路

09 年的夏天和所有的夏天都一样,但对我来说又有些不同,开学后我即将研三,毕业离得很近了。周围的同学都开始忙碌起来,找实习的找实习,找工作的找工作,还有人一心着手准备毕业论文了,这是一个选择的路口。这个时候,我有些茫然,我想起了当年自己考厦大广告时的热情来,可是两年过去了,我的生活好像离广告很远,当初的梦想原来和现实如此背离,于是我决定要去真正的广告界去混一混。

或许一些学生的初衷,是在记忆里留下广告公司的痕迹,却在实习过程中,发现自己非常喜欢这种生态,也更坚定了进入广告圈的信念。

4. 想通过实习丰富简历,为以后找工作做准备

还有一部分学生,目的性、计划性很强,他们实习是为今后找工作做准备。

在大学生群体中,他们属于"先知先觉"的一群人。在别人混沌度日、挥霍青春的时候,他们可能在大一大二的时候就已经规划好每年要完成什么任务,来为毕业后的继续求学或是求职做准备。

俗话说,机会总是留给有准备的人。每年抢 internship、抢工作的时候,一马当先,抓着几个 offer 在手上挑的,都是这些很有规划的学生。那些没有准备的学生,最后常沦为掂着一纸内容空空的简历惴惴不安,简历偏大的字号与行间距,隐藏着虚度的宝贵的实习时间。

广告公司是一个很能考察综合实力的地方,因此,在广告公司实习的经验,还是很有分量的。将这些实习经历写在简历上,即便不到广告行业求职,也很能为自己加分! 若在一些比较牛叉的广告公司实习过,甚至可以将你的简历提升一个档次,让你不同于竞争对手。

5. 完成任务,修实习学分

一般的广告专业,都会在大二或大三的时候要求学生在暑假必修一个实践学分;大四的学生甚至要花几个月到半学期不等的时间去实习。实习也是作为课程来考核的,学分评定,需要递交实习报告,报告需有实习领队评语和公司盖章。

小部分广告专业的学生,确实是不得已而为之,只是为了修完那几个实习学分,如同应付一门课程一样。

一些学生去广告公司实习,完全是一个“美丽的误会”。比如说假期里没什么事了,闲时看到广告公司招实习生,就抱着无所谓的态度投个简历,结果由于心态好反而赢得实习机会。还有的是,在自己原先想去的地方碰了壁,恰巧有这么一个机会去广告公司,在没什么选择的情况下接受了。有趣的是,这部分“无心插柳”的人中,有些通过实习,从此无可救药地爱上广告圈。

6. 赚点钱

为了赚钱去实习这种现象当然是存在的,但只是个别情况。

对于抱着“通过实习来赚钱”这种想法的学生,你们需要知道的是:实习生基本不可能赚到钱。若抱定赚钱决心的话,请尽量避免去北上广！尽量不要选择知名大公司！

因为在北京、上海、广州这些大城市，生活成本高，租房子、吃饭、通勤……无处不花钱，"入不敷出"是不可避免的。而大公司都有固定的实习生薪酬标准（一般在 500～800 间，最高曾有 1500～1800 左右），即便是条件最优渥的公司，你得到的工资也难以维持大城市的基本生活开支。相反，如果你选择地处二线城市、规模不太大的广告公司，从成本和支出两个角度考虑，倒是有可能攒点小钱。

进广告公司实习，每个人总是有着不同的原因。我们希望的是，大家不是浑浑噩噩随波逐流地去实习，而是抱着清醒的规划去，想一想自己去广告公司希望干什么、究竟能干什么、想了解哪些内容，收获到哪些东西。实习结束之后，自我评价一下，看看是不是达到了自己的期许，是不是实现了预定的目标。

不管怎么说吧，从个人的角度，如果你是学广告专业的，去广告公司实习，是相当必要的。用一位广告公司实习生的话说：

实习是检验理论知识、锻炼自身实务能力的必要途径，特别是广告学这种实践性很强的学科，进入广告公司实习不仅可以为自己增加一份宝贵的实习经历，更重要的是能够亲身体验职业广告人们的工作和生活，这将对未来职业规划起到重要作用，有的人通过实习更热爱自己的专业，而有的人也许开始发现自己并不适合这类工作，从而重新进行职业规划。

二、广告公司实习能收获什么

1. 一份经历

有的学生决定以后进入广告公司工作，那么这次实习，就成为他进入广告行业的第一课，成为他毕业求职简历上可以书写的一笔；对于以后不打算进广告公司的学生而言，这也算是其人生中特别的经历，因为我们相信，没有比广告行业更鲜活有趣的工作了。

2. 一份认知

通过实习，有机会从书本之外的角度来认识广告、了解广告，或许了解得谈不上多深入，但却获得另一种视角。

3. 一个机会

一个进入广告公司工作的机会。实习有时能为你争取到毕业之后的第一份工作。

4. 一份记忆

在学校生涯中，有一个暑假或者寒假，没有生存压力，不是以谋生者的姿态，去一个陌生的地方实习，去交往一群不同的人，这本身就是一份难得的记忆。

5. 一种学习

书本的学习，更多的是理论。实习则是一种理论结合实践的学习，完全不同于学校。这种学习，可能是实习领队一对一的指导，更多是你通过自己的"察言观色"潜移默化的学习；这种学习，学的不仅仅是专业知识，还有对工作的态度、与客户的沟通、团队合作的精神等。

三、实习之前，要做好哪些准备

1. 资金的准备

大部分广告公司都向实习生提供少量工资，但也有一些并不提供工资、补贴、餐费等任何形式的报酬。还有一个情况，某些国际 4A 有一些特别的实习生招募计划，通常会提供较高的实习工资,有些甚至远高于一般实习工资,这也使竞争更激烈。倘若你是通过某计划进入 A 公司的实习生,而你的好友是通过寻常途径进入 A 公司实习,很可能同时期同一个办公室内,你的薪酬或许可达到他的两三倍之多。当然我们做准备的时候,还是做好没有报酬的打算,毕竟好公司的实习机会难得。这样的话,万一实习的广告公司给你发些实习补助,那可谓"意外之喜"了;若之前对补助有太多期许,反而容易出现心理落差。

无论公司提供不提供报酬,自己都要做好资金上的准备。特别是要去北上广,生活费就是一笔不小的开支。简单列个实习的基本费用清单吧。

(1)住房租金。

(2)通勤费。建议有能力的情况下,租房可在离公司走路能到的地方。因为以广告公司的加班频率,光每夜打车回家,就是一笔很大的开销了;住得近也能抓紧一切的时间休息。

(3)餐费。广告公司有一个常见的现象就是好"吃"。或许由于工作太辛苦,许多广告人都讲究每一餐饭的质量,希望以美食慰劳疲累的身心,所以公司里经常是整组或小部队人一起 AA 下馆子。尤其是团队中的台湾、香港同胞,更是对各大菜系各地小吃有极大的好奇,每天的吃饭时间几乎是猎奇的过程。对于实习生来说,常下馆子是一个与同事联络感情以及私底下偷师的好机会,但因此多出来的餐费还是有点吃不消……即便是与同事一起叫外卖,这些商业写字楼的便当,对没有多少收入的实习生而言,也是一笔"可观"的消费。当然有的公司会提供免费的午餐或者住宿,但这种概率太小了。

(4)通讯费。

(5)灵活费用。这是所有公司与单位都存在的一种费用。有时去客户那儿,难免花费一些的士费、打印费,报销要经过上司、顶头上司、财务多重程序,因此同事都是累积到了四五百元后统一报销,一般不会每天报、每次报,所以身为公司临时一员,你也必须考虑这项费用,免得捉襟见肘。

所以嘛,为了节省时间、专心致志地学习,提前做好 Money 上的准备是很有必要的,这样才能保证不分心、衣食无忧地实习。至于如何准备,那就是个人的事情了。尤其是去北上广这些地方实习,费用问题一定要考虑清楚。除资金准备外,在远赴外地之前,联系好住的地方也很重要。

2. 精神的准备

(1)谦逊,请勿自以为是!! 除了物质上的准备之外,更重要的就是精神上的准备。很多学生去广告公司实习之前,存志高远,觉得自己热爱广告懂广告,俨然一副广告人的样子。殊不知面对真正的广告人,自己只不过是一个"准菜鸟"。

有的人觉得自己懂很多理论,比如什么"4P"、"4C"、"USP"之类的专业词汇,殊不知自己毫无实战体会;有的人会几个绘图软件,进了广告公司,特别是不太正规的广告公司,发现一些同事不懂这些东西,内心里还不由得鄙视对方。这样的心态,还是不要有的好,端正心态,你是来学习、你是来实习的,不管他们懂不懂这些基本理论和软件,都是你的前辈!

(2)由打杂干起,争取一切机会学习。有些学生总是自我感觉良好,觉得在广告公司干活,就应该去参加项目、参加创意、参加策划。实习开始之后,被安排做琐碎的事务性工作,与其预期出现很大反差。

作为实习生,去广告公司实习的周期一般较短,通常只有一个月或几个月的时间,但广告公司的一些项目常是长期的,缺少相关经验就无法参与其中,这本身就是合理的,无可厚非。有机会参与项目固然好,不能参与也不可消沉失望,应该认认真真地做好公司给你安排的实习任务,主动跟上同事的工作进度,了解客户服务现状,感受工作氛围,尽快融入,争取参与项目的机会。

有时刚到一家广告公司实习,上司就会直接给你安排一些活,但并未交代你如何干,怎么完成。这可能是公司考验你的手段,除了要问清楚上司需要什么样的成果,还可以请教前辈完成的技巧。一般广告公司会给实习生安排一个"师傅",给予指导和帮助,师傅也负责给你安排工作,你要做的就是多看、多问、多沟通。

实习可以收获一些东西,也要暂时放弃一些东西,比如安逸的校园生活、投入产出的极度不均衡、同正常员工一样长时间加班、公司里难免的纷争。但实习生收获的远远多于失去的,实习中学到的,是关乎未来的经验和技能。

除此之外,了解实习环境,有规划有针对地准备也是不可少的,包括了解实习的公司、城市,提前联系好住的地方、熟悉交通线路。如果你在当地有朋友呢,这将会为你省去很多麻烦;也可以主动联系实习公司的有关联系人,通过他们获得帮助。

四、如何寻找实习信息、获得实习机会

对于要去广告公司实习的学生来说,我们到哪里获得实习的机会呢? 一般而言主要有以下三种

1. 网络招聘

国内的广告专业网站(论坛)、求职类网站,或学校里的就业信息中心、BBS论坛,专业里的QQ群、飞信群,时不时会有广告公司招收实习生的信息,平时应多关注。目的更为明确、实习意愿方向强的学生可以持续关注自己想去的公司或企业官网,甚至可以主动发信询问暑期实习的相关信息,这些都应该尝试,没有公司不

喜欢怀有积极主动态度的潜在员工。

Tips：一些提供实习信息的网站：

实习吧 http://www. shixi8. com/

Hiall http://www. hiall. com. cn/

中华英才 http://www. chinahr. com/index. htm

智联招聘 http://www. zhaopin. com/

应届生 http://www. yingjiesheng. com/

广告门 www. adquan. com

上路杂志 http://www. 36ing. com/

麦迪逊邦 http://www. madisonboom. com/default. asp

广告人才招聘网 http://www. adzhaopin. com/

互动中国 http://www. damndigital. com/

应届生：www. yingjiesheng. com

2. 更重要的途径是人脉资源

人脉资源包括学长学姐资源、亲戚朋友资源和老师资源。除了 4A 或者规模相对大的广告公司，许多广告公司通常都不公开招募实习生。在这种情况下，广阔的人脉资源将助你一臂之力。看看周边的朋友、以前的学长是不是在广告公司工作过，或者和广告公司有业务往来，如果有，可以通过他们引荐。有他们的推荐，相对来说，面试难度将大大降低，将事半功倍，也能节省不少往返面试的费用。

W，广告专业学生

找实习这件事，说起来容易办起来难。一开始，我开始到应届生、广告门等网站上留意实习信息，机会不少，可是大部分广告公司都在北上广这样的城市，要想找到一个合适的机会还真不那么容易，地理位置不便，也会让公司和个人考虑成本、实习时间等现实因素。

机会往往出现在不经意的地方。这个时候原来认识的一个学姐找我办点事，顺便和我聊起近况，我告诉她我最近正在找实习，她听后笑了："你今天算是碰对人了，正好有一个师兄刚开了一个公司在招人，我可以帮你去问问。"真是得来全不费工夫，我怎么忘了这茬呢！厦大的广告校友在业界可算分布广泛且相当有名，有很多大牛还开办了自己的公司，我怎么就没想到利用一下校友资源呢。这位热心的学姐自己就曾经在著名的Y&R做策划经理，后来还在健力宝公司等公司做过品牌，让她帮忙找一个实习，应该不是什么难事。果然，几天后，师姐就给我电话了，说师兄那边让我发一份简历过去，如果没什么问题可以随时过去开工。

除了学长、亲戚朋友资源之外，老师资源也很重要。大学的老师，手中或多或少会有广告公司资源，比如以前的学生毕业了在广告公司做到高层，或者自己创业开广告公司，还有老师与广告公司合作，这些公司需要实习生的时候，会主动拜托老师给推荐些好苗子。我读书那会，由于导师在业界的影响力，常常会有很多的广告、营销公司让他推荐实习生，许多学弟学妹由此获得宝贵的实习机会。因此，老师推荐是一个更为轻松的捷径。

对于这些宝贵的人脉资源，我们要充分利用。在确定自己想去广告公司实习之后呢，就要提前和亲戚朋友、学长，还有师长，联系，传达自己的实习意愿，提前准备好简历。

还有一种是学校的资源。一些广告公司会到学校专场招聘实习生；一些广告公司与学校签订实习生计划，每年按照约定选拔实习生；很多学校的广告专业都会有实习基地，同广告公司签订实习协议计划，有些有长期深入合作的公司，甚至为实习生提供保障的条款；一些广告公司会主动联系院校来要实习生，有的会直接联系相关专业院系，院系里会把这类信息挂在网站上，或在学生的QQ

群里发布。一些公司不直接找院系,而直接委托熟悉的学生,让他们在 BBS 论坛上发布相关实习信息。

3. 参加比赛,赢得实习机会

坦率地说,通过比赛赢得实习机会的与以上几种相比,难度较大。不过参加比赛能一举多得,一方面,有助于提高专业能力,有机会和全国各地的准新人们一起过过招,看看自己水平如何;另一方面,如果赢得比赛,进入业内顶尖广告公司实习,也可以算是一箭双雕。就目前来说,国内比较知名的此类比赛有创意功夫网的青年创意例赛、One Show 的校园大使活动、金犊奖等。详见后文附录。

五、关于实习简历

关于实习简历,需要考虑的是:如果是让亲戚朋友师长推荐,简历由于很容易递交到负责人的手里,所以只要在内容上符合要求就可以了;如果通过网络、自己联系等方式投递,就要考虑如何让你的简历在一堆简历中脱颖而出。具体情况我们将在工作攻略里介绍。

六、关于实习面试

关于面试的具体注意事项,我们也将在工作攻略篇中详谈。实习面试要如何准备,准备到什么程度,同你如何寻找到实习机会有很大关系。

比如说一些借助人脉资源获得的机会,只要简历不太差,实习的事情基本上也就定了,很多情况下是没有面试的;就算有面试,可能也就是部门的主管和你简单地聊聊,介绍一下双方的情况而已。一些小广告公司甚至看看简历没有问题就通知你去见工。如果你通过网络联系投递简历,或者参加校园实习计划来寻找实习机会,可能面试就要相对正规一些。通过参加赛事赢得的实习,赛事本身就是广告公司的面试过程。

在这里,与大家分享几个参加过并且顺利通过广告公司实习面试的学生的经历。

WYM,广告专业学生,2009奥美实习生

和学院有合作项目的广告公司,面试程序较为简单,一般只分为简历筛选和面试两个过程;但若以个人名义投递简历,则需要经过两到三次面试。客户部的面试一般需要经过AM(客户经理)、BD(业务总监)等面试环节。创意部的面试也有两层,一是创意总监,一是TRC(人力资源),但主要决定权在创意总监。奥美的培养计划很多,包括亚洲计划、新兵计划、林宗纬红领带计划等,都在网站上有详细的介绍。

一般奥美都会要求实习生做一份自我介绍,普通word文档格式的自我介绍是很难被选上的。不管是想去客户部还是创意部,大部分都要做成有创意的PPT形式,彰显自己独特的个性。但也不需要太复杂,不需要运用太多技巧,以有冲击力、有创意、简洁明了为主。

面试时要呈现自己最真实最自然的状态。专业知识是必备的基础,而大多数情况下,还要看一个人的气质和性格符不符合广告人的素质。要去做AE、Art还是Copy的实习生,自己的特长在哪方面,要有清晰的认识。一般来说,做AE的要求相对低一些,而要做创意部的实习生则必须有很棒的作品。作品在创意部是基本要求,如果想在广告行业从事创意方面的工作,基本是靠作品说

话。聊天的内容上大都比较随意,主要观察沟通能力、对职业的兴趣和热情等。在确定了自己最适合扮演什么角色之后,再根据相关资料进行充分准备。面试的状态是要放松的,但面试前的准备也是必不可少的,比如对公司文化、公司制度、公司主要案例的了解。可以事先准备一两个问题,在面试结束时提一下。"

再和大家分享一个在上海盛世长城实习的朋友的经历:

Jacqui,2010　Saatchi & Saatchi 实习生

我是今年 8 月份从 SNS 网站上看到 Saatchi 的招聘信息,要求写得很简单,搜集整理资料,竞品分析 etc,觉得自己可以做,就投了。

自己本来在一家外资的咨询实习,不论老板还是工作环境都不错,实习本身也能学到很多,不是很想跳槽,所以就不是很 keen on Saatchi 啦,只是觉得 4A 会比咨询轻松点,咨询实习的这段时间太累人了,我的 kidney、spleen、liver 各种不大舒服,脸上还冒痘痘……我是女人唉,要多注意保养,呵呵,所以还是投了。

大概一周后我接到面试电话,问我有没有时间这周五去面试,我讲"没有"……囧,这个暑假面的公司太多了,已经产生面试疲劳……then,电话那头就讲,那可能就没机会咯……我讲"哦,没事,谢谢你"。谁知道过两天,在我正在上班的时候,Saatchi 又来电话,问下周一可不可以……这下我说"有"……我承认我是个心软的孩子,人家多打一次电话我就动心了,嘿嘿。

于是后来周一就偷偷从公司溜掉去静安寺……

面我的是个 Senior Account Director,第一轮面试的问题很常规,都是针对简历上的经历,我之前没有在广告公司做过,经历都是 MKT、Sales、Consulting 这类的,于是老板主要就问我,这些经历和我们这个职位有啥结合点。我就 blabla,谈这个世界上没有

一个职位是独立存在的，都是有联系的啦。我虽然实习的 position 各异，但都是在很有计划在 accomplish work experience，而且这些经历都和这份 AE Intern 的职位所需的能力相符合。比如 sales 锻炼了我的口才和沟通能力，MKT 接触到 4P，Consulting 帮我打了扎实的 research & analysis ability 的基础啦⋯⋯这些能力对做好 AE Intern 的工作都很重要的啦。

Anyway，4A 的 director 哪有那么容易被 bamboozle，人家天天帮 500 强做包装，我这点包装自己的小本事还是没能让他相信我合适这个职位⋯⋯

结果最后他对我了句让人大跌眼镜的话："好的，我觉得你有必要回去思考下人生，想清楚自己要干什么了再给我电话，约个时间再面一次吧，我不想招一个实习了三个月就走人的 Intern，我想要一个愿意在广告行业做下去的实习生。"

"⋯⋯好的|||"

我有点 depressed，情绪也变得有点浮躁，心想："你们到底要怎么样啊，哪有这样的⋯⋯"算了算了，全当好事多磨吧。

然后是"思考人生"的过程，话说我都思考这么多年了＝＝，为了进 Saatchi，就再思考思考下|||⋯⋯过程就不说了⋯⋯

一周后，我再次来到 Saatchi 的会议室面试，这次 Director 叫来了位 Manager 和他一起面我，Manager 从头到尾并没有纠结我的人生问题，只是简单地问我对要做的这个品牌的了解情况，然后能不能做竞品分析什么的⋯⋯这些对我来说都不难，只要不问我"人生的问题"都行，呵呵。

大概和 Manager 谈了半个小时，Director 才进来⋯⋯终于要问我人生的问题了⋯⋯

问我是怎么样一个职业规划，我很坦白地说我还不清楚，但是我会在这好好实习的⋯⋯blabla⋯⋯

然后他们出去商量一会,回来的时候,Director 就问我啥时候能来上班,我就说你想让我啥时候我就能啥时候……哈哈,我知道自己进了。

其实广告公司的实习面试没有固定的范式,不要把事情想得太过复杂和困难,保持自信、展示风采是很重要的。我的几个同班同学的经历都不一样,有一个参加奥美和厦大暑期实习计划面试,面试官只是问了他的爱好,他豪迈地唱了几嗓子京剧就拿下了。另一个同学,实习面试时遇到奥美的董事总经理 Tyson,两人就闲聊了家庭、生活之类的问题,感觉是很私人的聊天,并没有涉及广告专业问题。还有一位,远赴北京去面了盛世的 Planning Assistant,面试官只问了他平时做些什么,全程不过 5 分钟。

Fay 的说法

Fay,厦大广告专业学生,经历 2010 奥美暑期实习 AE 面试。

一、经过

提前了解一下奥美对 AE 和 Creative 的要求。我投的是 AE,所以我就把奥美对 AE 的要求认真地看了看,希望回答的时候能符合这个职位。接着了解一下奥美比较成功的案例。着装整齐,千万别穿正装,整体态度不要太拘谨,广告人可不是银行职员。

面试时间约 20 分钟,中文,厦门奥美业务总监一对一面试。

1. 常规性问题:给你一分钟说服奥美选你

姓名,专业,热爱生活。我的介绍核心是我很热爱生活,我喜欢观察,喜欢研究新现象并分析。因为我热爱生活,我对生活的洞察比较细致,适合做广告。因为我热爱生活,所以我不怕加班,广告的高压生活对我来说也是一种生活。我希望能到奥美做 AE 实习,因为 AE 需要了解市场服务客户多一些,我的美术技巧不精湛,Creative 不符合我的兴趣。

2. 介绍一个你研究的广告品牌及你对它的研究心得

五谷道场。由成功到失败,这个牌子沉浮三年间的成功是因为差异化定位和营销,我介绍了当时的广告的代言人以及大规模投放,牌子一下打响了。但失败是由于市场本身的特性以及这家公司的资金链断裂。

这个时候,面试官有点意外地问我,你怎么会关注企业本身的规模和资金,看来你不仅仅关注广告。我就说了,广告主倒下,广告自然就没了,我们厦大不仅是研究广告,还研究营销等等,我比较注意深入挖掘(奉劝学弟妹一句,平时研究东西,不妨多看多挖点,讲出来的时候也比较言之有物。广告和市场肯定是离不开的,不要仅仅把眼睛放在广告做得多好看,获了什么奖,代言人多好,媒体多高端,背后的东西才是广告人真正要下大工夫去做的)。

3. 你觉得大学有必要设立广告学科吗

我曾听过奥美的高层 TB 先生说过,他认为大学不必要设立广告学科,更不需要设立研究生学位。但我不赞同 TB 先生的观点,我认为是一定要有的(因为自己放弃四年英语所学,转考广告学,如果回答没必要,那我不是自打嘴巴嘛)。

面试官说:你见过 TB? 我们公司都觉得不需要设立广告学科。那你说说原因。

一旦阐释原因,必然注重逻辑,由最重要的原因说到比较不重要的原因,不必面面俱到,但至少要说得有理。

我的回答:TB 来我院演讲的时候我认真做过笔记,所以记得很清楚,我认为大学需要设广告学科的原因至少有两点。(1)有助于培养系统的广告学科人才。人才是广告公司最重要的财产。一个广告知识齐备的毕业生可以很容易上手业务，虽然许多广告人都非广告专业出生，同样做得很出色。但是，在当今社会，设想一个公司以学徒制带广告毕业生和一个广告知识完全为零的白丁，前者无疑可以让公司节约巨大的财力和物力，效率也会提高。广告是实践性很强的工作，但再强也离不开完备的知识体系的支持。(2)学院是理论界的基地，大学设立广告学科，可以聚集一批有能力有兴趣研究广告现象广告理论的人才。所以，无论是从实务界的人才输出看，还是从理论界研究力量栽培看，大学设立广告学科都非常必要。

4. 说一说你最喜欢的一个广告

太多了。我说两个吧。

一个是宝洁玉兰油的"中国式美丽"，贾樟柯导演导的，讲述中国女人的各种性格，都十分美丽。我喜欢这则广告，它把女性的心理挖掘得很透彻，我每次看这个广告，都觉得有一种力量，我觉得万千中国女性都会为之动容。

另一个是香港许鞍华导演的"建设银行亚洲"系列广告。金融危机背景下，人心惶惶。家是最好的心灵庇护所，父子俩的对话，小夫妻对未出世孩子的期望，这些细腻的小语言给人温暖和希望，建设银行亚洲的"建现在，见未来"主题也逐渐明朗。

我喜欢这样有故事，有力量，且与产品性格十分吻合的广告，让人百看不厌。

5. 为什么想学广告，什么创意受广告启发

我之前也说了，我觉得广告是可以把生活结合得很好的学科，符合我的性格，我就是喜欢生活中的一切。

受广告所赐，我做过最有创意的事是之前高三太焦虑，因为看到一个保险广告讲单亲妈妈知道自己快死了，所以提前准备很多

钱要留给孩子。我当时想,每个人都要经历高考,我的焦虑不想给我爸妈讲,怕他们担心,但是,又很想他们安慰我。每个人都会遇到突如其来的困难,这个时候希望自己能承担,但这个时候很希望长辈指点。所以,在高三省考之后,我用当时高中的作文本写了一封给未来儿子的信,告诉他我此刻的感想,希望他能和我现在一样,坚持过去。后来越写越兴奋,不仅自己开心了很多,而且,这个习惯就一直保留下来,每年我都会在特定的日子里面写一封信给他,告诉他我这一年的状况、遇到的事儿和人,对一些特别的事的看法,以及对他的告诫,等等。

到今年为止,我的高三作文本已经换了一本新的,继续写。我觉得这是我做过有创意的生活小事。

面试官问我说:"你写信时候的洞察是什么?"我突然回答不上来,我不知道该怎么回答,我就说:"是我对小孩的爱,我觉得人都会遇到需要开导的时候。"

面试官说:"洞察是什么? 其实就是一种发现常人所不能发现的心理,这个很难,也有很多,我们做广告需要寻找最核心的那一条,希望以后你要好好学习这方面。你的故事中的洞察应该是——时间总是向前的,人都想留下些什么有用的启发给后人。"

6."如果现在告诉你奥美觉得你不适合,那么给你一个机会再次说服我"?

听到这个问题的时候我的心都凉了,因为此前的互动我还是挺满意的。这个问题真的很不好答,但还是得硬着头皮回答:"我觉得在这么短的时间内让您完全了解我,认为我适合奥美,这的确有点儿难。但是,我希望您能给我机会,多多了解,您就会发现,其实我很合适,而且我会很努力很认真。如果您此次不给我机会,那也没关系。毕业之后我还会投简历给奥美,我会继续努力的。"

一个礼拜后接到奥美电话通知,安排我到广州,尽管我当初回答志愿的时候顺序是"上海—北京—福州—广州"。

二、后话

没有什么捷径,技巧在于平时积累,案例准备一两个,对自己挖掘深一点,回答的时候尽量真诚,不会就不要硬撑,说你不清楚就好了。广告公司的人挺放松的,比较喜欢想法多一点的人,不要太死板,但绝对不能太高傲。

JL,广告专业学生,曾实习于扬罗必凯

我获得扬罗必凯的实习机会,也算是阴差阳错。当时刚好有个大我们好几届的师兄在里面工作,而那个学长认识一个学姐,我偶然认识了那个学姐的好朋友,于是通过层层关系和校友情谊,我的简历递到了那里。

我们的师兄是策划总监,一面就是他面试的。自己人好说话,他就问了我一些基本功,比如普查要调查多少人,你认为什么才是好的策划,你觉得你比较擅长做什么,这些跟你要进来实习有什么关系吗……这一类问题,只花了几分钟的时间。下午两点半左右一面,四点左右就进行了二面,面试我的是人力资源总监,问题基本上围绕简历,外加实习薪资待遇(我是06年实习的,当时扬罗必凯实习生没有工资,也不管住宿,工作日每天提供10块的午餐补贴,加班打的费报销)。

周五晚上就接到通知,告诉我可以进策划部了,下周一开始上班。实习的几个月中,客户部希望调我过去,但策划部也需要人,于是我就一直在策划部待着,偶尔兼顾下客户部的工作。扬罗必

凯在 4A 界算是个非常低调的公司，我的实习过程总体还是非常充实愉快的。

LDD，奥美暑期实习计划实习生

我是通过奥美与厦大的实习生计划获取实习资格的，全程分为简历和面试两大部分。

简历阶段

你好，奧美。你好，明天！

最近閱讀法國女作家弗朗索瓦絲·薩岡的處女作《你好，憂愁》，她對"憂愁"這一"以其溫柔和煩惱"攪得人"不得安寧"的感情的那聲著名問候"你好"——Bonjour.
所以用我最近的閱讀心情來稱呼您一聲：你好奧美，你好明天！

你好，奧美，你好，明天！

[illegible]，就讀於[illegible]，剛剛來的研一學生。
本科讀的是釋放天性的廣播電視藝術學，所以現在是廣告行業的新人一小個……
生活得五彩斑斕，學習是生活的一部分，旅行是生活的另一部分。
正兒八經[illegible]，不是特長生，但是特長不少。
除了拿機器拍片子，也是從小抱著鳳凰膠片單反長大的孩子。
大學學了一些能把照片上的自己變美的小伎倆若幹。
喜歡一些美好的事物，諸美文和諸食物。
也是是國家導遊一份子，大學時沿著京廣線北到哈爾濱，南到香港。
正在策劃一場赴東南亞見留學同學的口號為"沒錢也要去旅行"的大型活動，參加人員暫定為我自己。

[illegible]，希望好運連連。

希望一聲"你好，奧美"，也能喚起你對明天的希冀。

我們素未謀面，當然彼此不太了解熟悉對方的資訊檔。只需輕輕地一瞥，對視，交談，便知道是誰的心願好。
別忘了根據屏幕下方的聯系方式跟我聯系。
我的電話是[redacted]
我的郵箱是[redacted]@163.com

简历"你好，奥美！"

简历关通过之后，我收到了这么一封 email，祝贺我进入面试环节：

Dear Ms Li：

感谢你来信申请奥美的实习机会。

同时，恭喜你！！从近 80 位申请者中脱颖而出，成为进入面试阶段的前 36 强。

你仅凭着一封 email,成功推销自己。

你的"销售话术"成功打动评审,勾引出评审想进一步认识你的欲望。

我们将另行通知面试的时间及地点。

先感谢你的耐心等候,并谢谢你对奥美的偏爱!

如果您有任何疑问,欢迎联络奥美。

Tyson Deng

Managing Director David Advertising，Taiwan，Taipei

Managing Director Ogilvy & Mather Advertising Fujian，China

Office：×××××

Fax：×××××

E-mail：×××××

随后不久,又收到具体面试安排的通知邮件:

亲爱的 LDD 同学你好,

首先,感谢各位踊跃来信申请加入奥美实习生计划,与我们一同成长与奋斗! 经过详读你的履历,很高兴邀请你来参加进一步的面谈。每人面谈仅 20 分钟,因此有几项原则请大家把握及遵守!

(1)面谈前,请务必深思熟虑,选择两个你极欲前往实习的城市。由于每个办公室均只有两位实习生名额,因此我们会权衡你的面试分数及选择实习地点而分发。

(2)每人面试时间为 20 分钟,因此若有作品欲呈现,请务必打印出来或在进入面试前准备好你的设备。

(3)以下为每个人的面试时间,希望各位能准时前往面试地点,以免耽误到自己或他人权益。

面试时间表 42 人 → 8 人

	5/14（Thur）		5/15（Fri）		5/16（Sat）	
1	1000～1020		0900～0920		0900～0920	
2	1025～1045		0925～0945		0925～0945	
3	1050～1110		0950～1010		0950～1010	
4	1115～1135		1015～1035		1015～1035	
5	1140～1200		1040～1100		1040～1100	
6			1105～1125		1105～1125	
7			1130～1150		1130～1150	
8			1155～1215		1155～1215	
9			1220～1240		1220～1240	
10			1245～1305	LDD	1245～1305	
			Lunch Break		Lunch Break	
1			1400～1420			
2			……			

最后，由衷的提醒，有鉴于去年曾发生过录取的实习生未前往报到及自行提前离开，因此我希望各位同学再次沉淀，问问自己是否有志于广告业。若已很明确知道将来不会从事此行业，那么请你务必来信告知，将这个机会让给有需要的人。

再次，感谢你的申请，期许各位当天都能有个亮眼的表现，并预祝你们面试顺利！

若有任何疑问，请与我秘书 XXX 联系：

XXX@david-ap.com

福建奥美广告

董事总经理

邓台贤

190

面试过程

当时面试的地点是厦门奥美,面试官只有福建奥美的董事总经理 Tyson 一个人。整个过程严格来说,就像一次聊天,持续了大约 15～20 分钟的样子。

内容呢,主要是 Tyson 花了几分钟讲了在广告界工作的经历。他说我的简历让他记忆比较深,面试呢就是看看人和简历对不对得上。面试全程非常轻松、随意,这可能也和 Tyson 这个人比较轻松和蔼有关系吧。

第2节
ADVERTISING
广告公司求职攻略

前面介绍了许多广告圈、广告人的信息,谈了一些在广告公司工作、实习的情况。你们当中或许有些人已经去广告公司实习过,亲身体验了广告圈的氛围,也算是初步接触了广告公司和广告业。但直到现在,我们充其量也只能算"准广告菜鸟",想要成为"广告菜鸟",必须真正迈入广告圈,进入广告公司,从底层职员做起,亲身体会"广告人"身上背负的光环和压力。对于立志成为广告人的人来说,以下就是过来人的经验谈,希望能够帮助你了解"如何才能真正进入广告公司工作"。

一、你真的做好决定了吗

在谈这个问题之前,本着负责的态度,还是请大家慎重地考虑一下,你是真的决定以"广告"作为你毕业第一份工作了吗?

实习的时候,你还可以托辞"实习生并没有很大的责任在肩上"。工作则不同,不能再靠空虚的热情来混日子了。有些刚毕业的学生,对"广告人"的光环仍有幻想,豪情万丈地决定投身广告事业。到了正式的工作岗位上,在短暂的激情之后,发现"广告"和自己想像的有所出入时,于是如怨妇般苦闷、抱怨,甚至试用期未过,便急不可待地"抛弃"广告,转行或跳槽。这样的事情常常发生,所以提醒一句"入行需谨慎,后果需自负"。

我们想说的是,在决定投身广告圈之前,还是有几点要提醒大家,当你真正把这些考虑清楚了,那么,广告圈敞开大门欢迎你。

首先,需要提醒的是,对待人生第一份工作需慎重,特别是在行业的选择上。

毕业找工作,是你人生的第一份工作,是踏入社会、踏入职场的开始。对于每个人来说,"第一份工作"是事业的开始,是人生的新起点。第一个行业、第一个工作岗位对尚处于社会化初期的年轻人的职业习惯的养成、工作价值观的树立、工作方式的塑造,都起潜移默化的作用,它能对你今后未来发展的方向产生重大影响。所以,常言道"男怕入错行,女怕选错郎",这话不无道理。笼统地说,若选择广告行业作为第一份工作,那么你能培养的能力包括逻辑思维能力、发散思维能力、与人相处沟通的能力和忍耐力等。相对要承受巨大的压力以及刚毕业数年相对清贫的生活。

其次,你是否真正了解、适合"广告"这个行业。

纵然广告行业是一个充满吸引力，充满挑战的行业，但在表面的光鲜背后，广告行业还是相当辛苦的。所谓客户认可、作品出街的快感，通常只能保鲜一刹那；加班是常态，被客户蹂躏是不可避免的；作品被翻来覆去地修改是正常的；而所谓很多的风花雪月、光鲜亮丽，也只是很多广告人的意淫。现实就是现实，真正的广告，不是肆意的天马行空，一切必须以客户的满意、产品的销量为目标；广告公司终究是商业机构，只有赢利才能继续生存。这一切同书本中描绘的，同你脑中的想像的落差实在很大。你是否有好的体魄，你是否有好的心态，你是否能忍受客户的"无理取闹"，你是否可以暂时放弃与爱人的卿卿我我？你必须权衡这些冲突与你对广告的热情。

还有就是，广告行业的进入门槛还是比较低的。许多行业讲究"科班出身"，但在广告圈，这就未必。奥美的 TB 宋秩铭曾经和广告学专业学生讲座时谈到，他很奇怪怎么还会有广告专业这样一个专业。所以呢，即使不是广告专业科班出身，也没有关系，许多广告公司的大佬求学时的专业都和广告毫不搭边。这充分展现出广告行业"不拘一格选人才"的包容性，只要有才，只要敢来，英雄不问出身。选择广告业，就要充分考虑这一情况。

曾经问一个朋友为何选择进入广告圈，他这样回答："在我年轻，还有梦想的时候，我觉得就应该努力去实现自己的梦想，而不是考虑一时的得失。也许我没有大家所认为的那种长远规划与理想，但最起码在我老去的那一天，我不会遗憾地对自己说，'当年我对广告圈也那么感兴趣的'，或者'如果再给我一次机会，我会选择进入广告圈'之类的话。年轻时有梦想就去实现吧！"

你呢，选择的权利还是交给自己吧。

二、明确你的目标

在决定进入广告公司之前,不要着急地去投简历。有一些基本问题,需要在投简历前就有答案:希望去什么样的广告公司,想去哪个城市,想去应聘什么样的职位?

1. 去什么样的广告公司

一方面,现在的中国广告行业,是国际广告公司与本土广告公司同台竞技,选择国际广告公司,还是本土广告公司,选择 4A 还是非 4A? 对此,高峻有一席话说得非常有道理:

在我眼里,广告公司不会有 4A 和非 4A 之分。唯一的区别只有两种:一种是平庸的,一种是优秀的。在国内,国际公司有好也有差,本土公司有优秀的也有不好的。评判好广告公司不应该按照注册的性质划分。中国广告发展了 20 年,本土基础教育已经解决,接下来的发展是隐性的。目前,在某些方面,本土公司永远无法与国际公司相比,也没有必要比。在另一些方面,国际公司永远也比不上本土公司。可以说,各有各的优势。

另一方面,广告行业包容性强,行业上下游囊括提供各种服务内容的公司,有综合性的广告公司、媒介代理公司、影视广告公司、互联网广告公司、行业类广告公司、创意类广告公司、设计类广告公司等,究竟选择哪一类呢,如何选择呢?

2. 去哪些城市

北京、上海、广州是我国广告业的三大重镇,地位无可撼动。这三个地方,广告公司众多,当然也是高手云集,行业气氛浓重,机会多多。是冲向"北上广"呢,还是另辟蹊径,选择其他城市呢？

业界前辈黑马大叔有话要说：

要想在广告业中有所成就，趁着年轻一定要到广告市场最活跃的地区，扎到最出色的专业广告公司中去历练；最好是贴到一些猛人身边，沉住气（偷东西也需要时间），坚持在实践中做出第一等的工作和作品。

现实中，很多人选择年轻时去北上广谋得机会，多年历练，学到一身功夫之后，再到北上广之外的城市拓展新的广告市场，寻找机会。中国的广告业飞速发展，许多二线城市的广告行业也随着房地产、旅游行业的发展逐渐成熟。不只有北上广能出大广告人，很多小城市也卧虎藏龙。常言道"北漂难"，冲北上广的广告人也难，如何选择，还应该多考虑个人因素、家庭因素。

3. 去广告公司做什么

广告公司的岗位众多，有创意、策略、文案、调研、设计、美术、制作、媒介、计划等。但许多学生，一提起广告公司只想起创意，设计、或 AE，实际上，除了这些最为人所知的岗位之外，还有更多选择。那么，你考虑好了适合的岗位了吗？

当然需要说明的是，在许多广告公司里，尤其是规模较小的本土广告公司里，岗位的分工并没有这么明确，经常是一人身兼数职。黑马大叔曾经说过：

广告公司其实也是个小社会，也需要不同专业的人来构成。都奔着广告公司来搞创意，净想做些能震撼社会的广告片，这想法太幼稚了。任何广告公司的工作也遵循 3：97 定律，3％精彩，97％平凡。刚毕业的学生只盯着 3％ 的职位去努力，几乎百分之百要撞墙的；而 97％ 的职位里，包括策略、文案、调研、设计、美术、制作、媒介、计划及这些职位的助理。思路一放开，求职的面就广多了。

对于这个问题,我们除了要考虑现在应聘什么,还要考虑以后能做什么,在这一岗位上我能学到什么,能发挥什么?

这几个问题看似简单,但了解其答案意义重大。许多学生信誓旦旦、满怀热情地拥抱广告行业,却常常连这些最基本的问题都没有考虑清楚。这导致求职时漫天撒网,浪费时间精力不说,成功率也大打折扣。有的放矢,才能提高效率。

对于这样几个问题,我们要结合自身实际去考虑,好好想想:我能做什么,我的专长是什么,我的兴趣是什么,我今后发展的职业目标是什么,选择去什么公司、应聘什么岗位时,还需要综合考虑发展空间、薪水待遇、工作地点等。毕竟选择一个适合自己发展的平台,是我们进入这个行业的敲门砖。

说了那么多,也许有人会反问:考虑这么多有用吗,现实是多变的,计划赶不上变化。必须承认,虽然有时候我们决定的不一定就能实现,但是年轻人总是需要一个大目标,这样起码我们有一个奋斗的方向。多做准备,总是比没有准备要强。

三、工作信息的获得

在广告行业求职时,大部分高校毕业生主要通过以下形式进行。

1. 大海捞针式

这部分人不明确自己的目标。反正觉得只要是个广告公司,我就看看它招不招人,有时也不管招不招人都投简历或者上门拜访试试看。这种方式,说实话,显得有勇无谋,像在大海捞针,颇有点"逮着哪个算哪个"的感觉。虽然说找工作有时是个运气活,这样毫无目的凭运气乱撞，说不定也能找到个称心如意的工作，但这就如买彩票一样。

2. 有的放矢

这种情形的学生呢，心里有几个心仪的广告公司。他们通常会积极主动地浏览这些公司的网站，或者有与这些广告公司相熟的亲戚朋友、老师，收集、留意相关的招聘公司，有目的、有方法地投递简历。这样找工作比较有针对性，效率和成功率大大提高。如果有"内线"帮忙，找到工作相对容易。

3. 多年媳妇熬成婆

绝大部分广告公司都有实习生留任的规章制度，表现优秀的实习生，可以在毕业后转成正式员工，或者至少在同等竞争中可以得到优先录用。所以呢，许多目的性强的学生相中一家广告公司，就会争取 Intern 职位，也会努力表现，争取转为正式员工。对于这类学生而言，实习只是手段，成功获得工作才是目的。如果你有足够的耐心，实习表现又不差，可以用这种方法。毕竟对于广告公司来说，"用熟不用生"。

4. 沾亲带故式

广告公司招人，恰巧你认识的亲戚朋友在这个广告公司，或者这个广告公司的老总和师长比较熟，然后他们就把招人消息告诉你，然后又很热心地帮你"牵线搭桥"。

5. 无心插柳式

这种情况就如同一些陪朋友试演，最后朋友没被相中，自己却被相中了。找工作的时候也会碰到这样的情况。比如 A 在 B 的再三要求下，陪同参加某个广告公司的招聘，A 想闲着也是闲着，就陪同 B 去了。不料，由于 A 心态放松，没把招聘这事看得太重，发挥得格外出色，就"无心插柳"地被广告公司相中。还有些人，并不以进入广告行业为第一选择，而是广泛撒网，广发简历，凑巧赶上广告公司招聘就相互选择了。这都是常有的情况。

以上这些情况中，最值得推崇的，当然是中间这三种更为主动、目的性明确的形式。那么，从哪些途径我们可以获得广告公司招聘的信息，特别是招聘新人的信息呢？

坦率地说，想要从公开的渠道获取招聘信息，确实比较困难。知名广告网站上的招聘信息，主要针对有行业经验的人，针对新人的岗位则比较有限。刚毕业的学生，究竟该如何有效地获取招聘信息呢？

6. 校园招聘

许多广告公司每年都会去熟识的学校招聘新人，不过大部分广告公司不会大张旗鼓地搞校园宣讲会，而会有针对性地向院系，特别是广告院系，直接发招聘信息，比如到广告院系召开小规模的招聘会。虽然低调简单，但只要留心就能发现，相关院系网站的就业信息栏常常会更新招聘信息。一些广告公司的招聘信息由于各种原因不会在院系网站上公开，但会通过相关 QQ 群、QQ 邮箱、飞信、BBS 论坛之类电子渠道发布，如果你认识广告专业的学生，可以烦请他/她到时转告。有些广告公司的校园招聘，采取开放式招聘，通过官网或者相关广告网站发布校园招聘信息，有兴趣的学生通过网申来争取工作机会，比如奥美 09 年开始的新兵计划。

在我的印象里，国内大规模组织校园宣讲会的广告公司很少，最近的一次是 09 年深圳风火广告在几个大学举办过"寻找奥巴马"的主题校园宣讲会，创意总监、首席学习官、人力资源总监等都亲自招聘，那是一次很正规的招聘。

7. 网络招聘

虽然网站上的招聘多要求应聘者有一定行业经验，但这并不妨碍我们去尝试，"试一试不一定有机会，不试肯定没机会了"。网站有许多。一类是大众类的招聘网站，比如智联招聘、51JOB、中

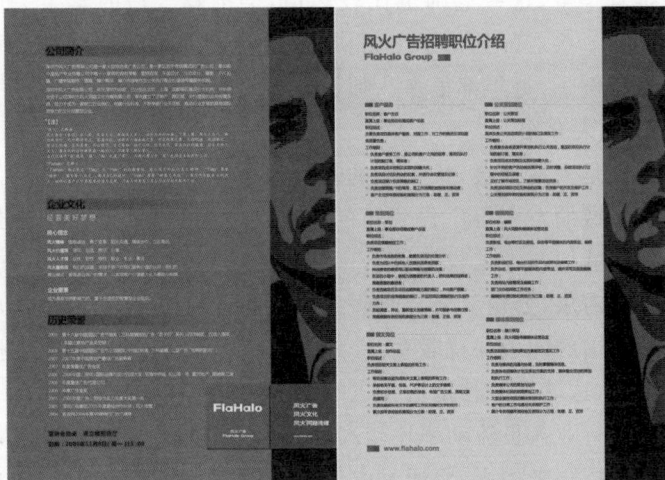

图 5.2　风火广告"寻找奥巴马"校园宣讲传单

华英才网、应届生之类的网站；一类是广告行业网站，比如广告门、麦迪逊鼓吹、品牌几何、梅花网、第三种人、广告人才招聘网、上路杂志。此外，牛在丛中笑之类的广告类博客中也可见招聘信息。各大广告公司自己的门户网站（这样的针对性真是更强一些）也是招聘信息经常出现的地方。各类网站论坛上的 BBS 里，广告公司内部人士或者知道广告公司招聘信息的热心人士、版主喜欢在上面发个帖。

8. 师长推荐

每年许多毕业生能进入广告公司，真是要好好感谢他们的师长。一方面，有些师长功成名就，在广告公司里做到一定位置或者自己开了广告公司，在公司需要人的时候呢，首先想到自己的学弟学妹，及时面向学弟学妹招聘，正所谓"肥水不流外人田"；另一方面，一些广告公司缺人或要招人时，总是会托学校认识的老师帮忙介绍推荐学生,这些老师也比较热情,会推荐合适的学生去试一试。还有一些老师觉得学生不错,也会主动向相熟的广告公司推荐。这种例子,每年都很多。师长推荐的成功率非常高。

9. 熟人介绍

中国是人情社会,找工作的时候亲戚朋友是重要渠道。你可以通过亲戚朋友获得广告公司的招聘信息;可以委托在广告公司工作的亲戚朋友帮忙投递简历。或许一开始可能没有职位空缺,但一旦有需求,公司就会及时联系你。倘若你在广告公司实习过,记得和以前的同事保持联系,等到公司招人时,托以前的同事把简历递上去,这就是一种抢占先机的做法。

广告行业人员流动率比较高,有时公司里出现空缺岗位,并不通过公开招聘来招人,而通过内部员工推荐。自己员工推荐的人,条件差不多的都会给个面试机会。我有几个自己开广告公司的朋友,常常打电话让我推荐合适的人。所以,有机会可以多认识在广告公司工作的朋友,他们除了可以给你专业建议,在找工作这种时候,很可能帮你省去不少工夫。

10. 报纸招聘

看到报纸上有广告公司招人,逐家去拜访。在报纸上刊登招聘信息的多为当地广告公司;招聘的职位多以业务、行政人员为主。但经常会遇见广告公司为自己做广告的那种招聘信息。

11. 上门拜访

这种方式的效果很难说,有的公司喜欢,有的公司比较反感。一般情况下,如果你特别憧憬某个广告公司,而又没有其他办法。不妨大胆将简历寄到该公司,或者直接登门拜访。

采用这种方式,你的简历一定要有亮点,一份有创意的简历能迅速消除反感,征服收到你简历的人。有人为了应聘,多次将简历寄给同一个广告公司的总监,第一次将一份普通的简历寄去,没有消息。第二次则颇有创意,将简历和咖啡、方便面一起快递过去,打动了总监,获得了面试的机会。

PS:以下是几个在国内影响比较大的,针对新人、特别是高校学生开展的广告公司招聘计划。有兴趣的同学可以大胆尝试。

奥美新兵计划

奥美中国从 2009 年开始,针对即将毕业或者毕业一年之内的本科生与研究生推出一项新人招募计划。该计划每年招募一期,入选者将作为奥美中国的正式员工,在北京奥美接受专业全面的传播业培训,并与专业人士密切作业,获取宝贵的从业经验(其性质类似于"管理培训生"性质的正式员工招聘计划)。

对于刚毕业想进入广告行业的学生来说,这是一个很好的平台和难得的机会,欲知详情可登录 http://www.ogilvy.com.cn/fellowship/bj/2010/index.html。

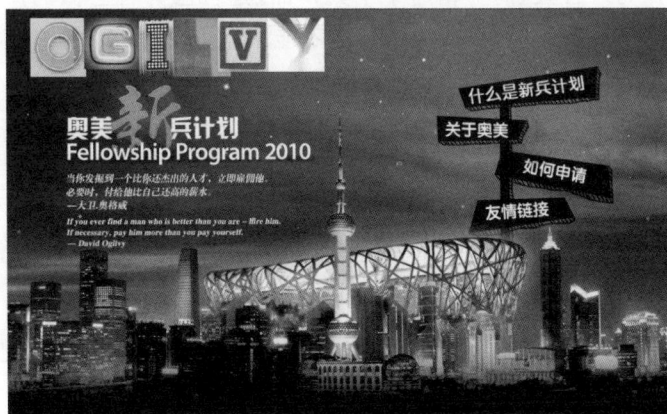

图 5.3　奥美新兵计划

旭日因赛新太阳计划

2006 年起,旭日因赛面向全国各大院校,针对有志投身广告传播业的应届大学生、研究生推出该项新人招募计划。2011 年毕业生的 NEWSUN"新太阳校园招聘计划"也已经正式开始了。欲知详情可登录 http://www. adnewsun. com/Channel. aspx? ChannelID=34。

四、投递一份漂亮简历

通过以上方式,获得相关广告公司的招聘信息后,下一步就是投递个人简历。关于制作简历的细节,大家可以从各种讲座、书籍甚至自己的经验中学习,这里不一一赘述,我们仅以广告公司为投递对象,分析成功的简历应该具备的条件。

作为广告人,简历相当于个人作品,是自己为自己做的广告,它的品质和独创性,直接决定你能不能从竞争者中"跳"出来,赢得面试机会。

1. 新颖的简历形式

特别的简历,首先体现在形式上。

负责招聘的人,第一眼接触到的一定是简历的形式,其次才是内容。内容固然重要,但首先,你必须保证简历的形式不至于平庸,至少要做到能在大叠的简历中让人注意到。

应聘其他行业,例如银行业、通讯业,或许需要更严谨规整的简历。但广告公司是个求新求变、为客户提供创意服务的地方,这里有着大量满脑子鬼主意的聪明人。必须牢记,不论你有多优秀,若你用应聘银行的同一份简历来敲广告公司的门,大概只会得到冷处理,获得面试的机会微乎其微。在这个反传统的地方,要让他们注意到你,就必须别出心裁。

一句话,向广告公司投递的简历,形式上一定要新颖别致。这里的新颖别致,不是要求你做得花里胡哨,而是跳脱出简历制作的制式和套路,用别人没有用过的素材和方式,有创意地展现你的想法。应聘设计的,你的简历要能展示出平面空间的构建能力。应聘 AE、媒介,你的简历和求职信也必须展示个人基本工作素质。例如,最好舍弃那种以千篇一律的"尊敬的 XX 公司 HR"的抬头,仔细调查你要求职的对象,以一对一的信件形式完成求职。有志于文案和策划的,要让你的简历显得很有谋划和策略,而不只是精美文字的堆砌。

文案的简历不是文采,是策略。很多好的文案是不需要画面的,一张空白的纸下一个好的标题都会有画面,或可以找几张图片针对某个客户下几个有销售力或有趣、有策略的标题,别废话连篇。

——马忠榆

曾听朋友讲起香港知名广告人陈大仁当年的求职信的故事,陈当时想应聘一家广告公司,但他没有按照常规递上求职信,而是把一个小盒子送到这家公司,在盒子里面放一个举重用的铁饼,附书"想知我有多少斤两,何不会一会面"此情此景,你会作何感想,见还是不见呢?

Edison 的经历

一个朋友 Edison 同我分享了他向一个牛叉的 4A 投递简历的经历:

第一次,我递上了很常规的简历和求职信,结果当然是被鄙视了。

　　第二次，我吸取教训，在求职信中加入为了 XX（该 4A 公司名）制作的 Flash，还用第三人称写了封创意十足的求职信（见下文，采用繁体字是因为面试的老总来自台湾），于是我顺利地得到面试机会。这次经历让我深切体会到广告圈的规矩。入圈子的第一步就必须有创意，以后行走的每一步也都要有创意。

　　如果你正在向广告公司求职，也不妨写段话或者作幅画。相信有诚意、有才华、又有创意的应聘者，可以通过简历这一关。

Edison 的求職信

××先生：

　　閣下相信廣告圈子裏有天才麼？

　　您一定見過不少。

　　愛迪生先生也許談不上天才，但至少是有點天資，又有點興趣的。

　　愛迪生先生是位學院派的老廣告人了。

　　二十歲以後，他一直忙着做策劃、寫文案、搞設計，近些年又開始折騰論文。

　　仗着父母給的一點靈光，凡事不太費力，倒也都搞得有模有樣。

　　愛迪生先生覺得天才級的廣告人應該在殿堂級的廣告公司工作，所以他風塵僕僕投奔奧格威先生門下。

　　愛迪生先生的理想是做個文案出身的 CD。

　　當然，他的設計也做得不錯。這讓他有敏銳的視覺思考，I-DEA 也顯得更完整全面。

　　愛迪生先生長年做比賽、接私活，不辭辛勞。他賺了些獎金、外快，也賺了點經驗。

　　愛迪生先生顯得相對成熟，但又是有絕對潛力的。

廣告人永遠是要拿作品説話。

愛迪生先生貼了個 FLASH 在附件中,是呈給奧格威先生的拜帖。

勞煩 ＊＊ 先生引見。

祝好。

愛迪生先生　　敬上

××××年／×月／×日

2. 简历的内容

明确简历的形式之后,就要谈谈简历的内容。不管形式多么新颖,内容还是王道,需要传递哪些信息,应该注意什么呢?

(1)一定要清楚地标明你要应聘的职位。这个建议看似有点弱智,但确实很中肯。制作与寄送简历时,人们常常处于紧张或兴奋的状态中,"应聘的职位"这一点常就在不经意间被忽略掉了。你想想,你连应聘的职位都没写清楚,难道你想让广告公司根据你的简历来判断你的岗位吗? 对不起,没那么多时间与精力。

(2)简历内容必须真实可靠。刚毕业的学生,求职时多少会担心自己的经历太"单薄",总想把简历内容搞得有些"分量",为此费劲脑汁,"移花接木"。何必呢? 作为初出茅庐的小毛孩,你面对都是些在广告圈混迹许久的"老狐狸",面试时与你两番"交手"、三句"舌战",你的马脚很容易显露出来。切记,优秀的简历,以内容真实可靠取利。诚实是人的基本品德,没经验不可怕,没品德很要命,一定要实事求是。

(3)要点明确,主题突出,学会"聚焦"。切忌在简历中如流水账般罗列你在学校里的过往。你可以找出应聘岗位需要的特质,然后切中要点地突出你在这方面的能力和优势,利用自己的经历来充分诠释该"聚焦点",给广告公司一个打动他们的理由。如果你应聘的是个设计岗位,可简历却花了巨大篇幅"聚焦"你高超的

205

文案能力,这就明显偏题了。

(4)要保持简洁。不要让庞杂的信息抢去关键信息点的光芒。

(5)关于是否附带作品。一般来说,在同等条件下,附带作品的简历和求职信,比没有的更多些机会。特别是应聘设计、创意类岗位,作品是必需的。但记住作品在精而不在于量,用人公司可没有大把时间看你的全部作品。几句你创作的广告语、几张出自你手的平面作品,就很能说明你的能力了。一般来说,平面简历比影像作品更容易得到青睐,一方面,平面简历能够为浏览着节省大量时间;另一方面,影像作品中,可能包含其他人的智慧,不只代表你个人水准。

3. 有效地投递简历

(1)快递。你可以把准备好的简历通过快递投递给广告公司负责招聘的人。最好不要用平邮、挂号信,倒不是信不过中国邮政,而是快递在时间效率和可靠性上更有保障,切不要为了省点钱,错失了应聘时机和工作机会,反而得不偿失。

另外很重要的一点是,你必须要考虑,如何从众多的竞争简历中脱颖而出。若是公开招聘,广告公司的 HR 每一天或许都要浏览数目众多的简历,如何吸引他/她的眼球呢?这个时候,你就可以考虑在邮递的快件上打打主意,前面我们提到有人将简历与方便面盒、咖啡捆绑在一起寄去,就颇有新意,最起码能吸引人关注。

(2)邮箱。直接把简历发到指定的电子邮箱,这是当前最常用的方式。记得千万不要把简历简单地"复制—粘贴"到邮件正文里。毕竟正文是你与求职对象交流的地方,即使想要在后文中粘贴个人简历,也应尽量做到有点新意。简历是不是单独作为附件发送,要注意看一看,招聘信息里是否注明不要附件。相对稳妥的办法就是正文内容包括求职信、简历,附件里再放一份简历。

(3)网申。这年头招聘,网申确实比较流行,许多大型公司都使用专业的网申系统,广告公司也开始尝试这种方式。网申的好处在于信息点清晰、步骤明确,你需要做的,就是按照提示的要求一步步填答。但要牢记一点,求职广告行业时,若你有机会通过网申获得面试机会,一定要准备一份有个人特色的简历。

(4)现场。现场投递简历的形式在广告行业相对较少。若有广告公司进行校园招聘,宣讲会后通常会在现场收简历。这个时候,除了一份有创意、别出心裁的简历,若能与收简历的应聘人员搭上几句话,或许也能为自己加上一些印象分。

(5)让朋友转交。如果你有认识的朋友在广告公司工作,可以考虑让他/她将你的简历代为转交直属上司。这种转交其实效率最高,可以直接确保无误地将简历交到负责人手里。

简历就是一则广告,要明确目标消费者的需求,要有利益点,有清晰的主题,还要有合适的传播渠道,才能如有效的广告那样,及时准确地将你的信息传达给用人公司。所以,把你的简历当作一则广告来做吧!

　　每个新人都必须多花一些心思,多用一些想法去准备自己的应聘材料。你的材料就像一个广告,必须要引起人家的注意,才会有人对你有兴趣,才会打电话叫你去应聘。我觉得不应该有任何一个规范,去说简历应该怎么样写,必须把你的个性把你自己的味道带出来⋯⋯你的性格、你的爱好,必须要和某一家公司的环境配合你才能开花结果。如果你的喜好、你的性格跟它不配合的话,那么尽管那家广告公司市场里做得很好,但是如果没有适合你这颗种子的土壤的话,你最后还是不会成才。所以你必须要忠于你自己的感觉,把自己最好的一面透过那些材料与要跟你见面的那些CD沟通。让他感觉你是不是适合他那个环境的新人。

——智威汤逊东北亚区执行创意总监　劳双恩

五、准备充足去应试

前面谈了如何投递简历,如果你顺利通过简历筛选,那么恭喜你,与广告圈又近了一步。接下来,就是要去广告公司接受"审查"。

对于广告公司来说,这番"审查"一般包括笔试和面试。不过有些广告公司相对"仁慈",省去笔试,直接与你"针尖对麦芒"。接下来,我们就分别谈一谈广告公司的笔试与面试流程。

1. 笔试篇

(1)笔试的形式包括现场考试与网络考试。现场考试通常会在让你在指定时间到指定地点参加笔试。网络考试有可能是在某个时间把笔试题发到你的邮箱里,请你在规定的时间内做完之后发到指定邮箱;也可能是一般的网申形式,在规定之间内填答完网页上的试题,点击"提交"即可。

(2)笔试题的内容一般包括以下三种。

反应测验题

这类题型主要考察你的思维反应能力、解决问题的能力。这些问题多数没有所谓的标准答案,如何回答就看你的个性和思考方式。请多开动脑筋,不要受到条条框框的束缚。

- 你身上没有钱,而你现在必须马上从厦门到广州该怎么办?
- 两个人共同进入房间。其中一人左右走,另一人右左走,这是怎么回事?
- 你喜欢一个女孩子,你有多少种向她表达爱意的方式?
- 牛和马有什么关系?

● 假如你的客户电话里告诉你他在外出差,而你却在电话 10 分钟后偶然遇见他,你该怎么做?

● 已知:每个飞机只有一个油箱,飞机之间可以相互加油(注意是相互,没有加油机),一箱油可供一架飞机绕地球飞半圈,问题:为使至少一架飞机绕地球一圈回到起飞时的飞机场,至少需要出动几架飞机(所有飞机从同一机场起飞,而且必须安全返回机场,不允许中途降落,中间没有飞机场)?

● 怎样把烤肠卖给素食者?

● 如果你是杨利伟,你通过电视镜头说的第一句话是什么?

……

专业知识题

这些题目考的就是你的专业知识储量和基本功的扎实程度。

● 说说你最喜欢的一句广告语。

● 写一个短自传介绍自己,请分别用(1)诗人 (2)散文(3)记者的角度。

● 请用 10 个成语来形容一个你最讨厌或者最喜欢的人。

● 你是排行榜红星"鸦片浆"的歌词创作人。她最近才有三首歌进入排行榜,但都是排行榜首,全是情歌。"鸦片浆"希望她的下一首歌要跟冷掉的披萨、发酸的奶油、和走气的啤酒有关。她的经纪人认为这首歌也该是情歌。你的歌词应当两个要求都做到(别担心音乐,找一首现成歌曲的曲调参考也行)。

● 写一段"暗巷对话"(不要超过 200 字)。

● 设计/画两张海报。一则推广立法严控枪械。另一则则为全美来福枪组织制作。

● 为某受欢迎的全国性电视节目写一个广告,让该节目读者每人都寄一角钱来。

209

- 用黑体字写出自己名字。
- 你是如何理解设计工作的。
- 以上是关于 XX 的背景资料,请你在 XX 条件下,做一份策划方案。
……

外语

外语(主要是英语)是许多学生的短板。想进入知名的国际 4A 广告公司,英语是不能不磨炼的一项武器,这些有着外国头头和外资客户的大公司们特别喜欢考英语。题型通常包括英译汉、汉译英、英文写作。奥美 2009 年新兵计划招聘时,就曾经现场播放广告,然后让应聘者用英语写评论。够拽吧? 不知道你多年的英语学习,对付这样形式的考试是否绰绰有余?

以上是主要的笔试题型,但广告行业变化万般,不能保证这些公司今年又研发出什么筛选人才的题型。

(3)笔试时必须知道的技巧。例如,许多题目没有标准答案,答题时千万不要循规蹈矩,可以适当发散、创新,只要不离题千里即可,尽量做到要点清晰。尽量答完整张卷子,漏答是不好的习惯。另外,在电脑打字的时代,遇到需要手写的笔试,应该确保每个字都写对,字迹清晰能让人看懂。

PS:最后,和大家分享网上流传颇广的一份 4A 公司的笔试题,以及它的暴强答案。希望大家能有所启发。

××美广告08—09季面试招考
笔试试卷A

姓名：×××　　性别：×　年龄：23　应聘岗位：策划人员

试卷说明：
1. 本套试题供应聘策划人员使用。请核对应聘岗位。
2. 考试时间为60分钟，请掌握时间。
3. 试题没有标准答案，纯属创意之作，请勿抄袭。

一、简答题（10分×5）

1. 烧一根平均匀的绳，从头烧到尾总共需要1个小时，现在有若干条材质相同的绳子，问如何烧绳的方法来计时一个小时十五分钟呢？

燃烧！！

滴答 滴答

唉～又浪费十五分钟～我的人生啊～～

2. 如果你有无穷多的水，一个3公升的提桶，一个5公升的提桶，两只提桶形状上下都不均匀，问你如何才能准确称出4公升的水？

①5升桶装满，倒入3升桶5升桶还剩2升

②3升桶清空，将2升倒入 3升桶剩1升空间

③5升桶装满，倒满3升桶 5升桶内剩4升。

十哈HAHA～你们太OUT了！！百度上都有过了！！

3. 在一天的24小时之中，时钟的时针、分针和秒针完全重合在一起的时候有几次？都分别是什么时间？你怎样算出来的？

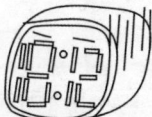

一次都没有！！

我家电子钟！！重合就是坏了！！败好意思！！

4. 一笔穿9点，请列出你能找到的所有解答。

唉～你忘了写"要是直线""直线"啊～

5. 有一辆标致307以50KM/H的速度从上海开往北京，一辆标致207以30KM/H的速度从北京开往上海。另外有一只小鸟以70KM/H的速度从上海出发，碰到　标致207之后再返回，碰到307之后再飞向207。请问307和207相遇时，这只小鸟飞行了多长距离？

二、问答题

1. 为什么下水道的盖子是圆的？（10分）

2. 如果你不得不饲养一种动物，你会饲养什么？为什么？（20分）

3. 你怎样重新设计和改造一个ATM银行提款机？（20分）

三、附加题（选答题，不答不扣分，答题会视答案加分或扣分。）

如果你能够将全中国的4A广告公司老总监裹在一间房子里，强迫他们做一件事，你会做什么？

图 5.4　某 4A 公司的笔试题暴强答案

2. 面试篇

（1）面试的形式通常有三种：电话面试、小组面试和面对面的问答。电话面试形式在广告公司面试中用得较少。

小组面试俗称"群面"，这是许多企业面试时非常喜欢用的方式。让几个面试者在一起就某个问题进行谈论，然后找到答案或解决方法，在讨论的过程中考察应聘者；或者将应聘者组成小组，一起进行案例分析，或者给他们某项任务，小组作业的成果需要进行 Presentation，参加者在其后接受面试官提问。奥美 2009 年的新兵计划就采取过这种形式。

面对面的问答就是面聊，有可能是几位主管和你一个人面试，或者是一对一交流。实际上，很有趣的是，当你进入与主管"一对一"面谈的环节时，经常遇到主管说话比你多的情况，或许因为广告行业大佬们表达欲都比较旺盛，常常借这个时候传授经验教训，这个时候你最好尽量展示自己的知识面和兴趣，尽量与其产生共鸣，产生惺惺相惜的"化学反应"，而不只是呆坐扮演"聆听者"。

广告公司参加面试的人都是主要部门负责人和人力资源部的相关人员，若是规模小的广告公司，老总一般也会亲自上阵。若去大型国际 4A 面试，见到业界大佬的几率很小。

（2）接下来，我们来谈谈面试的内容。虽说广告公司灵活性较强，而且考官的喜好和侧重点不同，问题也会因人而异，但总结起来，不外乎以下情况，好好准备这些内容和答案，应付常规的面试应该不成问题。

自我介绍

这是最基本的内容，不论应聘什么样的行业、公司和职位，你都必须流畅地自我介绍。一般自我介绍不需作长时间的演讲，仅用几个关键词描述一下自己即可。

准备自我介绍其实很简单。需要注意的是，你的简历面试官手里都有，大致也都看过，自我介绍的时候没有必要絮絮叨叨地重复简历上的内容。给面试官留下深刻印象的自我介绍，必须简明愉快，突出亮点。可以围绕一个主题展开，把你最想让面试官了解的东西，清晰地展示出来。

简历上的内容

面试时，面试官会针对你简历中提到的经历进行提问，包括实习经历、社团活动经历、比赛获奖荣誉。对于这类针对简历的提问，关键是你要能"自圆其说"。这就要保证简历上的内容真实可靠，简历水分过多，回答这些问题时就很容易露出破绽。

聊聊学校、聊聊专业

有时候，面试官会让你用一些词来描述你的学校，有没有什么特别有趣事情？

如何看待你自己所学的专业？为什么选择这个专业？

有什么印象深刻的老师？喜欢的课程？

……

那就坦诚相告吧，淡定些。

聊聊人生、谈谈理想

有些面试官喜欢问你的理想抱负、人生追求，职业规划；你最感动的事情或最难忘的事情等。他/她可能希望了解你对事业的热情，你是不是一个有规划的人。所以这些答案也无所谓对错，贵在真诚，没必要空谈口号，讲出自己的观点就可以。还有些面试官，会和你谈他关于人生的见解。你这时要仔细聆听，因为搞不好下一问他就杀个回马枪,问你对他前面说的有什么看法。

聊聊爱好、谈谈生活

如果你被问到有什么爱好,比如你喜欢旅游吗? 你相信星座吗? 你喜欢音乐吗? 你最近看过的电影、看过的书? 有什么喜欢的明星吗? 这是面试官在考察你的知识广度,看你是不是一个涉猎广泛爱好广泛的人。有时他们会让你讲讲你的家庭、你的爱情经历、你的家乡,让你在畅谈中展示生活态度、性格、表达沟通能力。关键是真实,因为有些面试官喜欢连续的、机关枪式的追问,如果你说了一本你没读过的书,恐怕会出大糗。切记要坦率真实,否则很难经得起追问的。这种交流大部分没有定式。

作品赏析、案例分析

面试官有时会讲一个案例,或者给你看一个广告作品,然后问问你的看法,让你进行分析。也会让你谈谈自己的作品,或者谈谈自己喜欢的、印象深刻的作品,或者最近比较热门的广告。这些就需要你平常多积累,想要临场发挥或者现场糊弄,恐怕不那么容易。要做广告,对于作品没有一定的赏析判断力,还来混什么呢!

专业知识

专业知识虽然比较少在面试环节出现,但有些公司会根据你应聘的岗位,让你泛泛地谈谈什么是广告、如何了解品牌;什么是设计、如何看待个人设计风格与客户要求;再比如关于某些问题的最新趋势;有时也会问问营销常识,比如什么叫 4P。这需要你平时进行相关的知识积累,学校的专业课也是要好好上的。

聊一些社会热点问题

有的面试官会问你社会上发生的事情,比如社会民生问题、网络热点话题等。这个时候,面试官希望能听到你个人的观点、立场和判断,并提供理由。广告和生活紧密相连,想成为优秀的广告人,缺乏对生活的了解与洞察是万万不能的。平时的"修炼"很重要,要多注意观察、阅读和思考。

我曾经,就在波兰总统飞机失事那段时间,被问到过我对此有什么了解。

对公司的了解

面试官经常问:你为什么想来我们广告公司工作,对公司有多少了解呢,有哪些吸引你的地方,知不知道公司有哪些客户……这些问题,在面试之前,若还不是很清楚,临时抱一下佛脚也是很必要且很有效。许多学生面试时对应聘的公司的基本情况都不甚了解,真是大胆。

谈谈应聘的岗位

如果面试官问你:为什么要选择这个岗位? 如何看待这个岗位? 觉得自己在哪些方面适合这个岗位? 你不是这个专业的学生,为什么会放弃原来的专业来应聘这个岗位? 应聘这个岗位,你与同专业的学生相比,有什么优势与劣势……这些问题的答案,提前可以想一想,有备无患。

有时候会遇到这个情况:我们希望你去另一个部门和岗位,你是否愿意?

比如说你应聘文案,但创意部暂时不招人,而客户部 AE 的职位需要人,愿意推荐你去试试,你愿意吗? 有时实际情况就是这样,但有时面试官是故意这么问的。请你依自己的情况来决定。很多人的想法是,先进入这家广告公司,以后再看有没有调动的机会。

性格描述

有的面试官会直接问:你觉得你是什么样的性格、有什么事情可以体现你的性格? 也有的会通过整个面试过程中和你的交流来判断你的性格。

主题演讲

给你几个题目,让你挑选一个,准备一下或者即兴就这个题目进行演讲。

英语口语

哑巴英语在面试的时候就行不通了。面试官有时会和你用英语交流,或者给篇文章让你念一念、翻译翻译。有时候,即便你的口语能力不那么强,关键是不要慌乱,能清楚地交流表达才是重点。

向面试官提问问题

一些面试官面试到最后会给面试者留一个提问的机会,说"现在你有什么想问的问题",或者说"现在让你问我一个问题,你想问什么"。

"没有问题了",这是最糟糕的答案。请把握住这样机会,通过"如何提问、提问什么",让面试官进一步了解自己。

薪水待遇问题（多是 HR 提问）

这个问题嘛，好像有点俗，但却很实际。

有些公司会具体地问：你期望的薪水是多少？你为什么期望这样的薪水待遇？有些公司会直接告诉你公司的薪水待遇，然后请问你的意愿和意见。

坦率地说，对于刚毕业学生的薪水待遇，其实每个广告公司都有自己的标准。这时面试官问你这个问题就有一些"不怀好意"了，为的是看看你对自我能力的认知和评断。

比较官方、俗套的回答是："我相信公司已经有相应的规定了。"当然你也可以坦率地说出自己的想法。

实际上，广告公司的面试特殊之处在于，相对轻松和自在，有时候就像和新朋友聊天，不会让人感觉那么严谨与拘束。这和广告人多是沟通高手不无关系。所以，尽量放松尽量展示自己美好的一面吧！

（3）正装？大 NG！！ 面试的着装，也算是广告公司面试与其他行业最不同的一点。

选择服装一定要慎重慎重再慎重。广告公司是一个吃创意饭的地方，如果你应聘的是文案、设计、创意，穿一身天衣无缝的西服、衬衫、领带去面试，只会显得你"过于死板，像是去面试推销员"，生硬而突兀。如果你应聘的是客户部，稍微正式一些还是有必要的，但也请尽量避免正式的制服。男生可以选择颜色、面料和款式较为休闲的西服；女生可以尝试裙子，降低正装的"硬度"。

如果你看过《广告狂人》，是不是很羡慕那个天天西装革履雪茄洋酒的创意总监？事实上，在中国的广告圈，基本上没有这样的创意总监，广告人崇尚自由自在随意舒适，所以我们在着装上永远不会有限制，而排斥那些制服或正装。即使是客户部这样需要经常见客户或者和客户在一起的部门,基本上也没有什么限制,只要你不把自己整得跟个外星人似的非主流,爱自么穿怎么穿。

但总的来说,简洁大方、干净整洁是最基本的要求,千万不要邋里邋遢。你的穿着可以个性十足,但一些细节,比如鼻毛、口气、体味、头皮屑,还是要好好休整并且再三检查,方可踏入求职的公司。

总之,面试的着装,虽然不是最重要的一环,但直接形成面试官对你的第一印象,不可大意。记得几个要点:舒适、真实、清洁、自信和尊重。

(4)面试九大诀窍。

● 熟悉自己的简历。除了保持简历的真实性,也请熟悉简历的内容,熟记做过的每一个 Case 并能自圆其说。

● 了解你要应聘的公司和职位,正所谓,"知己知彼,百战不殆"。面试前,请通过网络、前辈、师长等途径了解这个广告公司,了解他们的主要客户、业务特长等情况;了解应聘的职位可以结合自身的情况为自己做个简单的 SWOT 分析。

● 不要迟到。千万不要迟到。Don't be late!

● 认真倾听。倾听、理解是广告人重要的基本素质;真诚、谦逊也是得体的表现。请认真听清楚面试官到底在说什么、问什么,别回答时离题万千、云里雾里。Be a good listener。

● 言之有物,言之有理。交流时,避免满嘴跑火车。说话要井然有序、紧扣话题,表述要清晰、陈述要简洁,不要随随便便、离题千里、啰里啰唆。还要注意避免摸鼻子、摸耳朵、捏衣角之类的小动作。

● 一定要自信。回答问题时,避免自我否定,不要过于"诚实"反而放大缺点。拥有优势就要表现得自信满满,给面试官留下深刻的印象。Be confident!

● 举止大方。多多微笑,遇到刨根问底的问题时,保持淡定。

● 不要抱怨,不要争执。抱怨以前实习、工作过的公司或学校里的人和事,这绝对 NG。请以积极的心态去和面试官解释;若你和对方在非原则性的问题产生分歧;请不要争执,不要做无谓的辩解,保持谦虚得体。No complain,no Argument。

● 一定要准备。针对面试中可能遇到的问题,先简要准备一下如何回答;如果有不错的作品,可以随身带着。Be prepared.

3. 广告公司的考察内容

谈了关于笔试、面试的问题,很多学生会问,广告公司考察这些到底"意欲何为"? 他们到底考察应试者的哪些方面? 专业能力,人格魅力或者其他? 有时候,自己感觉发挥得很一般,竟然能获得广告公司的青睐;有时自我感觉甚好,竟然被拒之门外,这究竟是怎么回事呢? 在与广告公司的"较量"中,你"何德何能"让广告公司垂青于你? 我们来谈一谈广告公司考察哪些内容,或许有助于你"投其所好"、"对症下药"。

在与一些广告公司的接触中发现,广告公司判断求职者是否适合主要通过以下几个方面:

(1)做人诚实。这是基本品德。简历中有多少水分,能否"自圆其说",就属于对这方面的考察。

(2)生活态度。广告是一份工作,也是一种生活方式。你的生活态度是否积极向上,与投入广告圈、处理压力和挑战很有关系。面试中,那些关于生活话题的闲聊看似无心,实则有意。你的着装打扮、言谈举止、爱好脾性,其实都在传递着你的生活态度。

(3)个性魅力。你的个性是否适合从事广告? 你是否有个人魅力,能够应对刺激的环境和突发的状况? 你的气场是否与同事、与公司相投?

(4)表达沟通能力。广告究其根底是信息的表达与沟通,表达沟通能力好不好,会直接影响工作的顺畅。面试者不厌其烦地让你自我介绍、让你侃侃而谈、与你英文对谈,都在测试你的表达沟通能力。

(5)基本能力与潜力。这包括应聘者的理解能力、洞察能力、思维能力、审美能力、理解感受力、天赋、创意能力等。刚毕业的学生,潜力如何,广告公司会着重考察。面试官让你谈论广告、进行案例分析、评价社会话题、介绍生活中有趣的事情,都是对你的这些能力的考察。

(6)工作态度。你是否谦和,是否热爱工作,有没有足够的责任心?面试官询问你关于实习的事情,和同学合作的经历,工作中出现问题如何处理等,都有助于他们了解你的工作态度。

(7)团队合作意识与能力。广告公司的工作方式,讲究团队之间、不同岗位之间的配合,团队合作意识与能力的考核就是情理之中的事。追问你参加社团活动的细节,进行小组面试,就是想了解你这方面的能力。

(8)对广告的兴趣和热情。面试官通过问你为何选择广告、如何看待广告、如何面对广告公司经常加班等问题来了解你对广告的兴趣与热情。

(9)诚恳与投入。对于应聘公司的了解、对于岗位的了解,交谈时会聆听、能交流,都能体现出你的诚恳与投入。

(10)自信。暂时没有经验没关系,不是专业出身也没关系,但没有自信很难在广告这个行业里发展。对自己都没有信心的人,如何让别人相信你呢?

(11)专业能力。面试官会通过讨论相关专业概念、话题来了解你的专业能力。你要做的,不是去死记硬背那些定义,而是真正消化了解,有自己的独特见解。

Simon，前 BBDO 文案

我面过两家广告公司，一家本土，一家 4A，都是以新文案身份面试。在最饥不择食的时候还去过两家本土面试 AE，但都黄了。不过我面试两次文案都通过了，下面简单写一下经历。

一，文案是做创意的，所以首先看的是你的创意能力。这大都通过你的作品来衡量，刚出道的新人因为没有正式工作的经验，没有关系，你可以在学校有时间就多做做飞机稿，多看广告的时候注意哪些广告可以做得更好，应该怎么做，然后自己动手把它执行出来。还有实习的时候，也是可以积累一些作品的。当然作品不是越多越好，而是要好作品才有说服力。

二，关于实习，面试的时候会问你在什么公司实习，跟过什么人，做过什么客户，在实习的时候你做过些什么。这个根据个人情况，如实回答。

三，你最喜欢的平面广告是什么？为什么？每个人最喜欢的东西都是不一样的，关键是你要说出你为什么喜欢这个广告。

四，你最喜欢的 TVC 是哪一支或哪几支，为什么？同上。

五，你最喜欢看哪种类型的电影？电影对广告人很重要，记得我刚面试实习生的时候 CD 就说了一句：广告人一定要喜欢看电影。所以不管你喜欢看哪种电影一定要多看，不管什么类型的电影，多接触为好。比如你喜欢哪个导演哪个演员，都要说出为什么会喜欢。上次我答的是王家卫，《东邪西毒》。然后他就问了为什么会喜欢他的电影，你怎么看他的电影在业界受欢迎但大都不受市场肯定？最后我和他聊到的结果是王家卫的电影和广告很多地方都类似，很多广告人喜欢的广告，客户都不喜欢。

六，拿出一张没有文案的平面广告，让你想一个标题。这个很重要，通常写一句好文案需要挺长时间的，但你必须在几分钟之内想出一句。这一项就看你的能力了。

七，你在选择广告公司的时候是如何选择的？是一定要进 4A 还是什么？我的回答是看客户，因为作为一个新人，不是所有客户都是可以驾驭的，比如房地产我就没有信心去驾驭。实际上很多人选择广告公司的一个重要标准也是看客户。比如有的资深广告人就不喜欢做快销品。我的回答是选择自己可以驾驭的客户比选择广告公司更重要。

八，他会向你介绍一下公司现状。到了这一步基本上就代表你的面试通过了八成。接下来就是问你什么时候可以上班，薪水要求之类的。北京广告圈内新人的工资一般在三千左右，视公司薪水制度而定。广州的不清楚，上海的一般在两千五左右吧。

面试大概如此，反正如实作答，切勿瞎编乱造，因为广告圈是一个很小的圈子，你在哪里做过什么，是很容易了解到的。还要看机会，只有在广告公司缺人的时候才会招人，所以机会不是任何时候都有的。对我们来说，一定要坚持，我就因为一直想进广告公司做文案，大四的时候也没有去任何一家来学校招聘的企业应聘。毕业后到北京也一直等了近两个月。所以，在没有机会的时候，你要做的就是坚持。

附录 1

ADVERTISING
4A 会员资格大不同

一、美国 4A 成员资格 [①]

要成为美国广告代理商协会(4A)的会员,要具备以下条件,还要通过申请和协会的审查。

以下会员条件,旨在对广告代理商和其他营销传播组织进行较为精准的定位:能成功帮助客户解决问题;独立、公正、客观;拥有经营所需的人员和经验;遵守经营伦理;拥有足够资金。

1. 经营内容

申请者必须是广告代理公司,或者是经营广告创意、广告发布或营销传播的组织。至少有 50％的纯收入来自这些业务。

2. 经营规模

申请组织的经营规模不会成为决定会员资格的因素。但如果申请者的规模小到不足够提供服务,则不被纳入会员考虑范围。

3. 经营历史

申请组织的主要拥有者必须拥有至少两年的广告或营销传播的从业经历。特殊情况下,由协会董事会提出,才能放宽这一条件。

---

① http://www.aaaa.org/。经编译。

224

4. 经营位置

申请组织必须在美国领土范围内拥有一个办公室。

5. 所有权、控制与利益偏倚

(1)申请组织的经营控制人必须是组织里的员工。

(2)如果申请组织的经营是由一个或多个广告主控制,或是广告主的代表,则无法获得会员资格。

(3)为了保证客观,如果申请组织持有媒体或者供应商股份,或者有媒体、供应商持有该申请组织的股份,申请组织必须向协会、服务的客户、其他媒体(如果拥有媒体股份)公布股份情况。如果申请组织内有员工对媒体或供应商拥有重大股份,同样地,持股情况必须公布。

(4)申请组织必须提供确定其会员条件的所有事实证据,包括所有权、控制权和可能产生的利益偏倚。同时,申请组织必须同意在成为会员后,如果有影响其会员资格的情况变化,必须主动告知协会。

6. 服务标准

申请组织必须坚持提供足够数量与质量广告服务或其他行销服务,服务必须具备高专业水平并符合商业道德。这些服务包括对客户的合法商品或服务提供的大众传播、市场细分或者媒体投放。申请组织可以和客户合作,自由决定提供的服务。但必须致力于提供专业范围内最好的服务。

7. 品格

协会将会考察申请组织的商业经营记录、政策、原则、道德、诚信声誉、正直等。只有遵守最高商业道德标准并提供遵守能力保证的申请组织才能成为会员。

8. 能力

(1)广告和行销能力根据个体和市场需要各不相同,很难制定统一标准。但是,可以通过以下适当的调查获得评判:员工和设施;以往为客户提供的服务和工作。

(2)申请组织必须提供一份现有客户的代表名单,包括对提供服务的工作说明、服务时间以及合作的媒体名单。

9. 财务责任

(1)财务稳定是决定申请组织会员资格的重要考虑因素,但须呈现令人满意的财务收支表。这样的保证应该由注册会计师进行核查,如果无法实现,则必须由申请组织进行宣誓保证。

(2)每个申请组织须在填写入会申请表时填写资产负债表,若有需要还必须提供其财务情况的其他证明。

(3)申请组织必须提供财务资料备注,说明合作的银行及 6 位合作过的供应商。

(4)如果申请组织的负债收支表和银行会计标准不符,没有得到审核批准,则不能成为会员。除非由于某些方面的特殊价值而得到协会董事会的特批,否则没有达到协会要求的组织不能成为会员。

10. 申请/选择办法

每个申请组织必须按要求完整填写"会员申请表"。所有申请表由总部确认填写完整、补充资料完备、批准后,才会被安排调查、送达董事会来选择。

二、中国 4A 成员资格①

中国 4A 会员资格,均经过中国商务广告协会严格评估、筛

---

① http://www.china4a.org/cn/。有改动。

选,是国内最具实力、最专业、最优秀的综合性广告代理商。

(1)年营业额在人民币一亿元以上(要求提供广告业或服务业的纳税单位验证)。

(2)年营业收入在人民币 1000 万元以上。

(3)具有三个以上提供综合服务的客户。

(4)在中国两个以上的城市拥有分支机构。

(5)经营三年以上,能够为客户提供市场调查、广告策划、创作及媒体发布能力的全面服务性广告代理商。

(6)公司员工数量在 50 人以上。

三、广州 4A 成员资格[①]

申请加入广州 4A 的广告公司应具备以下条件:

(1)已经是广州市广告行业协会的基本会员。

(2)已经经营三年以上,能够为客户提供全面的广告服务,具备整体策划能力。

(3)至少在报纸、杂志、电视、广播、户外等五类媒介中的三类,代理客户广告的策划(强调代理客户策划,不强调媒介发布)。

(4)广告营业收入连续三年每年达到 350 万元人民币以上,有三个以上综合代理服务的客户,能提供两个以上不同行业的年度综合代理合同。

(5)以全面性服务的方式向客户提供综合性服务(含媒体代理)时,综合代理的条件下月费不得少于 8 万元;或综合代理费(包括媒介代理)不得少于广告费总额的 8%。

---

①　资料来源:http://www.gz4a.cn/index.asp。

（6）媒介单位自办的广告公司应与其本身的广告经营部门完全脱离（包括人、财、物），该公司代理到本媒介的广告营业额不得超过该公司广告营业收入的 20％。

（7）由广告主全资拥有或部分占股的广告公司，此广告主在该公司的广告投放额不得超过该公司广告营业收入的 20％。

（8）必须提供至少两个不同行业品牌的全年综合代理合约的复印件，复印件需体现合约的有效时间、代理内容、及双方盖章等（其他涉及商业机密之处可隐蔽）足以证明会员的综合代理能力条款。

（9）专业要求。需在最近两年获得过至少一项全国性专业赛事的铜奖，或地方性（省级）专业赛事的银奖。

附录 2

ADVERTISING
国际性广告赛事

1. 广告界的"奥斯卡"——克里奥奖（CLIO）[①]

【赛事官网】

http://www.clioawards.com/。

【赛事名片】

克里奥（CLIO）广告奖是五大国际广告奖项之一（全球五大广告奖项还包括纽约广告奖、戛纳广告奖、伦敦广告奖、莫比广告奖）。它创立于 1959 年，是世界上历史最悠久、规模最大的世界性广告大奖。

1959 年，美国人沃尔斯·罗斯创办克里奥广告奖，目的是让广告界中的创意佳作脱颖而出。1965 年，原本只关注美国本土广告的克里奥开始全面关注全球广告佳作。1972 年，比尔·艾文斯购买克里奥，在随后的几年中一直举办展览，并于 1980 年举行克里奥首次世界公演性的展览。1991 年，芝加哥 *Screen* 的出版商瓦特尼买下克里奥，次年又卖给芝加哥人吉米·史密斯，他在制造和广告业都拥有巨大影响，这客观上提高了克里奥的知名度。1997 年，荷兰传播的子公司——纽约 BPI 传播公司收购克里奥，进一步使之成为风靡全球的广告大奖。到 2010 年，克里奥已经举办了 52 届比赛。

---

① http://www.clioawards.com/。经编译。

　　克里奥奖是广告、设计与互动赛事领域最受公认的国际性奖项，汇集了来自全球各地的广告公司和专业制作工作室提交的一流创意作品。克里奥奖始终看重作品的原创作意图，以表彰最有力的传播沟通以及对现代文化的影响；同时，克里奥奖一直关注整个行业的发展变化趋势，表彰最新的、最具突破性的作品。在50多年的发展中，克里奥奖杯被认为是整个行业重视创意作品的奖项，是国际广告至高无上的荣誉。

克里奥广告奖奖杯

"缪斯——克里奥女神"

　　在古希腊神话中，缪斯掌管人间各文艺部门，包括音乐、诗歌、戏剧、美术、历史和天文的九位女神，克里奥是其中主管史诗和历史的女神。这尊象征世界广告最高荣誉的奖杯，原型正是以双手高举地球的女神克里奥，反映克里奥广告奖勇于探索、推陈出新、推动世界发展的精神和使命。克里奥奖杯由奥斯卡奖和艾美奖奖杯的制作者——芝加哥R. S. Owens公司负责设计制作，分为金奖、银奖和铜奖。

　　每年 5 月份,克里奥颁奖典礼在"世界广告之都"——纽约举行。这一盛会是对世界广告作品的总巡视和检阅,其场面之大、气氛之热烈一点也不亚于奥斯卡颁奖典礼。在广告大会上,来自世界各国的广告精英欢聚一堂,聆听各类广告创意讲座,欣赏丰富多彩的广告作品,参观艺廊,参加各种丰富多彩的会间活动,角逐金奖,盛况空前。通过交流,激发出更多的创意灵感,提高广告制作的水平,创作出更多、更有时代感的旷世广告作品。

　　典礼过后,获奖作品将由每个国家和地区的克里奥奖代表组织赴世界其他国家和地区作巡回展览。1999 年,克里奥广告奖首次在中国举办获奖作品巡回展。

　　【参赛规定】

　　● 未经客户和/或作品版权所有者同意,作品不得参加大赛评比活动。

　　● 除为慈善机构或者非盈利机构所制作的公益作品以及学生作品外,所有参赛作品均应是为客户而做的盈利性创作。

　　● 应征性广告和导演的剪辑不能参赛。

　　● 除经典荣誉奖外,已报名角逐克里奥广告奖的作品今年不能参赛。

　　● 对凡是冒犯民族、宗教、文化和种族意识的作品,克里奥组委会有权取消其参赛资格。

　　参赛类别以 2010 年为例,包括户外广告(Billboard)、接触点传播沟通(Content & Contact)、设计(Design)、直邮(Direct Mail)、创新媒体(Innovative Media)、整合运动(Integrated Campaign)、互动(Interactive)、海报(Poster)、印刷(Print)、广播(Radio)、电视\影院\数字(Television\Cinema\Digital)、电视\影院\数字技术(Television\Cinema\Digital \TV Technique)、战略性沟通\公共关系(Strategic Communication\Public Relations)、学生

(Student)等不同类别。

【赛事评审】

每年,克里奥奖任命来自世界各地国家的顶尖创意人,根据参赛作品类别组成不同的克里奥评审团。每位评委都是各自领域享有盛名的专家,这样可以保证各位评委能够充分理解与评判这些作品。

首先,克里奥评奖始终坚持"公正、公平、民主和非政治性"原则。评委们须回避自己所在广告公司选送的参赛作品,这种评选方式使克里奥奖成为世界上最合理、民主、不带任何政治色彩,以公平竞争为原则的世界性广告大奖。

其次,克里奥的最大特点,也是其长寿的最重要的原因,就是看重原创意图,而非单单看意图的贯彻,并依此准则择优而录。评委们的唯一宗旨就是评选出有力度、富有想像力的创意作品,极为重视艺术性。

最后,报名作品的公司名称将对评委保密;评委不能评审本国的作品;对广告文化背景不了解的评委也不得投票;参赛作品的成绩由参与该作品的评审的评委投票决定。金、银、铜奖的作品投票票数必须达到规定比例。因此,很有可能出现多个金、银、铜奖,或者某些类别奖项空缺。包装设计和技术类别将由那些在该项领域中享有盛誉的专家来评选。

【奖项设置】

每年,评委对作品的评判都在一周内进行。第一轮筛选出10％以下的入围参赛作品,成为金银铜奖的候选作品。第二轮的评选决出铜奖,第三轮决出银奖,第四轮决出金奖,直至第五轮评委从金奖作品中再投票选出克里奥大奖。只有不到3％的作品可以赢得奖杯,不到1％的作品有机会赢得金奖。金、银、铜获奖通知书在颁奖典礼前2～3周寄出,所有金奖、银奖的获得者都将应邀出席在纽约举行的克里奥颁奖典礼。

为每类奖项都设置金、银、铜奖,在金奖作品中选出"克里奥大奖"。此外,还颁发包括终生成就奖(Lifetime Achievement)、年度广告主奖(Advertiser of the Year)、年度广告公司奖(Agency of the Year)、年度网络作品(Network of the Year awards)、年度制作公司(Production Company of the Year awards)等奖项。

2."永恒交流的平台"——莫比广告奖(TheMobius Awards)①

【赛事官网】

http://www.mobiusawards.com/。

【赛事名片】

莫比广告奖创建于 1971 年,是全球 5 项最重要的广告大奖之一,由美国著名营销专家 J. W. 安德森创立,其总部设在美国芝加哥。莫比奖的参赛者既有全球知名的跨国广告公司,也有地区性小型广告代理商。作为全球最著名的广告大赛,莫比广告奖既是全球性经济、社会问题的晴雨表,又代表最新的文化潮流,每个年度的获奖作品将会被芝加哥文化博物馆展出并悉数收藏。

每年 10 月 1 日,参赛作品汇集芝加哥,12 月中旬评选工作结束,次年 2 月举行颁奖仪式,这使得莫比奖是各大国际奖中最早揭晓的,其获奖作品将成为年度各大将赛及商业刊物关注的"预留选手",极有可能"连中三元"。

1998 年,中国内地首度赢取莫比金奖。

【设立目的】

对莫比奖的主席安德森认为,设立莫比奖是要为全球的广告

---

① http://www.mobiusawards.com/; http://baike.baidu.com/view/197846.htm。经编译。

莫比广告奖奖杯

"莫比"一词源自数学中的莫比乌斯带（Mobius Strip）。19世纪，德国数学家 A.F. 莫比乌斯发现：将一个长方形纸条 ABCD 的一端 AB 固定，另一端 DC 扭转半周后，把 AB 和 CD 黏合在一起，就会得到一个全新的曲面——单侧、不可定向的曲面，它被命名为"莫比乌斯带"。物体在这个奇特的曲面上，既没有开始，也没有结束，运动时永恒的。莫比广告奖以此命名，象征永无止境的思想与信息的传播交流，象征创意无限，传播无限，象征永无止境的交流。莫比奖座是一个熠熠闪光的金色无限标志，被雅致地镶嵌在大理石底座上。

公司、广告制作公司、艺术指导人员及设计师、电影公司、电视台和广告主提供一个国际性的平台，使他们的成就能得到恰当评价，并从中选出最优秀的作品。获奖广告为商品创造良好声誉与形象，促进销售，增加广告预算，还为从业人员提供更多的晋升机会，扩大了企业知名度。

【参赛规定】

莫比奖的参赛作品必须是比赛指定日期前已经发布的广告作

品,拒绝飞机稿。

【赛事评审】

莫比广告奖的评委以美国、加拿大等地的著名创意人员为主。评委独立评判,避免人为相互影响。参赛作品送达评委之前,先要听取艺术界、媒体、企业等社会各界代表的意见,评审过程加入消费者的意见。之后,作品分发到评委手中,经过详细研究后,每个评委拿出初评意见,每年年底,再集中到芝加哥进行最后评审,评审人员会详细研究参赛的作品,从中评选出最优秀的作品。

莫比奖认为,广告奖不同于体育比赛,目的不是评出"究竟谁第一",而是"鼓励好作品"。广告不同于艺术作品,对其进行的评估要考虑经济、市场等各方面的因素。评审中,应尽可能考虑这些客观因素。莫比奖对作品的分类非常细致,每个类别都设有金奖和第二名(杰出创意证书)。莫比奖认为,对广告作品的评价要基于作品自身水平和同类作品的对比。例如,汽车广告之间的对比等,这与市场竞争中的真实情况一样,为参赛者提供更公平的获奖机会。

技巧类型划分。在项目类别上必须对作品整体上进行评判;而创作技巧类则允许依据某一特殊创意因素来进行评估,如广告方案,艺术指导、摄制手法等。

【奖项设置】

莫比奖针对参评的每一个类别分别评选,每一类别的第一名颁发金奖(莫比奖),第二名颁发杰出创意证书。

虽然每一类别都设有莫比奖座,但评审要求严格,所以许多项目的大奖空缺。其他类别中却可能有一个以上的获奖者,只要它们值得嘉奖,评委会并不限制数目。

3. "大牌电影盛会"——戛纳广告奖①

【官方网站】

http://www.canneslions.com/。

【赛事名片】

戛纳国际广告奖源于戛纳电影节,1954 年由电影广告媒体代理商发起。第一届国际广告影展在威尼斯举行,主办城市为威尼斯,威尼斯圣马克广场上的代表物石狮就自然而然成为奖座的设计灵感。第二届国际广告影展于法国蒙地卡罗举行,第三届则在狮城戛纳举行。此后就在威尼斯及戛纳两地轮流举办。直到1984 年,大会决定将法国南部城市戛纳定为永久的固定举办场地。

1992 年,组委会增设报刊、招贴与平面竞赛项目,这使得戛纳广告奖成为真正意义上的综合性国际大奖,成为全球广告创意和传媒领域的盛典,也是全球最负盛名的广告大奖。每年有超过2.4 万件来自全球的作品在戛纳展示和参与评比,受邀参加戛纳国际广告节,成为全球业内人士的殊荣。

戛纳国际广告节于每年 6 月下旬举行,为期一周,90 多个国家超过 8000 名代表在此开设一系列交流会,包括工作坊、展览、放映、大师班及由行业领袖参加的高级研讨会。

1995 年,戛纳广告节被介绍进中国。2008 年第 55 届戛纳国际广告节上,TBWA\腾迈(中国)为阿迪达斯制作的庆祝中国成为 2008 年夏季奥运会的主办方制作的"Adidas Olympic Games Campaign"的户外系列广告,获得 2008 年戛纳广告节户外类的金狮大奖,这是中国内地广告公司自参赛戛纳以来首次赢得金狮奖。

据汉唐国际广告公司创意总监、曾获得过 One Show 银铅笔奖的黄伟介绍,对广告圈内的人来说,戛纳广告节相当于电影人眼

---

① http://www.canneslions.com/。经编译。

中的戛纳电影节,相对来说,获奖的难度更大。

【设立目的】

受 20 世纪 40 年代戛纳影展的影响,一部分剧场广告主认为,广告片制作者在电影节上也应该像电影人一样受到瞩目,应该设立同样的奖项,以鼓励认真创作的广告公司,因而在 1954 年,全球影片广告组织(SAWA)创办了第一届国际广告影片展。

【参赛规定】

戛纳广告奖对参赛作品进行了严格的限定:

(1)参赛对象包括全球有关广告和媒介的任何机构。

(2)作品参赛必须事先征得广告主的同意。

(3)直邮广告作品和促销活动材料不得参赛。

(4)作品必须依照客户的付款合同而创意制作(除公益类),不得自行设计构想。

(5)所有作品必须在上一年度 3 月至截稿日期间被公开发布过。

(6)曾参加过该广告节的作品不得再次参赛。

(7)侵犯民族宗教信仰和公众品味的广告不得参赛。

【赛事评审】

戛纳国际广告节评委会分为独立的两组,一组负责评定影视广告,另一组负责平面广告。各评委要回避本国作品,评审时间由评委自己掌握,以便仔细阅读文案,周全研究创意。

广告节期间才开始决赛阶段评审,允许参赛者目睹现场公布的每一阶段入围名单,以增加其现场气氛。以各家制作公司作品在大赛项目上的表现来判定获奖,大奖得 10 分,金狮奖得 7 分,银狮奖得 5 分,铜狮奖得 3 分,入选作品得 1 分。

【奖项设置】

分为影视、平面、户外、促销、直效行销、设计、网络类、广播、公关、媒介类、电影类、电影制作技术类和整合类广告等大类,设大奖、金、银、铜狮奖。此外,还有全场大奖、整合营销奖、钛狮奖(主要用于奖励奖励广告业突破性创新创意的作品)、金棕榈奖(专为影视广告制作公司设立的大奖)、年度广告主奖、年度最佳表现广告公司奖(颁给同时参加平面与影视广告并获得总积分最高分者)、年度媒介人物奖等。

夏纳国际广告节 Logo 与奖杯

4. 全球视角——纽约广告节①

【赛事官网】

https://www.newyorkfestivals.com/。

【赛事名片】

纽约广告节也叫美国"纽约节"(New York Festivals, NYF),始于 1957 年,是世界五大广告节之一,在国际广告创意领域享有崇高的声誉和影响力。纽约广告节由国际奖项集团(The International Awards Group, IAG)负责运作和管理。每年 6 月,广告节开幕并举行颁奖盛会,它所评选出的作品被认为是各自领域的"世

---

① https://www.newyorkfestivals.com/; http://baike.baidu.com/view/197852.htm。经编译。

界最佳作品"。

经过 53 年发展,纽约广告节已成为包括国际影视广告、广告与营销效果、国际印刷物及电台广告、全球医疗保健、国际电视节目与推广、国际电影与电视节目推广、国际互动媒体、国际电台节目与推广、金融服务业传播等九大领域专业竞赛的综合性国际传播大赛组织机构。近年来,每次大赛均有 60 个以上的国家携 15000 件以上的作品参加角逐。

2010 年 6 月 10 日至 12 日,第 53 届纽约广告奖全球颁奖典礼暨全球峰会在中国上海盛大揭幕,这是该奖项成立 53 年来首次在纽约以外地区举行,也是在中国首次举办国际顶级广告奖项的全球颁奖典礼。

【设立目的】

当时主要为非广播电视媒介的广告佳作而设。

【参赛规定】

所有参赛作品应是当年在全球范围内实施的广告活动。参赛作品必须在前一年度的 1 月 1 日后首次制作、播送或放映。经导演剪辑的电视广告作品将不得参赛(参加学生类别的广告作品除外)。

随着社会的发展,每年参赛类别都会变化,以 2010 年为例,保罗工艺与技术、户外广告(海报/移动广告/广告牌/灯箱广告)、直邮广告(直邮/直销/促销)、平面广告(杂志与报纸)、设计(包装、网站)、营销效果、先锋派艺术、附属广告、电台广告、互动(横幅/弹出广告等)、学生类别、混合(组合)媒体、公关/品牌推广、公共服务公告、电视/电影广告/推广等。其中,营销效果、公关/品牌推广、公共服务公告是 2010 年新增比赛类别。

【赛事评审】

纽约国际广告奖初审于每年 4 月举行,5 月寄出决赛通知书,各分类奖项于 5 月选出,最大奖项将在 6 月的第一周最终揭晓。

纽约国际广告奖的评委团是世界上最大数量的、最国际性的、最多样性的,评委由来自 60 多个国家的 250 位代表组成。

首先,作品会经过一轮在线评判,以剔除飞机稿或假广告。在这个阶段,NYF 鼓励评委们在线提出理由和意见,评委意见对外保密。然后 NYF 会调查评委怀疑的作品。评审团的 Michael O'Rourke 说:"NYF 的第一道防线是我们的在线评审系统。我们发现,把评审们集中在一个与外界隔绝的环境中,其效率令人吃惊。没有人会愿意苛责一个机构或创意团队,尤其是当这个机构或团队是你的朋友,或跟其他评审有关联。"

首轮评判产生参加决赛的作品,决赛作品将获得决赛证书;经过进一步评判才会决出金银铜奖,金奖获得者还将角逐全场大奖。

【奖项设置】

主要项目的全场大奖将颁布给得分最高的金奖作品,每个项目设置金、银、铜奖。入围者颁给获奖证书。获奖者的作品将刊载在《广告时代》等权威杂志上,并在互联网上和全球的创意爱好者分享佳作。所有决赛作品刊登于《纽约节年鉴》。

此外,还设立终生成就奖(Lifetime Achievement)、年度广告主大奖(Advertiser of the Year)、年度广告公司集团大奖(Agency Network of the Year)、年度广告公司(Agency of the Year)、年度最佳小型广告公司(Boutique Agency of the Year;2009 年设立,从获得奖项的公司中选出,该公司须与其他各大广告公司没有任何关系,且员工人数不超过 75 人)、最佳新广告公司(Best New Agency;2009 年设立,面向创立年份不超过两年,并有一定市场的广告公司)、联合国特别奖项(1990 年专门为联合国公共信息部门设立,授予那些出色诠释联合国的宗旨及种种设想的公益广告作品。公益项目的印刷,广播和电视广告作品的决赛由联合国的"蓝带"评审团亲自评选,从中选出金、银、铜奖获得者)。

纽约广告奖奖杯、奖牌、证书

5."创意无所不包"——伦敦国际广告奖(LIAA)①

【官方网站】

http://www.liaawards.com/。

【赛事名片】

伦敦国际广告奖于 1985 年正式创立,在五大国际广告大奖中,是最年轻、最有朝气的。

伦敦国际广告奖把创意作为唯一的标准,创立的 20 多年间,伦敦国际广告奖,作为一个具有创新精神的比赛,始终把奖项授予

---

①　http://www.liaawards.com/。经编译。

241

那些有创意的广告、设计和数字媒体作品。获奖者将得到一座铜像,铜像为一个展翅欲飞、企图飞跃自我的超现实主义的人类外形。每年有近百个国家和地区参加,近年来报名作品均在万件以上。2010 年,有来自 79 个国家的 13562 件作品参赛。每年 11 月在英国伦敦开幕并颁奖。

【参赛规定】

所送作品应是发布过的真实的广告,为参赛而做、未经发布的作品,不得参赛。

每年参赛类别有所变化,以 2010 年为例,作品类别涵盖户外广告(Billboard)、设计类(Design)、数字类(Digital)、整合营销类(Integrated Campaign)、包装设计类(Package Design)、海报招贴类(Poster)、非传统媒体类(Non－Traditional)、广播广告类(Radio)、印刷类(Print)、电视/电影/在线影音(Television/Cinema/Online Film)、电视/电影/在线影音技术类(Television/Cinema/Online Film Technique;2010 年新设)、音乐技术类(Music)(2010 年新设)、新类别类(the New Category)(2009 年新设,主要奖励那些能够完美结合原创概念和引人入胜的执行的作品)等 13 大类。每个大类别下还有小类,涵盖不同的具体项目,是五大广告节中项目分类最周全的。伦敦广告奖的分类最具特色,不仅在三大媒介(平面、影视、广播)项目上分类细致,而且在设计包装、技术制作上也划分详尽,充分体现该项评奖在创意概念、设计手法、技术制作等方面齐头并重的特色。

【赛事评审】

所有参赛作品应在每年 6 月送达组委会,再由组委会送往评委手中独立评审,颁奖安排在每年的 11 月,号称五大节里面"最漫长的评奖"。

评委来自世界,文化不同、背景不同(包括创意大师、电视/电视导演、录音编导及制作专家等），这些评委都才华横溢、业界认可、屡获殊荣，以创意作为共同且唯一的评奖标准。

每年所有的评委（除了技术类评委）都会到拉斯维加斯的Wynn/Encore 参加评判工作。评委被分成不同的评审团，每个评审团由评委会主席与评委组成。2010 年参赛作品全部 11 大类别，一共划分为 8 个评审团。每个评审团，包括评委会主席，都按照类别评判作品，不带有国际、公司的偏见。他们的集体投票决定金、银、铜奖级决赛作品，每个评委都有机会投票选出全场大奖。

【奖项设置】

LIAA 为每个类别项目设有金、银、铜奖（2009 年增设），从金奖作品中选出全场大奖。

伦敦国际广告奖奖杯

243

6. "广告,以实效论英雄!"——艾菲奖①(EFFIE AWARDS)

【赛事官网】

http://www.effiechina.org/。

艾菲奖标志

【赛事名片】

艾菲国际

艾菲奖创立于 1968 年,是美国市场营销协会(AMA)为表彰

每年度投放广告达到目标并获得优异成绩的广告主、广告公司而专门设置的特别广告奖项,是目前世界上唯一一项以广告效果为主要评审依据的权威广告奖项。她把荣誉给予那些市场成绩最杰出的广告运动,因此成为广告主们最希望他们的代理公司赢得的奖项。

艾菲奖与戛纳奖、克里奥奖等国际奖项的区别在于,她更关注广告的实际效果,认为广告和市场交流的目的是帮助营销者促进市场营销。参加艾菲奖的评选,参赛作品必须清楚阐述广告目标,提供达到或者超过这一目标的实践证明,评选以达到目标的客观证据为基础,关注广告运动从规划到执行并取得效果的全过程,考核的内容包括市场综述、广告运作目标、目标对象、创意策略、其他交流传播、媒介策略、媒体种类与媒体支出、效果证明。全面考核广告主与广告代理公司的策划、执行、控制能力,体现企业经营的实效性。因此,艾菲奖不仅是对广告效果的评估,还是对广告代理策划公司及广告主广告策划实施能力水平的严格检验。赢得艾菲奖,就意味着赢得市场挑战的成功。

艾菲中国

自 2002 年起,中国广告协会经过连续两年的中国实效广告奖评选推广活动后,于 2003 年底与美国营销协会(艾菲奖总部)签署协议,正式引进艾菲奖,设立中国艾菲奖,中国艾菲奖成为艾菲奖全球大家庭的正式成员。中国艾菲奖与美国、法国、德国等其他成员国的艾菲奖一样,每年评奖一次,使用同一标志,执行同一评审标准,具有同等的国际权威性,是中国本土唯一以广告运动全案为评估对象的广告奖项,被誉为广告界的"奥林匹克团体奖",她将荣誉同时给予广告主与广告代理公司,颁奖典礼于中国国际广告节同时同地举行。中国艾菲奖的设立,标志着中国广告业在创意发展的基础上,逐步进入实效广告阶段,象征中国广告与国际广告接轨。

从 2008 年起,赢得中国艾菲奖金银铜奖的参赛案例才有资格参加亚太艾菲奖的角逐,与来自亚太区的新加坡、泰国、马来西亚、孟加拉、菲律宾、日本、印度、中国香港、中国台湾等国家和地区的广告进行同台竞技。

【设立目的】

"Awarding the ideas that work",意为对实效广告的嘉奖。

【参赛规定】

中国艾菲奖参赛案例必须是指定时间段内在中国境内投放并实施的广告运动,获得可量化的实际效果的广告运动案例(包括商业、服务和公益广告活动),必须有明确的目标并提供达到或超过这些目标的材料。参赛案例至少在下列其中一种媒体上投放过广告并取得一定投放效果:电视、广播、报刊、户外媒体、印刷品、互联网和直邮,但效果证明可不局限于上述媒体的广告效果数据。

以 2010 年中国艾菲奖为例,涵盖日用品类、耐用品类、服务类、形象类(指不涉及产品宣传的企业、品牌形象宣传,即在广告运动中不能提及产品或服务)、小预算类(媒体费用支出在 200 万元以下,包含赞助费和媒体支出、制作费等)。同一个广告运动只能参加一个类别的竞赛。

【赛事评审】

中国艾菲奖的评选分为初审和终审两个环节,评审考察既定目标检查完成情况。每轮评审均有来自广告界、企业界、媒体机构、调研机构、学术机构及其他资深营销广告专家组成的评审团,对参赛广告全案进行综合评分。

以广告效果为主要评审依据。中国艾菲奖不单考察广告表现,也不以单一作品的优劣来认定整个广告活动的成败,她主要关注广告的实际效果,甚至要求分析投入与产出的数据。中国艾菲奖从一开始就考察整个广告运动的宏观的系统运作。集中关注广告的实际效果。参加评审的广告要提供市场调研、策略定位、创意表现、媒介选择及执行、促销配合及最终市场效果等多方面的材料,而非单一的广告表现作品。

中国艾菲奖全套引进国际(美国)艾菲奖的完整理论、评估体系,根据中国市场情况,以广告运动、营销手段、传播效果、创意创新程度为主要评估指标。评委来自广告主(企业)、广告公司、媒体、专业调研机构、院校的代表(负责人)。

【奖项设置】

以 2010 年中国艾菲奖为例,各参赛类别分别设置金奖、银奖、铜奖及入围奖,另外设置全场大奖、最佳传播奖、最佳创意奖、最佳效果奖、评委推荐奖、特别贡献奖等单项奖。

7. 创意之巅"金铅笔"——One Show 广告奖①

【赛事官网】

全球官方网站:http://www. oneclub. org/。

中国官方网站:http://www. oneshow. com. cn/。

【赛事名片】

One Show 金铅笔

---

①　http://www. oneshow. com. cn/;http://www. oneclub. org/。经编译。

One Show,源于柯南道尔领导的创意革命中的艺术指导与文案一体化概念。

One Show 广告奖是由美国 One Club① 于 1975 年创立和主办的全球广告创意大奖。② One Show 奖项涉及领域包括传统广告、互联网、新媒体、娱乐、整合传播。只要行业内出现新的创意趋势,One Show 就会为之设定标准。One Show 广告奖的评委都是在国际享有盛誉的精英创意总监,他们组成强大的评审团,决定了这个广告奖项在广告设计、文案等方面的权威地位。此外,One Show 还于 1994 年创立教育部门并设立年度最佳学生作品展,这使得 One Show 成为世界权威级广告大奖中唯一注重学院风格的奖项。

每年 5 月,在世界广告中心纽约的林肯艺术中心,The One Club 都将举办盛大的 The One Show 广告节,颁发各类 One

① 总部设于纽约麦迪逊大道的 The One Club for Art and Copy 是全球最大的非盈利性广告机构。它创立于 1975 年,由当时美国两个最大最著名的独立广告组织——纽约艺术指导俱乐部与纽约文案俱乐部合并而成。宗旨是提高全球广告创意水准,成员和支持者都是国际广告业赫赫有名的人物。从创建伊始至今,One Club 由纽约起步,建立了由全世界 6 大洲 50 多个国家的广告公司、创意专家和广告院校组成的强大网络。自 2001 年以来,One Club 在中国成功举办广告论坛和青年创意营等多项活动。2005 年 9 月,One Club 在北京正式设立其中国机构——One Club China,开展创意推进活动。One Show 在中国的创意推广活动主要包括青年创意竞赛、创意营、创意论坛和一系列的作品展览、培训活动。

② 1920 年,两个相对独立的广告组织——纽约艺术俱乐部与文案俱乐部在纽约成立。每个组织都各自主办有所偏重的广告奖项。1974 年,两个俱乐部的广告奖合并,联合设立 One Show 奖。1977 年,One Club 正式成立,独立主办 One Show 大奖。追根溯源,One Show 广告奖发展到现在已有 80 年历史。

Show 奖项,吸引大批广告创作精英,包括互动广告创意人员和寻求机会跻身广告业的学生。这一活动已成为美国最有影响力及最权威的广告活动。除此之外,作为世界性的广告奖项,在南美的巴西、阿根廷,非洲的南非,亚洲的新加坡、香港和欧洲的许多国家和地区,One Show 获奖作品展每年都如期举行。不仅如此,The One Club 还邀请广告界顶级讲师跟随广告展一起远赴各国举办免费讲座,为促进各国广告业的交流,推动这些国家和地区广告业的发展,做出巨大贡献。

2001 年 10 月 18—20 日,One Show 金铅笔进入中国——首届 One Show China 广告年度峰会在厦门举行,峰会主题是"顶级殊荣,全球共享"。

【参赛规定】

参赛作品必须是出街作品,且经客户允许。从 2010 年起,一旦发现参赛的作品是虚假客户,或者是未经客户允许,即对该广告公司禁赛 5 年,取消创作人员未来 5 年的"铅笔资格"。即使是"只出街过一次"、"大半夜播放过的 TVC",或者干脆"由广告公司自掏腰包出街"的擦边球,也予以禁赛 3 年的惩处。

One Show 设置了 4 个类别的奖项:平面、电台和电视广告奖(The One Show)、互动广告奖(One Show Interactive)、设计奖(One Show Design)以及娱乐传播类(One Show Entertainment)。同时还设有短片奖(One Show)、(One Show RX)医疗广告奖、院校竞赛(One Show College Competition)等。

【赛事评审】

每年 3 月,来自全球顶级的创意大师组成的评委团将独立而封闭地进行评审,评委不许与外界交流,相互之间也不允许交流。

One Show 设立前,广告奖项一般都把重点放在视觉与文案上,但 One Club 向广告界宣称,将把创意作为作品赢取金铅笔的主要标准,重视作品原创性的原则以及独立公正的评选氛围。

【奖项设置】

各类别分别设有金铅笔、银铅笔、铜铅笔奖、佳作奖等。

8. 设计之巅——D&AD 设计大奖专业组①

【赛事官网】

http://www.dandad.org/。

【赛事名片】

1962 年,D&AD 设计大奖由英国 D&AD 团体创立,是英国乃至世界最权威的创意设计奖项,旨在表彰设计、广告和创造性传媒方面最优秀的作品。D&AD 为所有参赛项目设定严苛的评判标准、严谨的筛选流程和由世界著名设计师组成的评委团。

创办这一奖项的 D&AD 是一个非营利性机构,是代表创造性艺术、设计及广告业界的全球性教育慈善机构,因此,其奖项设置重视独立性和公平性,深受设计界的关注和重视。自 1962 年起,D&AD 即致力于制定行业标准、表扬及培育杰出的设计与广告作品。《D&AD 年鉴》年年展示最好的作品,持续提供无与伦比的创意灵感来源。近几年来,D&AD 更充分展示了创造力对于推动商业表现的重要作用。

赢得黑铅笔奖(Black Pencil)、黄铅笔(Black Pencils)已被举世公认为名副其实的创意成就,以评审严格、拿奖难度系数高而著称。此外,对全球创意、设计和广告人来说,每年举办欢庆最佳创意的 D&AD 创意奖颁奖典礼是一件大事,所有奖项结果将于此时公布。

【设立奖项的目的】

鼓励和教育那些从事创意工作的人们。

---

① http://www.dandad.org/。经编译。

【参赛规定】

以 2011 年 D&AD 创意奖参赛作品资格为例：

（1）必须是在 2010 年 1 月 1 日与 12 月 31 日之间以商业形式发表的作品。

（2）必须是在真实的客户简报要求下所制作的作品。

（3）必须是发表于合法的媒体或媒介，且为一般民众所能接触到的作品。

（4）必须是经过客户同意及付费后发表或刊登的作品。

（5）作品不得在以往年份已参加过比赛。

D&AD 参赛类别几乎遍布各个创造性交流的领域，从写作、艺术创作到建筑、绘图设计、音乐音频、摄影、美术设计（Art Direction）、书籍设计（Book Deisgn）、品牌（Branding）、数字广告（Digital Advertising）、数字设计（Digital Design）、电影广告技术（Film advertising Crafts）、平面造型设计（Graphic Design）、插图（Illustration）等几十个不同的类别。

【赛事评审】

评选时间超过 4 天，250 位世界级顶尖创意人聚集伦敦，所有评选投票都以不公开、非举手表决方式进行。每轮投票评选后，评审们会先讨论，之后才做出决定。

（1）评委们会考量三个方面的情况：参赛作品必须是具有高度原创性及启发性的创意；作品必须呈现出色的执行成果；作品必须与其背景紧密相扣。

（2）在下述情况下，评委必须放弃投票权：曾参与有关参赛作品的制作；某参赛作品来自该评委的代理处（工作室，不包括网络），和（或）该评委在过去一年内曾为该代理处（工作室）工作。遇有这些情况，有关评委应离开房间，以保证评选全面和公平。

（3）评选极其严苛，实行评委"一票否决"，每一奖项的评选必须至少有 50％的评委投出赞成票,才能赢取。

【奖项设置】

D&AD 大奖熔设计和广告于一炉,分别设有"年鉴奖—年度佳作"、"提名作品—候选名单"、"黄铅笔奖(Yellow Pencil)—杰出

图8　D&AD 设计大奖黄铅笔、黑铅笔

创意"、"黑铅笔(Black Pencil)奖—突破性大创意"等不同奖项等级。其中,唯有获得黄铅笔奖的作品才能角逐黑铅笔奖。该阶段的评比工作将由三位黑铅笔奖评审组成,包括评审团主席和各原始评审团中的一位成员。每年颁出"黄铅笔"几十支,但黑铅笔奖则极为罕见,只有真正前所未有的突破性杰作才能获此殊荣,故而有时此奖项空缺。

此外,所有获奖作品将在《D&AD 年鉴》上以印刷和网上形式发布,也会在 D&AD 创意奖颁奖典礼暨晚宴及 D&AD 国际展览会和活动中展示。

附录3

ADVERTISING
国内广告赛事

1. 龙玺环球华文广告奖①

用華文打天下
龍璽 **LONGXI** AWARDS

龙玺环球华文广告奖

2009 年,龙玺以稀世之琉璃,铸造龙的图腾,以此嘉奖最为难能可贵的创意人。

【赛事官网】

http://www.longxiawards.org.cn。

【赛事名片】

龙玺环球华文广告奖——"用华文打天下"被誉为华文广告界的"奥斯卡",参赛作品横跨亚洲大陆,是目前唯一受 The Gunn Report、Shots Grand Prix 和 The Big Won 三大世界性广告创意

---

① 参考资料:http://www.longxiawards.org.cn/longxi2010/。

排名榜认同的华文广告奖。

1999 年，龙玺环球华文广告奖由来自香港、台湾、新加坡的著名华人创意人——林俊明、孙大伟、莫康孙、苏秋平发起，由香港龙玺创意奖有限公司主办。这是一个完全由华裔创意人当家的国际性奖项，一个跨越中国大陆、香港、台湾、新加坡、马来西亚和北美各地华文广告市场的创意奖。

一年一度的龙玺环球华文广告奖，所设奖项丰富多彩，有分别展现常规媒体广告魅力的"龙玺大奖"、树立新媒体创意标杆的"拢合大奖"、演绎龙文化的"龙玺设计大奖"、鼓励优秀青年创意人的"龙玺杰青华文创意精英大赛"。

【设立目的】

培养华人广告，提高华文广告的整体水平；鼓励并推动中国大陆地区本土广告的国际化发展；全面推开"龙玺"中国原创精神，让更多的人关心广告事业。

【参赛规定】

在指定日期内，于世界各地通过媒体刊登或投放、已上市使用的华文广告，事前取得报名表所列相关单位及版权相关单位同意，不论以普通话或华语方言如广东话、闽南话及带有地方习惯用语表达创意的原创作品，均可报名参加（曾经参加过往届龙玺奖的作品，不可重复投稿）。

参赛作品类别涵盖平面、户外、影视/广播、设计、新媒体等不同类别，包括包括常规户外广告、报纸/杂志广告、传统平面海报广告、影视/广告广播、平面设计、包装设计、动画设计、品牌设计表达创意的设计作品、环境广告、直销广告、线上广告、群发邮件广告、行动电话广告、网路互动广告、整合广告和打破常规完全表现出作品创意的说明性图片等广告（具体以每年赛事通知为准）。

【赛事评审】

龙玺奖由遍布世界各地超过 60 名著名华人创意总监组成大评审团,在每场赛季中,不少于 9 位评审委员从大评审团中甄选出,组成当届评审团。参赛作品将按其参赛类别,由评审团分初审、复审、收获、决胜四个阶段进行评选。评审过程公平公正公开。

【奖项设置】

龙玺奖共分两个序列七种奖项一是按具体产品划分的专案类序列,该序列每个类别分设金奖、银奖、铜奖、佳作,从所有金奖作品中选出唯一的全场大奖——龙玺大奖;二是创意工艺类序列,每个类别分设创意工艺大奖和创意工艺大奖提名。

2. 中国广告长城奖①

中国广告长城奖奖杯

---

① 参考资料:http://caf. cnadtop. com/banfa/csbf2. asp; http://ciaf. cnadtop. com/changcheng. html。

【赛事官网】

http://ciaf.cnadtop.com/changcheng.html。

【赛事名片】

"中国广告长城奖"是由国家工商总局批准、中国广告协会主办的,至 2010 年已举办 17 届,是目前中国历史最悠久、规模最大、影响最广泛的广告专业奖项,被业界誉为"广告赛事之泰山",是国内广告的最高奖项。

一年一度中国广告长城奖的评选,不仅仅是总结中国广告业年度内创意、制作方面的得与失,最重要的是从获奖作品中唤醒中国广告人的记忆,指明广告创意、制作人的前进方向,使此奖成为真正专业的、完全公正的、最具权威的奖项。

【设立目的】

旨在表彰每年度在平面、影视、广播、户外等广告中出类拔萃的优秀作品;展示中国广告目前创意制作的最高水准和发展方向。

【参赛规定】

报送的作品必须是在指定期间在媒体上发布过的商业广告作品。

报送作品的地区和范围:中国境内(包括香港、澳门、台湾)。亚洲、非洲、欧洲、美洲、大洋洲等地区华文广告和英文广告。

参赛作品分类:

参赛作品依发布形式分为影视类、平面类、广播类、户外类。

【赛事评审】

一是创意独特,具有原创性、震撼力、传达准确清晰;二是制作精良,要求精细美观、结构严谨;三是不得侵犯民族宗教信仰、民族政策、相关法律法规和公众品味。评委对本人及本单位的作品在评选中须执行限制性回避原则。

赛事总共有初审入围作品(第一轮)的确定、铜奖作品(第二轮)的评审、银奖作品(第三轮)的评审、金奖作品(第四轮)的评审、全场大奖作品(第五轮)的评审等五轮评审。

【奖项设置】

按照类别和项目内容分别设金、银、铜、入围奖。此外设全场大奖,在所有获金奖作品中产生。

3. 中国互动网络广告创意大赛①

【赛事官网】

http://www.maad-workshop.cn/。

【赛事名片】

中国互动网络广告创意奖大赛是由中国广告协会主办,由《现代广告》杂志社承办的国家级互动网络的专项比赛,截止 2010 年已举办 8 届,现已成为中国国际广告节的权威赛事。"中国互动网络广告创意奖"已成为中国广告业互动领域最高级别的权威奖项。

【设立目的】

推动中国互动网络广告行业的快速发展。

【参赛规定】

各类媒介、媒介代理机构、从事广告创意、设计、策划等服务内容的公司,以及广告主等,均可报名参加本项比赛。

参赛作品分为在线广告类、微型网站类、视频广告类三大类别。

必须是赛事指定期间创作并予以实际实施的广告作品。

所有参赛作品报名前,必须征得作品所有权人的同意及授权,

---

① 参考资料:http://www.maad-workshop.cn/;http://caf.cnadtop.com/banfa/csbf2.asp。

方可报名参赛。

【赛事评审】

所有参赛案例都按照科学、可衡量的标准进行评审;所有评委将经过严格的选择,按照公开、透明、标准的流程完成全部评审工作。评审工作在 9 月进行。

在大赛评审工作完成后 7 个工作日内,组委会将通知参赛方,作品是否获奖。具体获得的奖项级别将在正式颁奖日公布。

大赛颁奖典礼将在中国国际广告节期间举行,所有获奖作品的具体获奖等级将在颁奖典礼上公布。

【奖项设置】

行业奖项:按上述 3 大类 14 个组别的分类,分设金奖 1 名、银奖 2 名、铜奖 3 名、入围奖若干。

专业奖项有全场大奖,自所有金奖作品中由专家评委投票产生。

单项奖。自创意技术等维度分别设立(如最佳广告创意、最佳技术应用等)。评选范围自所有等级奖作品中由专家评委投票产生。

4. 中国媒介创新营销奖①

【赛事官网】

http://www.maad-workshop.cn/。

【赛事名片】

"中国媒介创新营销奖"前身为 2004 年第 11 届中国广告节首次设立的"中国媒体企划奖",目前该奖项由中国广告协会主办,由《现代广告》杂志社承办,是中国广告业的最高奖项之一,也是唯一

---

① 参考资料:http://www.maad-workshop.cn/。

完成广告主营销与媒体价值对接的国家级标准平台。

【设立目的】

希望通过评比拉动整个媒体行业的发展,解决目前媒体经营所遇到问题。

【参赛规定】

各类媒介、媒介代理机构、从事广告创意、设计、策划等服务内容的公司,以及广告主等,均可报名参加本项比赛。

参赛作品共设广告主品牌营销类、媒介营销类及公益活动类三大类,其中前两大类大类下再结合媒介形式细分为具体小类。

报送作品必须是赛事指定期间创作并予以实际实施的广告作品。

所有参赛作品报名前,必须征得作品所有权人的同意及授权,方可报名参赛。

【赛事评审】

所有参赛案例都按照科学、可衡量的标准进行评审;所有评委将经过严格的选择,并按照公开、透明、标准的流程完成全部评审工作。评审工作在 9 月进行。

在大赛评审工作完成后 7 个工作日内,组委会将通知参赛方,作品是否获奖。具体获得的奖项级别将在正式颁奖日公布。

大赛颁奖典礼将在中国国际广告节期间举行,所有获奖作品的具体获奖等级将在颁奖典礼上公布。

【奖项设置】

依照上述 3 大类共 12 个组别的分类,各设金奖 1 名、银奖 2 名、铜奖 3 名、入围奖若干。以上为行业奖项。

专业奖项:为全场大奖,自 A、B、C 三大类所有金奖作品中,由专家评委投票产生全场大奖一名,单项奖。自媒介应用、营销效果等维度分别设立(如最佳媒介应用创新、最佳搜索营销效果等)。

评选范围自所有等级奖作品中由专家评委投票产生。

"中国元素"国际创意大赛奖杯、奖状

5. "中国元素"国际创意大赛[①]

【赛事官网】

http://www.chineseelement.com/cn/home。

【赛事名片】

中国元素国际创意大赛创办于 2006 年,每年举行一届。它是经中国国家工商总局批准,由中国广告协会主办,清华大学、北京大学提供学术支持,中国元素国际创意大赛组委会直接领导及组织的一项全新的国际创意赛事,是"中国国际广告节"的主体板块之一,旨在继承、发扬中国本土文化元素的生命力与创造力,推动

---

① 参考资料:http://www.chineseelement.com/cn/home。

中国广告业及广告创意形成中国自己独特的广告创意文化；在世界范围内发起与倡导中国元素的推广应用，表彰全球广告创意人所取得的成绩。

【设立目的】

大赛承载复兴中华文化，实现民族品牌到世界品牌的时代使命。在继承和发扬中国元素生命力与创造力的同时，为国内、国际创意人与企业提供相互交流和融合的平台，表彰杰出的创意英雄，打开中国创意走向世界的通道，展示中国五千年的文明在世界经济全球化的今天，是怎样继承、颠覆、融合、释放。

【参赛规定】

本次大赛接受来自各广告代理公司、广告制作公司、设计公司、广告设计工作室作品选送。同时也接受创作者创意总监、设计师、美术指导、广告导演、摄影师、学生等以个人名义来参赛。

参赛的作品必须是赛事指定期间创作的作品。曾参加过该比赛的作品不得再次参加；全世界范围的华文广告均可参赛；凡违反有关国家法律、法规及侵犯民族宗教和信仰及公众品位的作品不得参赛。

参赛作品类别按创作形式分为平面项（影像类/图形类/文字类）、立体项（物体类/环境类）、影视项（电视广告类/短片类/广播类）。

【赛事评审】

创意大赛的标准自然就是创意，中国元素国际创意大赛，希望参赛者以中国五千年的深厚文化底蕴作为素材，去发现及寻找那些被隐藏或让人忽视却有价值的中国元素，用影像、图形、文字、物体、短片的手法去表现出来。深度、价值、创意是评委们非常期待能从参赛者的作品中看到的。

创新：对所使用的中国元素是否有创新的应用。

商业：作品创意是否具有商业价值。

美学：从美学角度衡量视觉效果到文案表达，是否具有独特的中国韵味。

国际：作品是否既有中国文化的内涵，又体现了国际化的语言和手法。

【奖项设置】

大赛设平面项（影像\图形\文字）、立体项（物体\环境）、影视项（电视广告\短片\广播）三大项八大类别，每一项都设有金、银、铜和入围奖，数量不设限。并综合八大类别，设一个全场大奖。

另外还在全场大奖之上还设立最高奖项——"中国元素"文化贡献奖，该奖项是"中国元素"国际创意大赛的最高奖项，颁发给该年度最具"中国元素"影响力、为中国文化的弘扬作出突出贡献的一个人物，一个事件，一个品牌，一个社团。

6. "国酒茅台杯"中国公益广告黄河奖①

【赛事官网】

http://ciaf. cnadtop. com/huanghe. html。

【赛事名片】

中国公益广告黄河奖创办于 2008 年，是由中国广告协会、贵州省工商行政管理局主办的，贵州茅台酒厂（集团）有限公司冠名赞助，以评选年度内免费发布的宣传人类文明道德观念、提升社会文明程度，并获得良好社会效益的公益广告作品的奖项，包括中国公益广告黄河（年度）奖（在媒体上发布过的公益广告作品，简称年度奖）和中国公益广告黄河（创作）奖（未在媒体上发布过的公益广告作品，简称创作奖）两大奖项类别，是"中国国际广告节"的主体板块之一。

---

① 参考资料：http://ciaf. cnadtop. com/huanghe. html。

【设立目的】

营造和谐的社会氛围,树立良好的文化道德和社会风尚,回答社会公众关切的问题和期望,赢得更多人们的领悟与共鸣。

年度奖参赛作品必须是赛事指定期间在媒体上发布过的公益广告作品。

创作奖参赛作品应为未在媒体上发布过的为推动国家经济、政治、文化、社会建设和发展所创作的公益广告作品。

中国境内(包括香港、澳门、台湾)及亚洲、非洲、欧洲、美洲、大洋洲等地区华文广告和英文广告均可参加。

【参赛规定】

参赛作品依发布形式分为影视类、平面类(报纸、杂志)、广播类、户外类(路牌、灯箱、车体)。

【赛事评审】

创意独特,具有原创性、震撼力、传达准确清晰;制作精良,要求精细美观、结构严谨;不得侵犯民族宗教信仰、民族政策、相关法律法规和公众品味。

【奖项设置】

中国公益广告黄河(年度)奖,按分类(影视、平面、广播、户外)设置金奖1名、银奖2名、铜奖3名、入围奖若干,共金奖4名,银奖8名,铜奖12名,入围奖若干。

中国公益广告黄河(创作)奖,按分类(影视、平面、广播、户外)设置金奖1名、银奖2名、铜奖3名、入围奖若干,共金奖4名,银奖8名,铜奖12名,入围奖若干。

7. 中国 4A 金印奖

中国 4A 创意金印奖①

【赛事官网】

http://go.sohu.com/2010mini/china4a/。

【赛事名片】

"中国 4A 创意金印奖"创办于 2006 年,由中国商务广告协会综合代理专业委员会(即中国 4A)主办,秉持"创意至上、宁缺勿滥"的原则,对创意的要求达到极为严苛的程度,是中国广告行业最具专业性与公信力的创意盛事之一。

【设立目的】

"中国 4A 创意金印奖"旨在树立中国广告创意的最高标准,褒奖出色的广告创意,以此树立中国广告业的创意风向标。

【参赛规定】

自赛事指定期间,凡在中国大陆地区经政府批准出版的报纸、杂志、户外等媒体刊登,或是在广播、电视、电影等媒体播放的广告作品(不包括纪录片、MTV 等),或是在其他合法媒体(包含网站、手机及其他创新媒体形式)上发布的创意营销活动,均可由广告(代理)公司、制作公司或广告主报名参赛。参赛公司所在地不仅限于中国大陆区内。上届参赛作品不可重复参赛。

影视类、平面类、广播类、传统户外类、创新媒体类、包装类、网络互动类、整合传播类、创意工艺类及媒体金印等九大类别均可参加。

【赛事评审】

4A 创意金印奖由中国广告奖项最强大的评委阵容,评奖委员

①　参考资料:http://go.sohu.com/2010mini/china4a/;http://ad0sohu.com/20100925/n275248581.shtml。

会成员皆由亚太地区享有国际声誉的资深创意总监担当。

为保证金印奖的创意评审严格而公正,评委会将以"创意品质"为评选的最高原则,封闭式地集中审定创意作品的"生死"。

分为第一阶段淘汰制、第二阶段选票制、第三阶段投票产生全场大奖

【奖项设置】

影视类及平面类各设单件作品金银铜奖各 19 个、系列作品金银铜奖各 1 个;网络互动类设金银铜奖各 6 个;传统户外类设单件作品金银铜奖各 1 个、系列作品金银铜奖各 1 个;其他 4 项各设金银铜奖各 1 个;每类别评选出不多于 5 名的优秀奖;创意工艺奖共设 11 个奖项,各评选出最佳创意工艺奖。

此外,还将于各类别评选出的金奖作品中,再评出一个年度全场大奖。

中国 4A 媒体金印奖①

【赛事官网】

http://go.sohu.com/2010mini/china4a/。

【赛事名片】

中国 4A 媒体金印奖是 2009 年第四届创意金银印奖新增的奖项。

【参赛规定】

赛事指定期间,凡针对广告主的企业形象、品牌或产品推广的需求,或基于公益性目标,在中国大陆地区经政府批准在电视、报纸、杂志、广播、户外、网络、新媒体及其他合法媒体上的,任意单一媒体发布或多种媒体整合策划与执行的广告与营销活动。并符合

---

① 参考资料:http://ad.sohu.com/20100925/n275249922.shtml。

根据不同的媒体特性,制定有创意的媒体应用策略,达成 ROI 最大化的效果。

参赛公司所在地不仅限于中国大陆地区。各类媒介、媒介代理机构、从事广告创意、设计、策划等服务内容的公司,以及广告主等,均可报名参加本项比赛。

【赛事评审】

赛事作品评分标准:背景及目标受众分析——25%;媒体应用策略的制定——30%;媒介执行的展示(图像或视频)——15%;广告效果说明(第三方调研公司提供的效果报告:CTR、Nielsen、IP-SOS、MillwardBrownACSR)——30%。

【奖项设置】

媒体金印奖分为商业类媒体企划奖和公益类媒体企划奖两大项:

商业类媒体企划奖:针对广告主的企业形象、品牌或产品推广的需求,策划与执行的广告与营销活动。金奖 1 名、银奖 2 名、铜奖 3 名、入围奖若干。

公益类媒体企划奖:基于公益性目标策划,并对社会产生良好的公益价值的活动。设金奖 1 名、银奖 2 名、铜奖 3 名、入围奖若干。

8. 中国艾菲奖(此处略,具体内容见《附录 2:国际性广告赛事》)

9. 时报广告奖(Times Awards)[①]

时报广告奖由台湾《中国时报》创办,是在亚太地区具有广泛影响力的一系列广告赛事,具体包括"时报华文广告金像奖"、"时

---

① 参考资料:http://www.TIMESAWARDS.com/。

报广告金犊奖"年,和"金手指网络广告奖"三大赛事。

【赛事官网】

http://www.timesawards.com/。

【赛事名片】

时报广告金像奖从 1978 年创办,截止 2010 年已有 32 年的历史,在台湾广告界已是影响力的最高指标。但随着世界整体经济的改变,广告市场也因庞大的中国大陆市场而趋向中华文化,作为广告界具有前瞻性指标意义的广告奖必须适应并反应广告市场发展趋势的要求而进行调整。基于此,也为将资源整合并扩大影响力,在 2010 年"时报广告金像奖"、"时报亚太广告奖"及"时报世界华文广告奖"三大广告奖项合而为一,并更名为"时报华文广告金像奖"。整合而来的"时报华文广告金像奖",顺延第 32 届时报广告金像奖之势,2010 年为"第 33 届时报华文广告金像奖"。①

时报广告金像奖②

时报广告奖创立于 1978 年,原名为"第一届时报广告设计奖",创办目的为提升商业广告的地位,并教育读者欣赏最高水平的商业广告;同时希望藉此提醒广告业,致力创作高品质的作品。1980 年,正式更名为"时报广告金像奖"。截止 2009 年,共举办 32 届,在台湾广告界已是影响力的最高指标。

时报亚太广告奖③

时报亚太广告奖创立于 1990 年,旨在促进亚太地区广告业界

---

①　参考资料:http://www.timesawards.com/2010tapaa/。

②　参考资料:http://www.fubusi.com/2006/2-13/160123586.html。

③　参考资料:http://www.timesawards.com/2008tapaa/indexc.html。

的交流与共同发展。主要目的在于提升台湾地区广告水平,增广企业的视野并且激发亚太地区专业广告人创意与意见的交换。截止 2009 年共举办 19 届,历届均邀请亚太各国家和地区卓有成就的广告人担任评委,评委会主席由国际顶级创意大师担任。参赛者来自亚太地区数十个国家,每届收参赛作品千余件,是亚太地区历史最悠久、影响力最大的广告奖项之一,是亚太地区广告业界每年一度的行业盛事。

时报世界华文广告奖①

时报世界华文广告奖创立于 1993 年,鼓励华文广告人用自己的语言、文字及文化,创作属于自己风格的华文广告,借由此凝聚所有以华文文化为创作原点的广告创意,能在国际广告舞台上创造出独具中国思想智慧与美学精髓的文化风格,并作为华文广告圈的交流平台、进而促进华文广告业的蓬勃发展。截止 2009 年,已举办 16 届,参与地区已涵盖台湾、新加坡、香港、星马、北美及大陆等十余地,此年度盛事已成为华文广告业荣耀的象征。

【参赛规定】

于赛事指定期间,在世界各地经政府核准出版之报纸或公开发行之期刊刊载、于大众场所或户外媒体张贴以及电视、电影院、广播上、网络媒体平台上播出之广告(不包括纪录片、MV 等)均可由所属之广告代理公司、制作公司或经政府核准立案之广告主报名参加。并需事先取得报名表所列相关单位及版权相关单位同意。曾参加时报广告奖且得奖之作品,不得再报名。

参赛类别包括影片类、平面类、广播类、环境媒体运用类、网络数字广告类五大类。

---

① 参考资料:http://www.timesawards.com/2006ticca/intro.htm。

【赛事评审】

时报评审团,由筹备委员会经过两阶段投票产生,所选出评审委员,来自各自不同领域、各具专业,且获得多数筹备委员可定推荐,时报奖鼓励评审团,以评审主管的判断为标准,经由多次评分及多数表决形成客观结果。

评审分初审、复审、决审、总决审四个阶段。

【奖项设置】

年度最佳时报华文广告金像奖(从各类项金奖中,选出一名);综合类奖项(由各类项中各选出金奖、银奖、铜奖一名,佳作若干);技术类奖项(由技术类项中各选出一名最佳技术奖);亚太广告特别奖(针对非中文参赛的作品),包括年度最佳亚太广告奖、综合类奖项、技术类奖项。

时报广告金犊奖(此处略,具体见《附录 4:针对学生的广告赛事》)

10.　**金手指网络广告奖**①

金手指网络广告奖

【赛事官网】

http://www.clickawards.com.tw/11th/index.html。

【赛事名片】

金手指网络广告奖是亚太地区专业网络广告赛事,也是华文

―――――――――

①　参考资料:http://www.clickawards.com.tw/11th/index.html。

世界第一个最具有代表性的知名网络广告奖,每年一次,由台湾《中国时报》旗下中时电子报、网络家庭(PC home)集团于 1999 年共同举办,截止 2010 年,已连续举办 11 届。

【设立目的】

金手指网络广告奖的创办,是为了推广华文网络的多元化应用,探索因特网的更多可能性,并激发网络相关社群对创新与创意的热情,鼓励在网络广告创意与制作上有实际开发成绩的工作者。

【参赛规定】

参赛作品需使用华文形态创作;

于赛事指定期间公开发表、刊登过的网站、网络广告或整合营销类作品,均可由所属之广告代理公司、制作公司、或经政府核准立案之广告主报名参赛;

于赛事指定期间在应用程序市集,开放付费或免费下载的手机应用程序式 Mobile App 作品,均可由所属的开发单位(个人或公司)报名参赛。

参赛类别分为整合行销类、网络广告类(分为网络广告、活动网站小类)、网站服务类(分为最佳网站、网络应用程序 Web app、媒体及服务网站、企业及产品网站小类)手机应用程序类(Mobile App)(分为商业服务、创意行销小类)等。

【赛事评审】

分为初审、复审、终审三个阶段;

评分按照参赛作品类别,根据赛事评审项目打分,以整合行销类作品评分标准为例,分别从策略概念与创意(30%),视觉与界面设计(15%)、技术运用与互动表现(15%)、内容特色(10%)、跨媒体的整合性欲有效性(30%)5 个细项评审。

【奖项设置】

设有各类项金手指奖及年度大奖。

附录 4

ADVERTISING
针对学生的广告赛事

1. 学院奖[1]

"学院奖"全称"中国广告协会学院奖",是目前国内唯一由国家工商总局批准、中国广告协会主办的权威奖项,每年举办一次,由启动仪式、高校巡讲、作品评选和颁奖盛典等活动组成,各项活动既独具特色,又串珠成链,共同构成以学院奖为中心的系列学生创意与实践活动。该奖项是中国大学生广告艺术节[2]的核心项目,主要内容是:动员全国高校广告及相关专业学生,为中国著名企业进行命题创意的竞赛活动。学院奖已历经 9 届(截止 2010年),在全国各高等院校中深入人心,其影响从高校延伸至广告行业,成为行业遴选人才,企业获取杰出创意的重要途径。目前,已经成为能够提供集事件营销、创意提供、人才桥接,以及社会传播于一体的,具有极高性价比的全国性大学生广告创意和校园营销的平台。

---

[1]　参考资料:http://www.xueyuanjiang.cn/。

[2]　中国大学生广告艺术节是目前国内唯一由国家工商总局批准、中国广告协会主办的大学生广告艺术大型活动,是全国范围的、规模最大的大学生广告艺术盛会,内容涵盖学术研讨、创意大赛、娱乐评选以及人才交流等方面,充分利用各方社会资源,搭建高端选拔平台,注入新鲜娱乐元素,在同类活动中独占鳌头。

【赛事特点】

● 奖金最高——全场大奖〈由辅导老师和创意学生共同获得〉高达 5 万元;

● 政府权威性——国内唯一由中国广告协会主办的大学生广告艺术类评比奖项;

● 紧密联系实务需求——赛事所有命题均取自实战市场的一手资料,获奖作品实施率高,区别于传统奖项命题单一、纯粹理论式的研讨;

● 高校学子倾力参与——700 所高校院系的宣传覆盖、40 万大学生的深度影响、上百名专家、学者的专业推动、数万件参赛作品,已经成为了营销、传播、设计、新闻、广告类专业学生心目中最为重要的奖项。

【参赛时间】

一年一度、每年中国国际广告节期间启动、历时近半年征稿。

【参赛对象】

全国高职、专科、本科、研究生等在校学生。

【参赛内容】

参赛作品按照大赛组委会指定的命题和广告主提供的背景资料进行创作。广告主背景资料及指定命题详见策略单及大赛官方网站(www.xueyuanjiang.cn)。

【赛事评委】

由命题单位评委、业界评委、广告主评委、学界评委共同组成。

【赛事规格】

目前国内唯一由中国广告协会主办的大学生广告艺术类评比奖项。

【赛事奖项】

每届略有不同,以 2010 年第九届为例,分别设立了商业命题、专项命题和论文命题三个命题奖,每个奖项分别设立了金、银、铜奖、入围奖等以及奖金高达五万元的全场大奖。

【赛事费用】

免费。

【赛事官网】

www.xueyuanjiang.cn。

【赛事历史】

1999 年厦门大学创办,至 2010 年第 9 届。

【参赛方法】寄送作品及网上提交作品两种报名方式必须同时使用(1)组织报名:参赛学校以院系、专业为单位组织报名,统一包装寄送作品、作品光盘、报名表,不接受个人报名参赛。(2)作品寄送同时,需在网上提交作品(www.xueyuanjiang.cn)。

2. 金犊奖[①]

金犊奖是全球华人地区规模最大、最具影响力的大学生创意比赛,1992 年由中国时报(台湾)面向全球华文大学生创办,取名"金犊",取"初生之犊不畏虎"之意。至 2010 年已举办 19 届,面向全球 1000 所高校的大学生征集广告创意的奖项,每年都有来自世界各地的学生参与。每年三月到四月时报名参赛时间,为期一个月多一点的"金犊奖",时间固定,深受大学生欢迎。

【赛事特点】

● 来自台湾——中国时报(中国台湾)创办。

● 创办时间最久——1992 年创办,中国创办时间最久的学生广告活动。

● 规模最大——面向全球 1000 所高校的大学生征集广告创意的奖项、世界各地的学生参与。

---

① 　参考资料:http://www.ad-young.com/。

- 覆盖最广——面向全球华文大学生。

【参赛时间】

每年三月到四月之间。

【参赛对象】

高中(职)以上在校学生。

【参赛内容】

金犊奖的参赛类别每年都会随着社会发展和专业市场需求做出一些调整,以 2010 年第十九届时报金犊奖为例,参赛类别了涵盖广告设计类(分为平面广告类、电视广告类、网络广告类、广播广告类、动画广告类)、指定品牌项目、行销企划类、技术类(本类分三项评选:文案对白项、美术设计项、CF 制作技术项〈报名电视广告、动画广告类之作品〉)、主办单位特别类等五大类参赛类别。

【赛事规格】

全球华人地区规模最大的学生广告活动,面向全球华文大学生创办,面向全球 1000 所高校的大学生征集广告创意的奖项,每年都有来自世界各地的学生参与。

【赛事评委】

主要由业界评委与学界评委组成。

【评审办法】

分两阶段评审。

- 第一阶段评审

(1)采取分组评比,选取其中 15%～20% 入围。

(2)评审团针对入围作品评选出每类项大陆地区优胜奖一名、优等奖五名、入围奖。

- 第二阶段评审

(1)由复决审评审团针对入围作品进行评比,并选取 20%～25% 入围。

（2）营销企划类入围者于评审现场提案竞赛，每组 20 分钟，形式不拘。

（3）决审。由评审委员采讨论方式进行，选出各项得奖者。

（4）总决审。于所有金犊奖中，选出一名年度最佳金犊奖。

【赛事奖项】

第一阶段评审（每类项大陆地区优胜奖一名，优等奖五名、入围奖 15%～20%参赛者）；第二阶段评审（金银铜犊奖各类项各一名，奖学金、奖座及创意团队一个去广告公司的实习名额、年度最佳金犊奖一名、佳作奖各类项各五名〈奖座及创意团队一个去广告公司的实习名额〉）、优选奖若干其他奖项（年度最佳学校金犊奖、指导老师奖、校长奖等）

【赛事费用】

收费。

【赛事官网】

http://www.ad-young.com/about.asp。

3. 全国大学生广告艺术设计大赛（全国大学生广告奖）①

全国大学生广告艺术大赛是由教育部高等教育司主办、教育部高等学校新闻学学科教学指导委员会组织、中国传媒大学与中国高等教育学会广告教育专业委员会共同承办的唯一全国性高校文科大赛。赛事每两年举办一次，2005 年第一届、2007 年第二届及 2009 年第三届，经过连续三届的成功组织，大广赛将专业教育、素质教育和职业教育贯通，空前扩大了广告教育的辐射力和影响力，拓展了广告教育的内涵。大广赛旨在提高大学生的创新精神和实践能力，激发大学生的创意灵感，促进大学新闻传播、广告、艺术教育的人才培养模式的改革，同时对于课程设置、教学内容和方

---

① 　参考资料：http://www.sun-ada.net/index.html。

法的出新起到了推动作用,极大地提高了大学生的动手能力、策划能力和综合能力。

参赛作品共分为平面类、影视类、广播类、网络类、广告策划案类、公益类等六大类,赛事的所有选题均面向社会征集,将企业营销的真实课题引入比赛,广告实践有了更广阔的舞台。

【赛事特点】

● 一次参赛,二次评选——大赛采取以分赛区为基础,一次参赛,两次评奖的方式进行。即在各分赛区被评上入围奖以上的参赛作品,由分赛区颁发全国统一制作的获奖证书(不发奖杯或奖金),然后再由分赛区组委会将入围奖以上的获奖作品报送全国大学生广告艺术大赛组委会秘书处,参加全国大学生广告艺术大赛的评选。被评为全国大学生广告艺术大赛的获奖者由全国大学生广告艺术大赛组委会颁发证书、奖杯、奖金或奖品。

● 政府主办,大学承办——大赛颁发全国统一的获奖证书(包括分赛区获奖证书),大赛成绩记入学生档案,对获奖的参赛学生各校根据实际情况,在评选优秀学生、奖学金及推荐免试研究生时予以适当考虑。对于赛前辅导教师的辛勤工作,应在学校考核教师业绩,计算教学工作量时予以适当考虑。

● 学生为主,专家指导,企业参与。

【参赛时间】

每两年举办一次,既每逢单数年号时便是全国大学生广告艺术大赛年,届时以通知为准。各分赛区根据通知自行安排。

【参赛对象】

全国各类高等院校在校全日制大学生均可参加。

【参赛内容】

参赛作品必须统一按照大赛组委会指定的命题和按统一规定的企业背景资料(见大赛网站和参赛手册)进行创作。大赛采取全国统一命题的公益广告和按统一规定的企业背景材料命题的商业广告两种形式，面向社会征集创作素材，由专家评审确定大赛选题。参赛作品分为平面类（包括报纸、杂志、招贴广告、VI 设计）、影视类、广播类、网络类（包括 Flash 动画广告、网页形象页面）、广告策划案类、公益类（包括平面广告、影视广告、广播广告、网络广告、广告策划案）等六大参赛类别。

【赛事规格】

全国大学生广告艺术大赛是由教育部高等教育司主办、教育部高等学校新闻学学科教学指导委员会组织、中国传媒大学与中国高等教育学会广告教育专业委员会共同承办的唯一全国性高校文科大赛。

【赛事奖项】

每届略有差异，以 2009 年第三届为例全国大赛总赛区设一、二、三等奖及优秀奖、优秀指导教师奖、优秀组织奖，每届大赛设大奖一个，统一由教育部高等教育司和全国大学生广告艺术大赛组委会颁奖；

分赛区设一、二、三等奖及入围奖，优秀组织奖、优秀指导教师奖，由各省、市、自治区教育厅（教委）和分赛区组委会颁奖；

大赛颁发全国统一的获奖证书（包括分赛区获奖证书），大赛成绩记入学生档案，对获奖的参赛学生各校根据实际情况，在评选优秀学生、奖学金及推荐免试研究生时予以适当考虑。对于赛前辅导教师的辛勤工作，应在学校考核教师业绩，计算教学工作量时予以适当考虑。

【评奖比例】

分赛区获奖比例由各分赛区组委会自行决定，但入围奖总数不得超过参赛作品总数的 1/3，全国入围奖比例为参赛作品总数的 20％。

【赛事费用】

参赛费用主要用于大赛的组织、宣传、邮寄作品、评审、颁奖等活动。全国大赛组委会的工作费用自行解决，不收参赛费。各分赛区可根据本地实际情况自行决定是否收取参赛费（但每件作品最高不能超过 50 元），参赛费用原则应由参赛学生所在学校承担。

【赛事官网】

http://www.sun-ada.net/。

【赛事历史】

2005 年第一届，每两年一届。

【参赛方法】

参赛报名表须加盖所在学校或院系公章；以院校为单位将参赛作品报分赛区评审；在分赛区获奖作品，再由分赛区统一报送（不超过所在地区参赛作品总数的 20%）参加全国总赛区的评奖，全国总赛区不受理个人报送的作品。

【赛程安排】（以 2011 年第 4 届为例）

2010 年	2011 年						
9 月～12 月	1 月～2 月	3 月～6 月	7 月	8 月	9 月～10 月	11 月	12 月
征集选题	通过大广赛官方网站及参赛手册向各分赛区公布选题	各分赛区举办推广活动，学生进入创作期	分赛区截稿，进行分赛区评审，将入围作品报送总赛区	总赛区进行作品评选	获奖作品公示	举行颁奖典礼	获奖作品全国巡展
启动阶段	推广阶段		评审阶段			颁奖阶段	巡展阶段

4. 创意功夫网青年创意例赛①

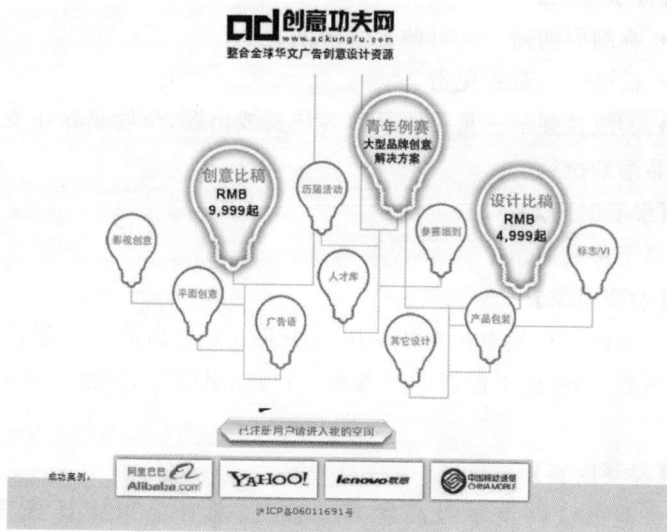

创意功夫网首页

　　青年创意例赛是创意功夫网(www.adkungfu.com)针对青年创意人开放的一项创意比赛,其前身是创意功夫网08年初举办的公益性的"鲤跃龙门例赛"("鲤跃龙门例赛"在举办了10期之后,在2009年8月第11期正式更名为"创意功夫网青年例赛"),全程免费,两个月一期,全程在线投稿,旨在帮助毕业5年以内的青年创意人和相关专业在校学生有机会接收正规的实战训练。每期比赛都会邀请重量级品牌客户出题,由资深创意总监撰写 brief,由行业顶尖的创意总监们轮流担任评委、评审,每期优胜作品最终都会由4A广告公司帮助客户执行出来,优胜者可获得国际4A广告

---

① 　参考资料:http://www.adkungfu.com/index.php。

公司一个月实习机会。

【赛事特点】

- 赛制周期短——每两个月一期。
- 益性——全程免费。
- 实战性强——重量级品牌客户实战出题、全程业界评委、优胜作品落地执行。

【参赛时间】

两个月一期。

【参赛对象】

大专以上相关专业在校学生及毕业五年以内的青年创意人，只要热爱广告，忠于创意即可参赛；可以组队参赛，但最多不超过两人。

【参赛内容】

每期题目由重量级品牌客户出题，总评委拟定任务要求（Prief），完全按照国际4A广告公司创意流程和形式，进行实战创意比赛。

【赛事评委】

(1)每期总评委一名，为大中华（中港台）地区国际4A广告公司ECD，由创意功夫网推荐、客户确认，出任比赛总评委。

(2)每期评委三名，均为大中华（中港台）地区国际4A广告公司CD，由总评委推荐，创意功夫网选定后出任比赛评委。

【赛事规格】

华文地区知名的广告网站创意功夫网举办的一项针对青年创意人的创意赛事、是一项公益活动。

【赛事奖项】

- 优胜者

(1)每期有一个优胜者，作者不超过两人，优胜者可获得国际

4A广告公司一个月实习机会,并跟随总评委,执行中标的创意。

(2)实习期间创意功夫网向优胜者提供生活补贴RMB100元/工作日。

(3)优胜者获得创意功夫网"创意比稿"和"设计比稿"赛事的参赛资格。

(4)优胜者将获得创意功夫网青年例赛优胜作品证书。

* 优秀者

(1)优秀者获得创意功夫网积分(50分)。

(2)优秀者获得创意功夫网"创意比稿"和"设计比稿"赛事的参赛资格。

(3)优秀者将获得创意功夫网青年例赛优秀作品证书。

入围者:入围者获得创意功夫网"设计比稿"赛事的参赛资格。

【赛事费用】

全程免费。

【赛事官网】

http://www.adkungfu.com/。

【参赛方法】

网络(http://www.adkungfu.com/index.php)报名参赛。

【评判标准】

鼓励原创,褒扬真真正正的好想法,好概念。考虑到青年人的创作环境限制,作品的执行力不是最主要评判标准。所以,相类似的创意,先来者先得。只要有好创意,你就快来吧!

【评审流程】

(1)由客户直接筛选入围作品,每周评定。

(2)三位评委在已入围的作品中选出优秀作品并点评。

(3)赛程过半时,客户与总评委发表半程点评,并对后半程的比赛提出建议。

（4）截稿后，客户与总评委在全部优秀作品中评选出优胜作品。

【其他】

所有"青年例赛"当期参赛作品都可以即时在线浏览，避免过往类似赛事的暗箱嫌疑。所有作者的历次参赛作品永久保存，记录成长每一步，这将是你应聘简历的最好附件！

5. One Show 中国青年创意大赛①

"One Show 中国青年创意大赛"是美国 The One Club 于2005 年 9 月与中国传媒大学合作在中国开展教育性质的广告创意竞赛和创意营活动，主要包括"One Show 中国青年创意竞赛"和"One Show 中国青年创意营"，是中国最重要的国际级广告教育活动之一和最有分量的学院竞赛。参加"One Show 中国青年创意大赛"，将会为你赢得进入国际广告公司的垂青，获得实习与工作的机会。

One Show 中国青年创意竞赛

"One Show 青年创意竞赛"是美国 The One Club 专为中国广告青年创意人才设置的，是广告界一年一度的大型比赛，参赛作品由 One Show 全球评委团和国内资深创意人联合评审，是最有分量的学院竞赛，参赛选手的表现往往会赢得广告公司的关注，是一块进入国际广告公司的敲门砖。

【赛事特点】

国际品质——由美国 One Club 创办，国际评委全程评审。

业界关注——越来越多的广告公司将吸纳优秀的新人的希冀

---

① 参考资料：http://www.oneshow.com.cn/。

放在了 One Show 身上，为青年创意人提供了一个向业界展示自己实力与潜力的舞台。

【参赛时间】

从 2010 年开始略有调整，以 2010 年为例，赛程将分上下两季，全年有两次作品投稿机会，第一期时间为 4—6 月，6 月底时，第一期的简报创作将会截止并在 8 月公布第一期入围名单。第二期的活动时间为 9—11 月，基本与往年时间相同。

【参赛对象】

分为学生组（在校生及 2010 年应届毕业生）和职业组（30 岁以下在职人员）。

参赛内容分商业命题与公益命题，具体参见每年赛事简报，参赛类别包括平面类作品、视频音频类作品、剧本或脚本、互动类、户外广告类、文字类、话题事件类、其他类别（动画，新媒体、游戏等）。

【赛事规格】

中国最重要的国际级广告教育活动之一、最有分量的学院竞赛。

【赛事评委】

One Show 全球评委团和国内资深创意人联合评审。

【评审流程】

采用在线评审的方式。以 2010 年为例，2010 年所有作品的评审工作将于 11 月展开。两个赛季的所有作品将在同一阶段时间内向评审进行展示接受评比。在此过程中，上下两季的作品仍然会按照赛季划分开来，分别进行评定。学生组和职业组将分别进行评审。

【赛事奖项】

（1）所有最终入围团队获得参加由 One Show 国际评委代表主持的"One Show 青年创意营"的 Workshop 的资格并获得入围

奖状。

（2）赛事设有金、银、铜奖。

（3）2010 年所有入围作品将有机会与青年创意营期间的新简报创作作品，角逐"the best of show"（全场最佳创意），作为对其创作者在竞赛和创意营中优异表现的嘉奖，创作者将获得"New York VIP Package"惊喜赞助，前往美国纽约参加于 2011 年 5 月举办的 New York Creative Week。

【赛事费用】

收费（选作公益类简报不收取参赛费用）。

【赛事官网】

www. oneshow. com. cn。

【赛事博客】

http://blog. oneshow. com. cn/。

【参赛方式】

登陆竞赛中文网站 www. oneshow. com. cn，在首页上选择"报名参赛"，按要求在线填写团队信息。报名成功后，系统将自动生成您的参赛团队号 Agency ID，您即可凭注册所用的电子邮箱名和密码，登录上传系统，开始作品上传。每个团队人数不得高于5 人（指导老师不得超过 2 人），最终的奖状信息与报名作品信息提交时所登记一致。

One Show 中国青年创意营

One Show 中国青年创意营，从推出至今，在青年广告人和校园的影响力与日俱增，成为国内广告创意营活动中的第一品牌。在为期一周的创意营期间，所有脱颖而出的创意青年们除了有机会亲自聆听国际顶尖创意人的讲座外，将围绕一个新的简报主题，在来自全世界各地的顶尖创意人带领下进行创作。创意营中的所有选手将得到由 One Show 国际评委领衔的国内外大师的全程亲自指导。可以说,参加 One Show 青年创意营,成为青年学生拓展国际视野,获取实际从业经验,进入国际广告公司,开始职业生涯的良好开端。

【创意营特点】

聆听全球顶尖创意人的讲座,接受全球顶尖创意人的指导创作。

【举办时间】

每年年底前一次,为期一周。

【参加条件】

(1)所有 One Show 中国青年创意竞赛最终入围团队。

(2)One Show 优秀校园大使(http://www. oneshow. com. cn/10zhaomu. asp)。

(3)少量对外开放名额,针对竞赛参赛未入围选手、未参赛青年人,但数量有限,需预定。

【参加费用】

从 2009 年起向入营选手收取一定的入营注册费,其中,竞赛参赛入围选手、竞赛参赛未入围选手、未参赛青年人实行不同收费标准(09 年是每人 680 元人民币——每人 250 美元不等)。

【创意营活动】

每年略有不同,主要包括:

(1)Portfolio Day——炙手可热的创意公司入营选新秀。

(2)New Brief 创作——由顶级的创意人带领组成 7 天 team 做大案。

(3)Creative Lecture——全球顶级广告专业人士组成的强大国际讲师团进驻创意营授课。

(4)Creative Film——最 in 创意短片看不够。

以 2009 年青年创意营为例,活动全程被拍摄并制作成视频短片或节目传播。

- 12-5Saturday

作品提案分享日 Portfolio Day(晚间饕餮大餐:创意讲座三场联播 Creative Lecture)。

- 12-6Sunday

创意品牌体验之旅和新简报发布 Brand experience & New Brief launch。

- 12-7Monday

新简报创意辅导第一轮 First Rroud Creative review(晚间饕餮大餐:创意讲座三场联播 Creative Lecture)。

- 12-8Tuesday

新简报创意辅导第二轮 Second Rroud Creative review(晚间饕餮大餐:创意讲座三场联播 Creative Lecture)。

- 12-9Wednesday

自由创作 & 答疑 Working on New Brief。

- 12-10Thursday

新简报组内选拔 Internal Pitch。

- 12-11Friday

新简报最终提案 Final Pitch(颁奖 & Party & 狂欢夜)。

【其他】

2010 年创意营期间的新简报创作的作品,将与创意竞赛入围作品在内的所有优秀作品中,一起赢取"The Oest of Show"(全场最佳创意),作为对其创作者在竞赛和创意营中优异表现的嘉奖,创作者将获得"New York VIP Package"惊喜赞助,前往美国纽约参加于 2011 年 5 月举办的 New York Creative Week。

6. 英国设计与艺术指导协会学生奖(D&AD Student Awards)①

D&AD Student Awards 是创意、设计、广告业中最具权威及声望的学生奖项之一。代表性的 D&AD 黄铅笔奖被视为在创意、广告、设计及相关领域方面的国际性指标。每年都会有来自世界各地的、在创意、设计和广告等相关领域的最优秀、最有才华的学生参与其中。在该奖项中崭露头角或者赢得 D&AD 黄铅笔，是学生在正式踏入设计产业界前就赢得业界关注的最佳途径之一。每年各个领域竞赛主题都与赞助单位结合，由学生自行依照主题及赞助单位所设计的条件去创意发想。

【赛事特点】

全球性顶级学生赛事、业界最为关注、最具参赛价值。

【参赛时间】

一年一度，每年 3 月 20 日左右截稿，在截稿前半年左右发布赛事通知，6 月底左右举行颁奖仪式（具体日期以每年赛事为准，详情可登陆赛事官网）。

【参赛对象】

全球大专院校的学生皆可参赛，不限专业。

【参赛内容】

涉及媒体、邮件、广告、平面、网页、产品和环境设计等几十个类别，每一类别各有不同的主题以及由赞助单位设计出的条件，请参赛者先于官方网站登录注册后，点选下载所欲参赛类别并详细阅读各类别简章。

【赛事评委】

由该领域专家学者以及赞助单位代表组成。

---

①　http://www.dandad.org/awards/student/。经编译。

【赛事规格】

创意、设计、广告业中最具权威及声望的学生奖项之一。

【赛事奖项】

(1)入围奖 In-Book。所有入选作品皆公布于 In-Book 年鉴以及将在学生年度专辑 Student Annual Online 网站。

(2)优秀奖 Commendation。每个项目会有不止一个的优秀奖,获奖状和奖金 250 磅。

(3)二等奖 The Second Prize。获奖状、奖金 400 磅和黄铅笔。

(4)一等奖 The First Prize。获奖状、奖金 1000 磅和黄铅笔,并可参与"年度学生大奖"的竞逐。

(5)年度学生大奖 Student of Year。获奖状、奖金 1000 磅和黄铅笔。

【赛事费用】

收费。

【赛事官网】

http://www.dandad.org/awards/student/。

【参赛方法】

参赛者一律需先至官方网站注册登录并到自己电子信箱启用账号后,才能到竞赛各类别下载简章及规范;可以个人或团队名义参赛,但每组队员不得超过规定人数以下(具体以每届赛事竞赛官方网站信息为准),在指定日期间将参赛作品寄送到 D&AD 指定地址。

7."中国策"全国大学生营销策划大赛①

"中国策"大学生营销策划大赛由中国商务广告协会指导、中国传媒大学广告学院主办,是目前国内唯一面向全国大学生的营

---

① 参考资料:http://ggxy.cuc.edu.cn/zgc.htm。

销策划类专项比赛。旨在为全国从事广告、营销专业学习，以及对营销策划有兴趣的其他专业在校大学生提供展示才华的平台。

"中国策"大赛命题坚持以把握时代脉搏为重点，力图使大赛与现实生活相吻合。在评委邀请、环节设置上，所邀嘉宾均为行业内知名学者和具有多年实战经验的行业领军人，从而使"中国策"真正为大学生搭建了从学习到实战的高端平台。

【赛事特点】

差异化路线——目前国内唯一面向全国大学生的营销策划类专项比赛。

【参赛时间】

一年一度，每年 5 月左右出策略单，截稿日期参看每年赛事通知。

【参赛对象】

全国从事广告、营销专业学习，以及对营销策划有兴趣的其他专业在校大学生。

【参赛内容】

根据策略单，制定营销策划方案。

【赛事评委】

行业内知名学者和具有多年实战经验的行业领军人。

【赛事规格】

目前国内唯一面向全国大学生的营销策划类专项比赛。

【赛事奖项】

(1)所有参赛作品中评出金奖一名，颁发获奖证书与奖金。

(2)所有参赛作品中评出银奖二名，颁发获奖证书与奖金。

(3)所有参赛作品中评出铜奖三名，颁发获奖证书与奖金。

(4)佳作奖。各参赛类别分别评出佳作奖三名，颁发获奖证书。

(5)入围奖。选出若干优秀作品，颁发优秀作品奖状。

以上获奖策划由组委会推荐给相关企业，合适者由企业购买施行(版权问题由获奖者与企业自行协商解决)。

【赛事费用】

收报名费。

【赛事官网】

http://ggxy.cuc.edu.cn/zgc.htm。

【参赛方法】

(1)以个人或团队的形式参赛,团队成员不得超过 6 人。

(2)在大赛设定的两个选题中任选一个,进行广告策划。

(3)作品需上交电子版与打印版两种格式,不符合作品规格的作品将酌情减分。

附录 5

ADVERTISING
一些你可以尝试的实习生计划

1. 林宗纬红领带计划

"林宗纬红领带计划"是奥美整合行销传播集团为纪念 2008 年突然辞世的优秀广告人林宗纬,于 2009 年 4 月 27 日启动的,针对非应届生(中国地区大专院校大一至大三或研究生一年级在校生,不限专业)推出的寒暑假广告实习计划。也是目前在大陆的广告公司最为系统的、面向非应届生的广告实习计划,建议想去广告公司实习的学生可以登录 http://cn.terence-lin.com/,具体了解整个计划。

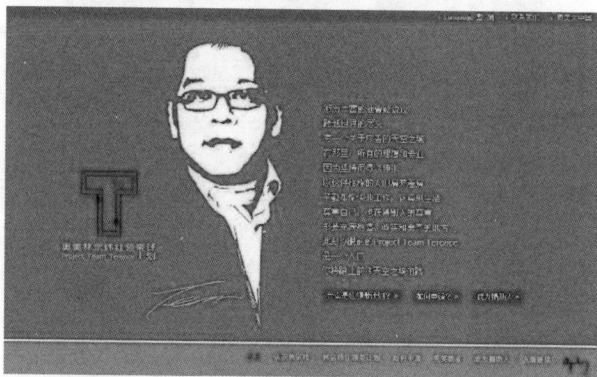

林宗纬红领带计划

2. 盛世长城国际广告精英培训计划

盛世长城 2009 年也曾针对热爱广告的青年推出大规模的实习生计划——"盛世长城国际广告精英培训计划"。未来这个计划是否还会进行，我们可以随时保持关注。具体情况可以登录 ht-tp://adquan. com/article. php? id＝2281。

3. 金犊奖北京电通鬼道探索营

2010 金犊奖北京电通鬼道探索营于 2010 年 8 月 14 日在北京开营，是由北京电通与金犊奖组委会、北京大学新闻与传播学院携手举办的广告营，面向参与金犊奖的本届、往届师生及热爱广告创意的人士开放报名。探索营邀请 10 位来自北京电通的讲师，进行 5 天封闭式 4A 全案训练，对来自大陆地区广告专业的 30 名大学生展开一次广告鬼才特训。

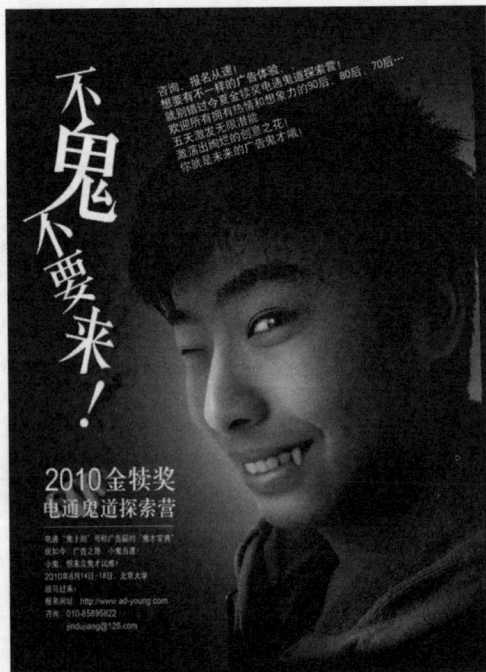

金犊奖北京电通鬼道探索营海报

需注意的是,研习费用为 3000 元/人(含广告营北京集训期间学费、住宿费、餐费)。

详情请见 http：//www.ad-young.com/129xxxx40.asp。

4. 寻找天才蛋"4A 体验营"

寻找天才蛋"4A 体验营"海报

上路杂志(www.36ing.com)针对有志于广告传播事业的年轻人(毕业或非毕业生均可,年龄、学籍、地域不限,团体报名也可),携手国内外数家知名广告公司打造孵化基地,推出"4A 体验营"活动。为期一周的体验营,内容包括"宣讲会＋讲座会＋参观

4A 会＋登门沙龙会＋面试会"等，全程再现真实的广告业。

2009 上路"4A 体验营"日程安排

阶段内容	日期	星期	当日活动主题		时间	地点
报到	11 月 23 日	星期一	——	——	——	
	11 月 24 日	星期二	——	报到换入营证	下午	
第一阶段宣讲与讲座训练	11 月 25 日	星期三	开幕	高峰论坛	上午	广州美院九百人报告厅
					下午	广州美院九百人报告厅
	11 月 26 日	星期四	精英宣讲	公关、客服方向	上午	广东外语外贸大学
					下午	广东外语外贸大学 中山大学公共教学楼 D201
	11 月 27 日	星期五	精英宣讲	个人定位	上午	广州美院九百人报告厅
				简历分享	下午	广州美院九百人报告厅
	11 月 28 日	星期六	精英嘉宾讲座	广告流程	上午	广州美院九百人报告厅
				人才要求	下午	广州美院九百人报告厅
	11 月 29 日	星期日	精英嘉宾讲座	广告开门几件事	上午	广州美院九百人报告厅
					下午	广州美院九百人报告厅
	11 月 30 日	星期一	精英嘉宾讲座	专业人到管理者	上午	广州美院九百人报告厅
					下午	广州美院九百人报告厅
	12 月 1 日	星期二	精英宣讲	策划、创意	上午	广州美院九百人报告厅
				简历提案、名单	下午	广州美院九百人报告厅
	12 月 2 日	星期三	高峰论坛	寻找天才	上午	广州美院九百人报告厅
				国际创意趋势	下午	广州美院九百人报告厅
第二阶段参观与体验	12 月 3 日	星期四	参观、体验	蓝创、英扬、奥美	上午	蓝创、英扬
					下午	奥美
	12 月 4 日	星期五	参观、体验 公开宣讲	李奥贝纳 旭日、平成	上午	李奥贝纳 旭日、平成
					下午	中山大学公共教学楼 D201
	12 月 5 日	星期六	参观、体验	阳狮 YR、太平网联	上午	阳狮
					下午	YR、太平网联
压轴志庆狂欢夜	12 月 6 日	星期日	狂欢夜	——	晚上	地点稍后公布

如有任何疑问，请咨询上路杂志 www.36ing.com；客服热线：(020)85433403；

本活动最终解释权归上路杂志 www.36ing.com 所有。

　　当然，天下没有免费的午餐，这个也是需要支付费用的。

　　如果感兴趣的话，可以登录 http：//www. 36ing. com/index/php 查看具体内容和细节。

后 记

　　这本书写作的初衷，是想从一个在业界工作过几年的菜鸟的角度，来与自己的学生谈谈我们眼中的广告世界。作为菜鸟的我们，所看到的广告世界、对广告的理解，也许不及许多广告前辈那么深刻、那么精彩。但我们想说，这里描述的种种，将会是很多同学初入广告公司很快就能感同身受的事情。他们在获得这些感受之后，是否会选择在这个行业坚守、打拼，又将决定他们能否感受到诸多前辈所描述的更高层面的广告世界的精彩。

　　就是这样一个简单的写作初衷，支持我们完成这本书，献给每一个对这个行业有热爱和梦想的你们。

　　如果你热爱这个行业，请勇敢地去追逐；

　　如果你对这个行业有梦想，请勇敢去实现。

丁海猛

2011 年 7 月 1 日于浙师大骆家塘

图书在版编目(CIP)数据

从象牙塔到广告圈：广告人第一课/丁海猛，连超，陈胜著.—厦门: 厦门大学出版社, 2011.9（2017.2 重印）

ISBN 978-7-5615-3934-7

Ⅰ.①从… Ⅱ.①丁…②连…③陈… Ⅲ.①广告学－基本知识 Ⅳ.①F713.80

中国版本图书馆 CIP 数据核字(2011)第 146981 号

厦门大学出版社出版发行

（地址：厦门大学 邮编：361005）

http://www.xmupress.com

xmup @ xmupress.com

厦门市金凯龙印刷有限公司

2011 年 9 月第 1 版 2017 年 2 月第 3 次印刷

开本：889×1240 1/32 印张：9.75 插页：2

字数：236 千字 印数：6 001~ 8 000 册

定价：30.00 元

如有印装质量问题请与承印厂调换